商业模式设计

汪晓斌　主编

河北大学出版社
·保定·

出 版 人：刘相美
责任编辑：张　磊
装帧设计：张彦琪
责任校对：蔡文涛
责任印制：常　凯

商业模式设计
SHANGYE MOSHI SHEJI

图书在版编目（CIP）数据

商业模式设计 / 汪晓斌主编 . -- 保定 : 河北大学出版社, 2024. 12. -- ISBN 978-7-5666-2516-8

Ⅰ. F71

中国国家版本馆 CIP 数据核字第 2024Z8D302 号

出版发行：河北大学出版社
地址：河北省保定市七一东路 2666 号　邮编：071000
电话：0312-5073019　0312-5073029
邮箱：hbdxcbs818@163.com　网址：www.hbdxcbs.com
经　　销：全国新华书店
印　　刷：涿州市般润文化传播有限公司
幅面尺寸：170 mm × 240 mm
印　　张：17
字　　数：270 千字
版　　次：2024 年 12 月第 1 版
印　　次：2024 年 12 月第 1 次印刷
书　　号：ISBN 978-7-5666-2516-8
定　　价：59.80 元

如发现印装质量问题，影响阅读，请与本社联系。
电话：0312-5073023

前　言

21 世纪以来，互联网及相关技术的快速发展给全球商业环境带来了深刻的变革。以互联网、人工智能、云计算、大数据为代表的新兴技术，不仅改变了人们的生活方式，也彻底颠覆了传统企业的经营方式。在此背景下，商业模式设计逐渐从理论研究走向实际应用，成为推动现代企业发展的重要理论范式之一。

随着外部环境的日益复杂和多变，企业面临的竞争压力也不断加大。传统的经营策略逐渐无法适应瞬息万变的市场需求，企业迫切需要通过创新商业模式来提升竞争优势。特别是在数字化时代，企业的价值创造、传递和获取方式发生了巨大变化，商业模式是否能随之进行不断的优化和创新，在很大程度上决定了企业能否在激烈的市场竞争中生存和发展。

近年来，越来越多的研究表明，商业模式不仅是企业获得成功的关键因素，也是企业长期可持续发展的重要保障。企业通过创新商业模式，可以有效降低经营成本、提高效率、优化资源配置，从而获得更高的市场份额和更强的市场竞争力。所以，商业模式课程也理应成为商学院的重点课程之一。但到目前为止，国内开设商业模式相关课程的高校较少，相关的教材也较为缺乏，针对本科层次学生的教材更是稀缺。因此，编写一本适合本科层次的探讨商业模式基本原理及设计方法和实施路径的教材，具有十分重要的现实意义。

本书通过全面梳理商业模式的理论基础、发展历程、理论流派及其在现代企业中的实际应用，通过对商业模式的定义、特点、层次和构成要素的分析，可以帮助读者更好地理解商业模式的核心逻辑。同时，本书还重点介绍了一系列商业模式设计工具和方法，如 RTVN 框架、精益画布、九要素商业模式画布、魏朱商业模式画布等，可以帮助企业在不同的发展阶段构建适应市场需求的商业模式。此外，商业模式的设计并不能一蹴而就，需要不断地测试、实施、优化和评估。因此，本书还将探讨商业模式的测试与实施方法，并结合实际案例，分析企业在商业模式实施过程中可能遇到的障碍和挑战。通过对商业模式进行诊断、评估、优化设计，以及重构的系统性分析，本书旨在为企业提供全面的商业模式创新和优化指南，帮助其在复杂多变的市场环境中灵活应对各种挑战，实现长期可持续发展。除了对企业经营管理的实践指导，本书还关注商业模式在风险投资、职业选择等方面的影响。随着物联网、大数据、人工智能等新兴技术的快速发展，以及数字化时代的来临，越来越多的企业开始关注如何通过创新商业模式，提升市场竞争力，并获取资本市场的青睐，风险投资企业也正通过对商业模式优劣的评估来判断拟投资企业的投资价值。另外，针对本科学生的实际需求，本书还将分析对于商业模式的认知在大学生个人职业规划中的重要作用。

本书的编写运用了文献研究、案例分析和实际调查等三种方法。首先，本书通过对国内外关于商业模式的相关文献进行系统梳理和分析，结合经典理论和最新研究成果，构建了较为全面的理论框架。其次，本书通过大量典型案例，对不同行业、不同发展阶段的企业商业模式进行了深入剖析，展示了商业模式在实际应用中的具体操作和效果。最后，本书结合课题研究中对企业的调研和访谈，提炼出了企业在商业模式设计和实施过程中面临的实际问题和解决方案。

本书的编写工作历时一年多，几易其稿，最终成书，这离不开众多同人、朋友和家人的支持与帮助。首先，感谢所有在商业模式研究领域做出贡献的学者和研究人员，他们的学术理论和研究成果为本书提供了重要的理论基础。然后，由衷感谢为本书的撰写提供了大量建议的出版社编辑和同行们，他们的批评与指正使得本书在结构和内容上得到了极大的完善。其次，感谢多家企业的负责人和高管，他们在访谈中无私分享了企业在商业模式设计与实施过程中的经验和教训，这极大地丰富了本书的专业内容，同时也使得本书更接地气。再次，感谢我的家人和朋友在书稿撰写过程中给予我的无尽支持与鼓励，他们的理解与包容让我能够专注于写作。最后，本书由汉口学院校级教材建设项目资助出版，在此表示特别的感谢！

感谢所有即将阅读本书的读者，希望本书能够为你们的学习和工作带来帮助，并激发你们在商业模式设计和创新方面的思考与探索。

作者水平有限，时间仓促，书中难免有不足和谬误之处，恳请各位读者批评指正，待再版时再一并修正！

目　　录

第一章　商业模式的兴起与价值

第一节　互联网时代的宠儿

案例 1-1：奈飞的崛起

说到互联网时代的宠儿，奈飞（Netflix）的故事绝对是一个经典案例。奈飞最初是一家提供光盘租赁服务的公司，用户可以通过邮寄的方式租借光盘。但传统实体光盘租赁的方式已经存在了很久，传统的光盘租赁店，如 Blockbuster 在市场上占据了很大的份额。奈飞的独特之处在于它抓住了消费者“不用出门就能看电影”的需求，通过邮寄服务避免了顾客不得不去租赁店挑选和归还光盘的不便。

然而，真正让奈飞腾飞的是它抓住了互联网技术的发展趋势，成功转型为一家流媒体服务提供商。随着宽带网络的普及，人们在家中的上网速度越来越快，流媒体技术让人们可以直接在网上观看电影和电视剧，而不再需要实体光盘。奈飞敏锐地察觉到了这一趋势，并迅速推出了自己的流媒体服务，使得用户只需要支付订阅费，就可以随时随地通过互联网观看自己喜欢的影视内容。

奈飞的成功并不仅仅是技术上的胜利，更是商业模式上的创新。通过订阅模式，奈飞不仅获得了稳定的现金流，还能根据用户的观看历史和喜好推荐个性化的内容，进一步提高了用户黏性。如今，奈飞已经不再是简单的内容提供商，它还是一个内容生产者，投资拍摄了大量的原创剧集和电影，如《纸牌屋》和《怪奇物语》，这些作品不仅吸引了大量用户，也让奈飞在全球影视娱乐行业中占据了一席之地。

随着互联网技术的发展，信息的传播速度越来越快，获取信息的成本也越来越低。以前，人们获取信息可能需要看报纸、看电视，但现在，只需要动动手指就能通过手机获取全球的最新资讯。这种信息传递方式的变化直接影响了消费者的行为模式，也促使企业必须转变经营方式。

在互联网刚刚兴起的时代，许多企业只是将传统经营方式搬到网上。例如，传统书店开始建立自己的网站，销售实体书籍。然而，随着互联网的深入发展，一些全新的经营方式开始涌现，并且在市场上取得了巨大的成功。

最为人熟知的例子就是亚马逊。亚马逊最初只是一家在线书店，但其创始人杰夫·贝索斯（Jeff·Bezos）并不满足于此。于是，他将亚马逊发展成了一个无所不卖的电商巨头，从书籍到电子产品，从衣物到家具，几乎任何你能想到的商品亚马逊都有售卖。而且，亚马逊还建立了强大的物流系统，使得消费者可以在短时间内收到商品。这种“足不出户，万物可得”的购物体验彻底改变了消费者的消费行为，也迫使传统零售业不得不重新思考自己的经营方式。

在互联网时代，类似亚马逊这种通过经营方式的转变或创新获得迅速成长的企业愈来愈多，以前传统管理学的概念，如经营方式、运营模式等已经不足以解释这种现象，于是便出现了一个新的名词——商业模式，并且关于商业模式的研究也越来越多，如图 1-1 所示。商业模式研究的兴起可以说是管理学领域最令人瞩目的现象。互联网不仅改变了信息的传递方式，也彻底颠覆了企业运作的方式。如今，人们生活在一个几乎所有事物都被数字化、网络化的世界里，而商业模式作为企业的内核，也在这个大背景下引起了人们的关注、发现和研究。

互联网时代的商业模式不仅仅是对传统商业模式的改进，更是一次彻底的重塑。互联网让信息更加透明，消费者有了更多的选择和话语权，企业如果不能及时适应这些变化，就可能被市场淘汰。成功的商业模式不仅要满足当前的市场需求，还要有前瞻性，能够预见未来的趋势，并提前布局。奈飞和亚马逊的成功告诉我们，在网络时代，抓住技术的发展趋势，及时调整商业模式，是企业生存和发展的关键。无论是创新的流媒体订阅服务，还是线上、线下结合的电商平台，这些商业模式的背后都离不开对市场变化的敏锐感知和对用户需求的深刻理解。

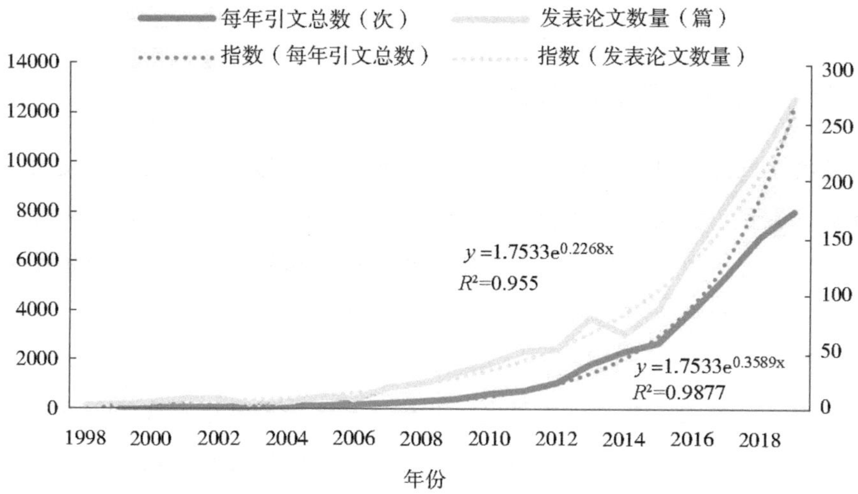

图 1-1　商业模式相关文献发表和引用趋势

对于企业来说，商业模式不仅是"如何赚钱"的问题，更是"如何持续地赚钱"的问题。而在网络时代，这个问题的答案往往不仅仅需要通过洞察技术的进步、市场的变化，以及用户行为的不断演变来创新产品和服务，更重要的是通过商业模式的不断创新来获得竞争优势。正因如此，商业模式设计已经不再是简单的商业计划，而是需要不断优化和创新的动态过程。

因此，理解网络时代商业模式的重要性，不仅有助于企业在当代激烈的市场竞争中把握方向，也为人们思考未来如何适应数字化甚至智能化的商业世界提供了宝贵视角。在这个不断变化的世界里，商业模式的创新永远没有止境，只有那些真正理解并运用这一点的企业，才能在未来的商业浪潮中继续引领潮流。

第二节　风险投资的晴雨表

案例 1-2：爱彼迎的融资之路

爱彼迎（Airbnb）的融资故事是商业模式如何影响风险投资决策的一个完美范例。最初，爱彼迎的创始人提出的是一个看似简单的想法，即让人们通过一个在线平台出租自己的房子或公寓给旅行者。尽管这个想法一开始并不被看好，但爱彼迎的商业模式却非常创新，它打破了传统酒店业的格局，开创了共享经济的先河。

早期，爱彼迎遭遇了许多挑战，包括用户信任问题、平台的合法性及市场认知度低等。然而，爱彼迎的创始人始终相信，他们的商业模式能够满足那些寻求经济实惠住宿的旅行者的需求，同时也为房东提供了额外的收入来源。

在此过程中，爱彼迎通过其创新的商业模式，成功吸引了多轮风险投资。投资者不仅看中了其商业模式的独特性，还看到了这个模式在全球范围内的巨大扩展潜力。随着平台的不断发展和改进，爱彼迎逐渐赢得了用户的信任，成为全球共享住宿的领导者。

如今，爱彼迎已成为一家市值数百亿美元的公司，其商业模式仍然是其他企业争相模仿的对象。

在商业世界中，企业的成功不仅取决于其创新的产品和服务，还高度依赖于资金的支持。对于许多初创企业来说，风险投资（Venture Capital，VC）就像是一阵及时雨，能够在关键时刻提供所需的资源，帮助企业快速发展。而一个企业能否吸引到风险投资，往往取决于其商业模式的创新性和可行性。

风险投资是一种专注于高风险、高回报的投资形式。通常，风险投资基金会选择投资早期或成长阶段的企业，这些企业通常具有高成长潜力，但风险性也很高。风险投资者希望通过持有公司股份，在公司成功上市或被收购时获得丰厚的回报。由于投资的风险性极高，风险投资者在选择投资标的时尤为谨慎，商业模式的创新性和可行性成为他们关注的焦点。

商业模式在风险投资中的重要性不可忽视。它不仅仅是一份“如何赚钱”的计划，更是一份证明公司能够持续成长并最终盈利的战略蓝图。对于风险投资者来说，选择一个具有创新商业模式的企业，意味着选择了一个具有发展潜力，并且能够在未来几年内迅速扩展并占领市场的公司。因此，商业模式的创新性、可行性及对市场的适应性，直接影响了企业能否获得投资者的青睐。

在融资过程中，商业模式是风险投资者评估企业未来前景的重要依据。投资者不仅关注商业模式是否创新，更加注重其可行性和市场潜力，一个好的商业模式需要具备几个关键要素。

第一，市场需求。企业的商业模式必须能够解决实际存在的问题或满足市场的某种需求。如果企业能够提供其他公司无法提供的独特价值，那么它就具备了吸引投资的潜力。

第二，盈利模式。投资者会仔细评估企业的盈利模式，即如何将市场需求转化为可持续的收入来源。投资者更愿意投资那些不仅有明确的盈利模式，还能显示出可持续发展潜力的公司。

第三，可扩展性。可扩展性是指在增加投入的同时，是否可以相应地增加收入。可扩展性强的商业模式往往能吸引更多的风险投资，因为这意味着公司在未来能够快速增长。

我国最大的出行平台之一——滴滴出行的成功很大程度上依赖于其创新的共享出行商业模式。滴滴出行通过将私家车和出租车整合到一个平台上，解决了城市中打车难的问题，同时为私家车车主提供了额外的收入来源。这个商业模式不仅具有市场需求，还具备高度的可扩展性，使得滴滴出行能够迅速占领市场，并在短时间内吸引了大量的风险投资。

商业模式作为企业的核心架构，直接影响企业能否获得风险投资的支持。对于投资者来说，商业模式不仅仅是一份商业计划，更是评估企业未来发展潜力和市场表现的关键指标。通过评估企业的市场需求、盈利路径和可扩展性，投资者能够做出更加明智的投资决策。

爱彼迎和滴滴出行的案例清楚地表明，创新的商业模式能够在市场中脱颖而出，吸引大量的风险投资，并推动企业迅速成长。然而，这些成功并非偶然，它们背后是对市场需求的深刻洞察、对商业模式的精心设计和执行。

对于企业来说，尤其是初创公司，设计一个具有吸引力的商业模式不仅能够帮助他们获得所需的资金支持，还能够在激烈的市场竞争中占据有利地位。最终，商业模式的优劣将决定企业能否从竞争对手中脱颖而出，并在市场中取得长期的成功。

第三节 企业经营的发动机

案例 1-3：苹果公司

苹果公司（Apple）的商业模式具有强大的驱动作用。苹果公司通过软硬件结合的方式，为用户提供了一套完整的生态系统，从 iPhone 到 Mac，再到 App Store 和 iCloud，每个产品和服务都是彼此紧密联系的。这个生态系统不仅提高了用户黏性，还通过交叉销售增加了企业的收入。苹果公司的商业模式不仅驱动了其产品的销量，还带来了源源不断的盈利，使其成为全球最有价值的公司之一。

一个企业要想在市场中立足并发展，必须具备一个能够有效驱动业务增长的商业模式。商业模式决定了企业如何创造和传递价值，以及如何将这种价值转化为利润。换句话说，商业模式是企业从市场获取资源，并将这些资源转化为商业成功的关键途径。

特斯拉（Tesla）的成功在很大程度上得益于其创新的商业模式。特斯拉并没有遵循传统汽车制造商的路线，而是创建了一个集电动汽车生产、销售、能源管理和软件更新于一体的独特商业模式。

特斯拉通过直接销售模式，绕过了传统的汽车经销商网络，直接与客户建立联系。这不仅降低了中间成本，还使得特斯拉能够更好地控制品牌形象和客户体验。此外，特斯拉还开发了充电网络（Supercharger Network），解决了消费者对电动汽车充电不便的顾虑。更重要的是，特斯拉不断通过软件更新来改进车辆性能，使其产品具备了很强的技术和用户体验优势。同时，未来以自动驾驶为代表的软件的升级和服务有着巨大想象空间。

特斯拉的商业模式不仅驱动了其自身业务的快速增长，还推动了整个汽车行业向电动化转型。如今，特斯拉不仅是全球电动汽车市场的领军者，还在自动驾驶、能源储存和可再生能源领域开拓了新的商业机会。

一个好的商业模式不仅要能够在短期内带来盈利，更要具备长期的可持续性，这就意味着它能够随着市场和技术的变化而不断发展和演进。星巴克（Starbucks）的商业模式从单纯的咖啡销售扩展到提供第三空间的消费体验，即除了家和工作场所外，顾客可以在星巴克享受一段舒适的时光，同时购买咖啡豆、咖啡杯等咖啡衍生产品。这一模式不仅提高了顾客的忠诚度，还增加了品牌附加值。此外，星巴克还在其商业模式中融入了可持续发展的理念，通过推广公平贸易咖啡、减少环境足迹等举措，进一步增强了品牌的社会责任感和市场竞争力，使得星巴克成为全球最大的咖啡连锁品牌之一。

从苹果公司到特斯拉和星巴克，这些全球领先企业无一不是通过创新和优化商业模式，建立了强大的市场地位和持续的竞争优势。它们的成功不仅依赖于产品和技术的创新，更重要的是其背后的商业模式驱动了企业的持续成长。

商业模式作为企业经营的发动机，决定了企业如何在市场中创造和传递价值，并最终实现盈利。无论是通过创新商业模式开创全新市场，还是通过优化现有模式提高效率和竞争力，商业模式都是企业能否成功的关键。

第四节　职业选择的指南针

案例 1-4：软件工程师的职业选择

假设你是一名软件工程师，正在考虑加入两家公司：一家是传统的企业软件开发公司，主要依靠大客户的长期合同获得收入；另一家是新兴的软件即服务公司（Software-as-a-Service，SaaS），依赖订阅模式的快速增长。传统的企业软件开发公司可能已经在市场上占据了一定份额，拥有稳定的客户群体和收入来源。对于喜欢稳定工作环境和职业路径的人来说，这样的公司可能是一个不错的选择。然而，从商业模式的角度来看，软件即服务公司的商业模式可能更具活力和增长潜力。软件即服务公司通过订阅模式可以迅速扩大用户基数，并通过持续的更新和改进来提高用户黏性，这种模式的可扩展性和创新性意味着未来可能有更多的发展机会。

在这个案例中，理解这两家公司不同的商业模式，可以帮助你判断它们各自在市场中的位置和未来的增长潜力，从而做出更加符合自己职业发展需求的选择。

在当今这个瞬息万变的商业世界里，职业选择不再仅仅是“我该从事什么工作”这么简单的问题。对于许多人来说，职业选择更多的是在寻找一个能够长期发展的行业领域，或者是进入一家具有强大潜力的企业。在这个过程中，理解和分析商业模式成了一个关键的工具。它不仅可以帮助人们识别企业的潜力和风险，还能为人们指明职业发展的方向。因此，商业模式可以被视为现代职业选择中的一个指南针。

不同的行业有着不同的商业模式，而这些商业模式的可持续性、市场前景和技术进步都会对职业选择者的长期发展产生重大影响。互联网和数字化的兴起极大地改变了许多传统行业的商业模式。以媒体行业为例，传统纸质媒体的广告收入模式正面临着严峻挑战，而以订阅和数字广告为主的在线媒体却在迅速崛起。对于职业选择者来说，理解这些变化能够帮助他们做出更加明智的行业选择，选择那些具有创新和发展潜力的行业，从而为自己的职业生涯奠定坚实基础。另一个值得注意的行业是医疗保健行业。随着人口老龄化和人们健康意识的增强，医疗保健行业正在经历一场革命，特别是数字健康、远程医疗等新兴商业模式正在迅速发展。这些商业模式不仅为行业带来了新的增长动力，也为职业选择者提供了更多的机会。

商业模式不仅决定了一个企业如何创造和传递价值，还隐含着这个企业在未来市场中的成长潜力。对于职业选择者来说，理解一家企业的商业模式能够帮助他们判断这家企业是否具备长期发展的潜力，以及他们自己的职业在这家企业中能否得到有效发展。例如，考虑一家公司是否具有可持续的盈利模式，是选择进入这家企业的关键因素之一。如果一家企业的商业模式不清晰或缺乏独特性，或者过于依赖某一单一市场，那么该公司的长期发展可能会面临风险，从而影响员工的职业发展前景。

因此，职业选择者在评估就业机会时，应当将公司的商业模式纳入考量范围。以科技行业为例，许多职业选择者会倾向于加入那些具有强大商业模式的公司，如谷歌、苹果、特斯拉等。这些公司的商业模式不仅使它们在各自领域中占据领导地位，还能够不断创新，创造新的增长点，为员工提供广阔的发展空间。相反，如果一家公司的商业模式难以盈利、盈利下滑或者潜力不足，那么在这样的公司工作可能会面临较大的职业不确定性。

创业者在选择创业方向时，商业模式的考量也至关重要。一个成功的商业模式不仅决定了创业项目能否在市场中立足，还直接影响到创业者的职业生涯是否能够走向成功。许多创业者在选择创业方向时往往忽视了对商业模式的深入思考，这导致他们的创业项目虽然可能在市场初期取得一定的成功，但随着市场环境的变化，很快就面临盈利困境或无法持续发展的难题。相反，那些在创业初期就重视商业模式设计的创业者，通常能够更好地规避市场风险，并通过不断调整和优化模式，在竞争激烈的市场中脱颖而出。例如，QQ 的崛起就是一个很好的案例。QQ 最初只是作为一个聊天工具推出，随着用户的增加，运营成本急剧增长，但由于没有可以实现盈利的商业模式，一度面临着极大的危机，创始人马化腾甚至准备低价套现离场。但随着商业模式的逐渐清晰，QQ 获得了风险投资的青睐，使其迅速发展成为我国最主要的社交平台之一。QQ 商业模式的成功不仅给产品带来了巨大的市场份额，做到了持续盈利，还给其创业团队带来了巨大的职业成功。

在职业选择中，商业模式就像一个指南针，指引着职场人和创业者走向成功的方向。通过深入理解和分析公司的商业模式，职场人可以更好地评估公司的长期发展潜力，并做出更加明智的职业选择。同样，对于创业者来说，选择一个创新且可持续的商业模式，是创业成功的重要前提。从选择进入哪些行业，到决定加入哪些公司，再到评估创业项目的可行性，商业模式在这些过程中扮演了关键角色。理解商业模式不仅有助于人们做出更符合市场趋势的选择，还能够帮助人们在职业发展和创业道路上走得更远、更稳。因此，无论你是正在求职，还是考虑创业，掌握商业模式分析、判断和设计的技能都将是你职业生涯中的一项重要资产。

第五节 商业模式设计思维

商业模式不仅仅是企业成功的关键，也是一种独特的思维。具体而言，商业模式是一种寻找鱼和熊掌兼得的交易思维。解决商业模式问题就像解一道道数学题，要在已知条件和约束条件下求解。解答普通题目看不出答题者的实力差别，而一遇到难题马上就能分出高下，高手往往能给出最优解。古语有云，鱼和熊掌不可兼得。然而，好的商业模式设计高手则能够通过巧妙设计利益相关者的交易结构，解决看似矛盾的问题，做到鱼和熊掌兼得，让每个交易主体都乐于贡献自己的资源能力，并从中获得更大的收益。人们常说一个人做生意厉害，一方面是指他善于洞察商机，更重要的是指他擅长设计商业模式，解决做生意过程中遇到的问题，并且赚到了钱。

商业模式的设计思维具体体现为以下几个维度。

一、将亏损转为盈利

在激烈的市场竞争中，有些企业或机构面临着巨大的亏损，但通过有效的策略，可以将亏损转为盈利。1984 年美国洛杉矶举办奥运会，主办方面临着巨大的财政压力和亏损风险，但通过创新的融资模式和商业赞助，这届奥运会不仅扭亏为盈，还为未来的奥运会设立了实现盈利的典范。

设计策略包括：第一，引入赞助商，洛杉矶奥组委通过引入大型企业赞助，减少了政府的财政负担，同时为赛事筹集了大量资金；第二，控制成本，严格控制开支，避免不必要的奢华设施建设，将资金集中用于最必要的项目；第三，扩大收入来源，通过电视转播权、门票销售和纪念品销售等多种途径增加收入。

二、从小企业到大企业

很多企业都是从小规模起步，但通过独特的商业模式和扩展策略，能够迅速成长为大企业。麦当劳（McDonald's）的特许经营模式就是通过授权个人或公司经营麦当劳餐厅，这家餐饮巨头才得以在全球范围内快速扩张。

设计策略包括：第一，标准化运营，麦当劳将餐厅的运营流程标准化，确保每个特许经营店都能提供一致的产品和服务质量；第二，品牌推广，麦当劳通过强大的品牌推广和营销策略，吸引大量消费者，并增强品牌忠诚度；第三，扩展特许经营网络，麦当劳通过向全球各地扩展特许经营，迅速增加了市场份额，并借助特许经营费和产品销售获利。

三、从慢速发展到快速增长

一些企业在初期时的发展较为缓慢，但通过创新的商业模式策略，成功实现了快速扩展。可口可乐公司（Coca-Cola）通过授权装瓶厂的模式，极大地提升了其全球扩展速度。

设计策略包括：第一，授权合作伙伴，通过授权当地公司负责生产和分销，降低了自建工厂的成本和风险，并能迅速进入新市场；第二，品牌扩展，通过全球的广告和营销活动，可口可乐公司成功将品牌推广至世界各地；第三，供应链优化，通过优化供应链管理，降低成本，确保在全球范围内提供一致的产品。

四、从低利润率到高投资价值

企业的利润率较低时，通过调整商业模式，能够提升其投资价值。小米通过“硬件＋互联网服务＋新零售”的商业模式，实现了从低利润率的硬件公司到高投资价值的生态型平台企业的转型。

设计策略包括：第一，硬件，小米借助手机等硬件，通过低价策略吸引了大量消费者，快速占领市场；第二，互联网服务，通过附加互联网服务，如MIUI操作系统、小米云服务和软件，增加了用户黏性和附加值；第三，新零售平台，通过打造小米生态链，借助小米新零售平台提供从智能手机到家电的全面产品线，进一步增强市场覆盖面。

五、从重资产到轻资产

一些企业通过转型，减少对重资产的依赖，从而提升资本回报率。喜来登酒店通过“酒店管理合同”的模式，将重资产（物业）运营转变为轻资产（管理和品牌）运营，从而实现了资产的优化配置。

设计策略包括：第一，资产剥离，喜来登将物业出售给投资者，而自己专注于管理和品牌推广，减少了资本开支；第二，管理输出，通过提供专业的酒店管理服务，喜来登既保留了对酒店的运营控制，又减少了资产负担；第三，品牌授权，通过品牌授权，喜来登能够在全球范围内扩展，而无需大量资本投入。

六、从轻资产到超轻资产

一些企业虽然已经处于轻资产状态，但通过进一步创新，能够实现更轻的资产运营模式。优步（Uber）和爱彼迎是这种模式的典型代表，它们通过共享经济模式，实现了超轻资产的商业运营。

设计策略包括：第一，平台模式，优步和爱彼迎通过搭建平台，将需求方和供给方直接连接，实现了规模效应，而无需拥有实际资产；第二，用户参与，通过用户生成内容和用户评价系统，增强了平台的信任度和用户黏性；第三，全球扩展，利用互联网平台的优势，这些企业能够迅速进入全球市场，减少了传统企业的拓展成本。

通过商业模式设计，实现从亏损到盈利、从小到大、从慢到快、从低利润到高投资价值、从重资产到轻资产、从轻资产到超轻资产的转变，这些就是商业模式设计思维体现出的四两拨千斤的魅力。

案例一

范蠡是我国早期的商业理论家和实践家，被后人称为“商圣”，他曾献策辅佐越王勾践复国，后归隐。

范蠡在辅佐越王勾践之前是一个生意人，刚开始做生意的时候，他发现吴越一带因为战乱频发，需要大量战马。北方的战马又便宜又剽悍，如果他能将其贩卖到吴越，就一定可以大赚一笔。但是当时兵荒马乱，沿途强盗众多，风险很大，如何把战马安全地运到吴越呢？范蠡做了一番调查后发现，北方有一个富商叫姜子盾，他经常贩运麻布到吴越，因此早就花大价钱买通了沿途的主要强盗，所以他的商队可以一路通行无阻。范蠡想利用姜子盾的这个资源，但他又不能把这个目的明确告诉对方。于是，范蠡写了一张告示，并抄写多份分别贴在姜子盾经常路过的城门口和闹市区。告示上写着：后生范蠡，新建马队，开业酬宾，免费送货。姜子盾一看，发现有便宜可占，于是找到范蠡，希望范蠡能够用马队帮他运送麻布到吴越。后来他们一路同行，当货物和马队安全到达吴越后，战马很快就被卖掉，范蠡因此大赚了一笔。

这笔钱成了范蠡的第一桶金，为他后来的生意乃至仕途打下坚实的基础。

讨论：分析范蠡运马中蕴含的商业模式思维，这对你有何启示？

实训一

观察现实的商业活动，找出其中的商业模式，并进行具体描述和展示。

第二章　商业模式的定义与特点

第一节　商业模式的定义

商业模式的定义因研究者的背景、视角及所关注的问题而异，因此在不同文献中有着不同的表述和解释。

一、组织创造价值的核心逻辑

Linder 和 Cantrell 的定义强调了商业模式的核心在于组织如何创造价值，这个定义简洁且广泛，抓住了商业模式的精髓——创造价值的逻辑。任何成功的商业模式都必须能够明确组织如何通过产品或服务为客户创造价值，这也是商业模式的基础。然而，这一定义的局限性在于它过于抽象，缺乏对具体实现途径的描述。例如，它没有涉及价值传递和捕获的机制，这些在实际操作中同样重要。因此，虽然该定义为理解商业模式提供了一个基本框架，但在应用中仍需要结合更多的细节。

二、商业活动参与者之间的价值交换关系

Gordijn 和 Akkermans 的定义将商业模式看作是参与者之间的价值交换关系，这个定义将关注点从单一企业转移到了更广泛的商业生态系统中，强调了多方互动的复杂性。这种视角对于分析那些依赖网络效应或合作伙伴关系的商业模式尤为重要，如平台经济中的公司。然而，虽然这一定义拓宽了商业模式的视野，但也可能忽视了企业内部的运营逻辑。例如，它没有直接处理企业内

部如何通过资源和能力的配置来实现价值创造。因此，该定义更适合于讨论跨组织的商业模式，而非单一企业的内部运营。

三、公司客户、同盟者和供应商之间角色和关系的描述

Weill 和 Vitale 进一步扩展了商业模式的定义，涵盖了公司客户、同盟者和供应商之间的角色和关系，以及产品流、信息流和资金流等关键元素。这个定义具有高度的实用性，因为它不仅考虑了各方之间的关系，还描述了实现价值创造和捕获的具体途径，如产品流、信息流和资金流。这一定义非常适用于分析那些依赖复杂供应链和合作网络的企业，如制造业或零售业。然而，这个定义也可能过于复杂，对于中小企业或那些运营结构较为简单的企业来说，可能会显得不够贴切。

四、企业与其合作伙伴之间的相互依赖的行为及机制

Amit 和 Zott 的定义将商业模式视为企业与其合作伙伴之间的相互依赖的行为及机制，这个定义突出了商业模式中各方互动的重要性，尤其是那些需要紧密合作的企业，如风险投资、联合开发项目等。它提供了一个动态的视角，关注企业之间的协同效应和合作关系。然而，这个定义可能忽视了企业如何单独创造价值的过程。对于那些不依赖外部合作伙伴的企业，这一定义可能显得过于复杂。此外，这种强调合作的定义也可能低估了竞争在商业模式中的作用。

五、企业在市场中提供的产品或服务之间的商业关系

Applegate 的定义注重于企业如何在市场中通过产品或服务与客户建立关系，以及如何通过这些关系生成收入流。这一定义强调了市场中的客户关系和收入模式，对企业如何通过市场运作来实现可持续增长提供了重要的视角。然而，这个定义可能过于侧重外部市场，而忽略了企业内部的价值链运作。对于那些主要依靠内部创新和运营效率来获得竞争优势的企业，这一定义可能不够全面。因此，虽然这一定义在市场导向型企业中非常有用，但对于技术导向型或运营导向型的企业来说，可能需要补充其他视角。

六、商业系统创造价值的逻辑

Petrovic 等人的定义将商业模式视为一个整体的商业系统，强调了系统内各个部分如何协同创造价值。这一系统性视角对于理解企业如何整合不同的资源和能力以创造价值至关重要。它有助于分析那些依赖复杂系统运作的企业，如大型跨国公司或多业务单位的企业。然而，这个系统性定义可能会忽视个体策略或创新的作用。例如，它可能难以解释一个单一创新如何颠覆整个市场的情况。此外，这个定义在具体操作层面上可能缺乏指导性，因为它更多地描述了整体系统而非具体实施步骤。

七、从系统角度描述商业各部分如何组合在一起

Hawkins 的定义从系统的角度描述了商业模式，强调了企业内部各个部分如何组合在一起以创造价值。这一视角类似于 Petrovic 等人的系统定义，但 Hawkins 可能更侧重于企业内部运作的协调性。这个定义对于理解企业内部流程的整合和优化非常有帮助，尤其是在那些需要高度协同运作的行业，如制造业或物流业。然而，与 Petrovic 等人相似，这个定义在过度关注系统协调的同时，可能会忽视外部市场环境的变化及个别创新的影响。

八、一种商业运作方法

Magretta 的定义将商业模式视为一种系统性的操作方法，关注企业如何通过定位价值链中的各个环节来获得利润。这一定义突出了企业战略定位的重要性，尤其是如何通过优化价值链来实现竞争优势。然而，这个定义可能过于宏观，而忽略了细节操作。例如，它可能无法详细解释如何在实际运营中实现这些战略目标。此外，这一定义可能更适用于成熟的企业，而对于初创企业来说，它可能显得过于复杂和远大。

九、在创造用户价值的过程中用什么方法获得商业价值

Rappa 的定义强调了在创造用户价值的过程中如何获得商业价值，这一定义抓住了现代商业模式中的关键点，即用户价值创造和企业利润之间的关系。

这个定义适用于各种类型的企业，特别是那些以用户为中心的商业模式，如互联网公司和平台经济。然而，这个定义可能会导致企业过于关注短期利润，而忽视长期的战略投资和品牌建设。此外，这一定义可能低估了其他价值创造活动（如研发、品牌推广等）在商业模式中的作用。

十、利益相关者的交易结构

魏炜和朱武祥的定义将商业模式理解为利益相关者之间的交易结构，这一定义的核心在于强调商业模式的本质是通过设计利益相关者之间的交易结构来实现价值创造和分配。在这个定义中，企业并不是孤立存在的，而是嵌入在一个更广泛的利益相关者网络中，包括客户、供应商、合作伙伴、股东、政府等。

十一、价值环节的生态组合

戴天宇的定义将商业模式描述为价值环节的生态组合，这个定义的核心思想是商业模式是由多个价值环节（如研发、生产、营销、售后服务等）组合而成的一个生态系统，每个环节都在为最终的价值创造贡献力量。企业的成功在于如何通过优化这些价值环节的组合，构建一个具有竞争力的生态系统。

十二、把用户价值转化为企业价值的方式

周鸿祎的定义进一步将商业模式描述为如何将用户价值转化为企业价值，这一视角与 Rappa 的定义类似，但更强调了从用户需求出发，寻找创新性解决方案的过程。对于互联网企业和技术驱动型企业，这一定义非常具有实践指导意义，因为它直指商业成功的核心，即满足用户需求。然而，这个定义可能过于侧重用户需求，而忽视了企业内部的管理和运营效率。在资源有限的情况下，过度关注用户价值可能导致企业在其他关键领域中（如财务管理、内部控制等）出现短板。

十三、把企业价值转化为企业利润的方式

周逵的定义以从价值到利润的转化过程为焦点，突出了企业商业模式的最

终目标——盈利。这个定义简洁明了，适合企业在制定战略时的实际操作。然而，这个定义的局限在于过度关注最终利润，可能忽视了其他重要的战略目标（如市场份额扩展、品牌建设和技术创新等）。此外，这个定义更适用于传统行业，而在创新型或成长型企业中，利润可能并不是唯一或主要的考量因素。

上述各种商业模式定义都有其独特的视角和侧重点。Linder 和 Cantrell 的定义注重价值创造的逻辑，适合宏观的战略分析；Gordijn 和 Akkermans，以及 Amit 和 Zott 的定义则关注价值交换和合作伙伴关系，适合分析复杂的商业生态系统；Rappa、周鸿祎和周逵的定义则更贴近实际操作，关注如何在具体的业务过程中创造和捕获价值；魏炜和朱武祥的定义强调了企业在更广泛的利益相关者网络中的地位和交易关系，适用于分析那些依赖复杂外部合作的企业；戴天宇的定义则关注企业内部各个价值环节之间的组合和协同作用，强调了系统性和整体性。

在实际应用中，企业需要根据自身的特点和所处的市场环境，选择或组合不同的定义来构建自己的商业模式。对商业模式的深入理解能帮助企业进行商业模式的定位和设计，在激烈的市场竞争中找到独特的竞争优势。每种定义都有其适用场景和局限性，企业在运用时应保持灵活性，综合考虑多种因素，以实现持续的商业成功。

第二节 商业模式的特点

随着全球化的深入发展，企业面临的市场环境变得越来越复杂和动态化。在这种情况下，企业要满足市场对灵活性、创新性和可持续性的需求。因此，商业模式与生俱来的生态思维、共生理念、客观导向、自然逻辑、自动运行等特点与企业面对的多变而不确定的市场相匹配。

一、生态思维——腾讯的商业生态系统

生态思维源自生态学中的生态系统概念，指的是在商业环境中，企业不再是一个孤立的个体，而是整个商业生态系统中的一部分。生态思维强调企业应

通过与其他企业、用户、政府、社会组织等利益相关者的紧密合作，形成一个相互依存、互惠共赢的生态系统。在这个系统中，每个参与者都能够通过合作与资源共享，实现自身价值的最大化，同时促进整个系统的健康和可持续发展。

腾讯作为全球领先的互联网公司，其商业模式充分体现了生态思维的应用。腾讯通过一系列的战略布局，成功构建了一个涵盖社交、娱乐、金融、云计算等多个领域的庞大商业生态系统。在这个系统中，腾讯不仅仅是一个平台的提供者，更是一个生态系统的建设者和维护者。

腾讯的社交平台，如QQ和微信，构成了其商业生态系统的核心。这些平台不仅仅是用户的交流工具，更是整个生态系统的纽带，通过连接亿万用户和众多合作伙伴，腾讯得以实现资源整合和价值扩展。

微信作为腾讯的明星产品，不仅仅是一个社交工具，还通过微信支付、小程序和公众号等功能，打造了一个集社交、支付、购物、资讯、娱乐等多功能于一体的超级平台。通过微信，腾讯能够快速、有效地将新的应用和服务推向市场，并吸引大量用户和合作伙伴加入其生态系统。

为了构建一个更加完整的生态系统，腾讯在社交平台之外，还积极布局其他相关业务领域，包括游戏、金融、广告、云计算、数字内容等。通过这些业务的多元化布局，腾讯能够更好地满足用户的多样化需求，并形成业务之间的协同效应。腾讯的游戏业务不仅为其带来了巨大的营收，也为其社交平台提供了强有力的用户黏性支持。通过将游戏与社交功能结合，腾讯能够为用户提供更加丰富的互动体验，同时增加了用户在其平台上的停留时间，进一步巩固了其生态系统的核心地位。

腾讯的生态系统并不是封闭的，而是一个开放合作的平台。腾讯通过投资、并购、战略合作等多种方式，吸引了大量合作伙伴加入其生态系统，形成了一个庞大的产业链和价值网络。腾讯的投资策略涵盖了互联网的各个领域，包括电子商务、在线教育、医疗健康、智能硬件等。通过这些投资，腾讯不仅扩大了其业务版图，还通过与被投企业的合作，增强了整个生态系统的竞争力和创新能力。例如，腾讯投资的拼多多、京东、美团等企业，都通过与腾讯的紧密合作，获得了快速发展，同时也为腾讯的生态系统注入了新的活力和价值。

腾讯的成功不仅仅在于其业务的多元化和平台的强大，更在于其对生态思维的深刻理解和有效应用。通过构建一个开放、共生的商业生态系统，腾讯不仅实现了自身的快速发展和持续创新，还为整个互联网行业的发展提供了有力支持。生态思维的现实意义在于，它帮助企业打破了传统商业模式的局限性，通过跨界合作和资源整合，实现了商业模式的创新和升级。

二、共生理念——阿里巴巴的商业生态共生

共生理念源于生物学中的共生现象，指的是两种或多种生物体通过相互依存、相互促进，共同生存和发展的现象。在商业领域，共生理念强调企业与其利益相关者之间的合作与协同，通过资源共享、能力互补，实现共同的价值创造和利益共享。

在共生理念下，企业不仅仅关注自身的利益最大化，更关注如何通过与其他企业、用户、社会组织等的合作，实现整个商业生态系统的健康和可持续发展。共生理念的核心在于通过合作与互惠，形成一个稳定、和谐的商业环境，从而推动整个系统的长远发展。

阿里巴巴作为全球最大的电子商务公司，其商业模式充分体现了共生理念的应用。通过构建一个庞大的电商生态系统，阿里巴巴不仅为自身创造了巨大的商业价值，也为数百万中小企业和亿万消费者提供了广泛的商机和便利，阿里巴巴的成功离不开其在商业模式中对共生理念的深刻理解和有效应用。

阿里巴巴的成功很大程度上归功于其对中小企业的支持和扶持。通过淘宝、天猫等平台，阿里巴巴为无数中小企业提供了一个低成本、高效能的电商平台，帮助它们打破了地域限制，直接面向全国乃至全球的消费者进行销售。

阿里巴巴不仅提供交易平台，还通过提供物流、支付、金融、云计算等全方位的服务，帮助中小企业解决了从仓储、配送到资金流动等一系列难题，极大地降低了它们的运营成本，提高了运营效率。这种开放平台模式，使得阿里巴巴与中小企业形成了一个互惠共生的商业生态系统。中小企业通过阿里巴巴的平台获得了更多的市场机会和巨大的发展空间，而阿里巴巴也通过吸引大量的中小企业入驻，扩展了其业务规模和市场份额，最终实现了双赢。

在阿里巴巴的商业生态系统中，消费者不仅是购买者，更是价值创造的参与者。阿里巴巴通过大数据分析、个性化推荐、社交互动等方式，促进了消费者与商家之间的互动和交流，提升了消费者的购物体验和满意度。阿里巴巴的“双十一”购物节不仅是一次购物狂欢，更是一个消费者与商家共同参与的节日。通过各种促销活动、互动游戏和社交分享，阿里巴巴成功地将消费者与商家紧密联系在一起，形成了一个充满活力和创意的商业生态系统。在这个系统中，消费者不仅享受到了优惠和便利，还通过社交分享、评价反馈等方式参与了商家的营销和产品改进，进一步推动了整个生态系统的共生发展。

阿里巴巴不仅在电商领域实现了共生理念的应用，还通过跨界合作，推动了多个行业的共生发展。例如，阿里巴巴通过与银行、保险公司、物流企业、媒体公司等多种行业的企业合作，形成了一个跨界融合的商业生态系统。阿里巴巴的蚂蚁金服（现为蚂蚁集团）通过与各大银行的合作，为用户提供了便捷的支付、贷款、理财等金融服务，实现了金融行业与电商行业的共生发展。通过这种跨界合作，阿里巴巴不仅拓展了自身的业务领域，也为其他行业的企业带来了新的发展机会和增长点，推动了整个商业生态系统的健康发展。

阿里巴巴的成功表明，共生理念在商业模式中的应用具有重要的现实意义。通过与利益相关者的合作与共生，企业能够形成一个稳定、和谐的商业生态系统，从而实现更广泛的价值创造和利益共享。

三、客观导向——字节跳动的算法驱动模式

客观导向指的是企业在商业模式设计和运营过程中，始终以客观事实和数据为依据，以市场需求和用户体验为导向，做出科学、理性的决策。客观导向强调企业要摆脱主观臆断，充分利用数据分析、市场调研、用户反馈等手段，精准把握市场趋势和用户需求，从而优化产品和服务，提高运营效率和市场竞争力。

在现代商业环境中，数据已经成为企业做出决策的重要依据。通过对大数据的分析和挖掘，企业能够更好地了解市场需求、预测市场趋势，从而制定更加科学、合理的商业策略。客观导向不仅有助于企业提高运营效率，还能够增强企业的市场应变能力，提升其在竞争中的优势。

字节跳动作为一家以算法驱动的移动互联网公司，其商业模式充分体现了客观导向的特点。字节跳动通过先进的算法技术和大数据分析，精准把握用户需求，打造了一个以个性化推荐为核心的内容分发平台。

字节跳动旗下的“今日头条”作为一款新闻资讯类产品，通过精准的数据分析和强大的算法技术，成功实现了个性化内容推荐。今日头条通过分析用户的浏览行为、点击偏好、地理位置等数据，为每个用户提供量身定制的内容推荐，实现了信息的精准触达和高效分发。这种基于数据分析的内容推荐模式，使得今日头条能够在短时间内吸引大量用户，并迅速占领市场。相比于传统的新闻平台，今日头条不仅能够提供更符合用户兴趣的内容，还能够通过不断优化算法，提高推荐的准确性和用户体验。这种以数据为导向的商业模式，不仅提升了字节跳动的市场竞争力，也为其在内容分发领域树立了标杆。

字节跳动的成功不仅体现在内容推荐方面，还体现在其广告投放的精准性和高效性方面。通过对用户数据的深度挖掘，字节跳动能够为广告主提供高度精准的目标用户定位，从而提升广告的投放效果和转化率。例如，字节跳动通过分析用户的兴趣偏好、消费行为、社交关系等数据，能够为广告主精准定位潜在客户，从而提高广告的投放效果。这种基于算法和数据分析的广告模式，不仅为字节跳动带来了巨大的广告收入，也为广告主带来了更高的投资回报。

字节跳动的成功表明，客观导向在商业模式中的应用具有重要的现实意义。通过充分利用数据分析和算法技术，企业能够更好地理解市场需求和用户行为，从而做出更加科学、合理的决策。

未来，随着大数据和人工智能技术的不断发展，客观导向将在商业模式中扮演越来越重要的角色。企业需要不断提升自身的数据分析能力和技术水平，以应对市场环境的快速变化，保持竞争优势。

四、自然逻辑——海底捞的管理哲学与服务文化

自然逻辑指的是企业在商业模式设计和运营过程中，遵循自然的、合乎人性的逻辑和规律，形成符合市场和社会需求的经营理念和管理模式。自然逻辑强调企业要顺应市场变化，尊重客户需求，通过自然的、合理的方式进行业务运营和管理，避免生硬的规则和制度束缚。

在现代商业环境中，自然逻辑要求企业在制定战略和管理政策时，充分考虑市场环境的变化和客户的真实需求，通过灵活的、适应性强的运营模式，实现可持续发展。自然逻辑不仅有助于企业提高运营效率，还能够增强企业的市场适应能力，提升其在竞争中的优势。

海底捞作为中国领先的火锅餐饮企业，其成功不仅在于产品的独特性，更在于其顺应自然逻辑的管理哲学和服务文化。海底捞通过尊重员工、理解客户、顺应市场变化，打造了一套独特的商业模式，赢得了广泛的市场认可和客户忠诚度。

海底捞的管理哲学强调对员工的尊重和关怀，认为员工是企业最重要的资源和财富。海底捞通过提供优厚的薪酬福利、良好的工作环境和广阔的发展空间，激发了员工的积极性和创造力，使得每一位员工都能够在工作中感受到价值和归属感。海底捞的员工管理模式不仅提升了员工的工作效率和服务质量，还增强了员工的忠诚度和归属感。通过尊重员工的人性化管理，海底捞形成了一支高度稳定、富有战斗力的团队，为其在竞争激烈的餐饮市场中赢得了优势。

海底捞的成功还在于其以客户为中心的服务文化。海底捞通过深入了解客户的需求和期望，提供个性化的服务和极致的用餐体验，赢得了客户的广泛认可和喜爱。例如，海底捞为客户提供了免费美甲、擦鞋、儿童看护等多种增值服务，让客户在用餐的同时享受到更多的便利和关怀。这种以客户为中心的服务文化，使得海底捞在激烈的市场竞争中脱颖而出，形成了强大的品牌效应和客户忠诚度。

海底捞的自然逻辑还体现在其对市场变化的敏锐感知和灵活应对方面。海底捞通过不断创新产品、优化服务、拓展渠道，顺应市场需求的变化，保持了业务的持续增长和竞争力。例如，海底捞在疫情期间迅速推出了外卖服务和自热火锅产品，满足了消费者在居家隔离期间的用餐需求。这种快速响应市场变化的能力，使得海底捞在逆境中仍然能够保持业务的稳定发展，并赢得了更多的市场机会。

海底捞的成功表明，自然逻辑在商业模式中的应用具有重要的现实意义。通过顺应自然的、合乎人性的逻辑和规律，企业能够形成更加适应市场需求的经营理念和管理模式，从而提升其市场竞争力和可持续发展能力。

自然逻辑要求企业在制定战略和管理政策时，充分考虑市场环境的变化和客户的真实需求，避免生硬的规则和制度束缚，形成灵活的、适应性强的运营模式。

五、自动运行——商业模式的内在机理

在如今高度竞争的商业环境中，自动运行已经成为企业提高效率、降低成本、提升竞争力的关键手段。然而，自动运行不仅仅是对技术和流程的应用，它更深层次地包含了对商业生态的尊重、商业规律的遵循、利益机制的平衡，以及共生理念的贯彻。通过这些内在机理的协调和演化，企业能够在自动运行的模式下自然达成其商业目标。

一是遵循商业生态。商业生态系统由企业、消费者、供应商、合作伙伴、政府等多个利益相关者组成，每个主体都是商业生态系统中不可或缺的一部分。在自动运行的模式下，企业必须充分认识到自己在商业生态中的角色，并遵循生态系统的内在规律和要求。自动运行要求企业对整个商业生态系统有着清晰的理解和全局观念。企业需要通过自动化技术实时监控商业生态中的各类动态因素，如市场需求变化、竞争者行为、政策调整等。通过对这些因素的自动化分析和响应，企业能够在生态系统中灵活调整自己的经营策略，优化资源配置，实现持续增长。例如，阿里巴巴在其电子商务平台中，通过大数据和人工智能技术，自动化地分析用户行为和市场趋势，精准匹配消费者需求与供应商产品。在这个过程中，阿里巴巴不仅是一个平台运营者，更是商业生态系统的协调者，确保了平台上各类利益相关者之间的有效互动和资源流动。

二是遵从商业规律。商业活动始终受到一定规律的约束，如供求关系、价值创造与传递、竞争与合作等。在自动运行的模式下，企业通过技术手段遵从和利用这些商业规律，以实现最优的运营效果。自动运行通过流程的自动化和智能化，使得企业能够精准把握市场供求关系，及时调整生产和营销策略。例如，京东通过其智能供应链系统，自动化地对市场需求进行预测，并根据预测结果调整库存和配送计划。这种做法不仅大幅减少了库存积压和商品短缺的风险，还能够提升用户的购买体验，增加客户的满意度和忠诚度。此外，自动运

行还体现在企业对价值创造与传递的自动化管理上。通过智能化手段，企业能够自动化地优化其价值链中的各个环节，如研发、生产、营销、客户服务等，以实现价值的最大化。例如，华为通过其全球研发网络和供应链管理系统，自动协调和整合各地的研发资源和供应链资源，提升产品的创新能力和市场竞争力。

三是遵循利益机制。在商业生态系统中，各类主体都有着各自的利益诉求，而自动运行的成功依赖于企业如何平衡和协调这些利益诉求。在自动运行的模式下，企业通过智能化手段优化利益机制，确保各利益相关者的合理分配和长期合作。利益机制的优化需要企业通过大数据分析和智能决策，自动识别并调整利益相关者之间的利益关系。例如，滴滴出行通过智能调度系统和动态定价机制，自动化地平衡乘客与司机之间的利益。在高峰时段，系统会自动提高价格以激励更多司机上线接单，同时也会合理分配订单，确保乘客的出行需求能够得到及时满足。这种利益机制的自动调整，不仅提升了平台的运营效率，还增强了各方的满意度和用户黏性。此外，在利益机制的自动化管理中，企业还可以通过激励机制的自动化设计，促进内部员工和外部合作伙伴的积极参与。例如，字节跳动在其内容生态系统中，通过算法推荐和智能流量分配机制，自动化地分配广告收入和流量资源，激励内容创作者持续生产优质内容。这种利益机制的自动运行，不仅确保了平台的内容质量和用户黏性，还为平台的长远发展奠定了基础。

四是秉持共生理念。在自动运行的模式下，企业必须秉持共生理念，致力于与商业生态系统中的其他主体形成良性的互动关系。共生理念要求企业不仅关注自身利益，还要考虑整个生态系统的可持续发展，通过合作共赢的方式实现各方利益的最大化。自动运行模式下的共生理念体现在企业与供应商、客户、合作伙伴之间的自动化协作上。通过智能化系统，企业能够实现与各方的无缝对接，自动化地处理合作事务。例如，海尔的“人单合一”模式，通过物联网和大数据平台，自动化地将用户需求传递到生产端，实现定制化生产和快速响应。这种共生关系的自动运行，确保了海尔与用户、供应商、合作伙伴之间的深度合作，实现了各方的利益共赢。在共生理念的指引下，企业还可以通过自动运行的方式促进社会和环境的可持续发展。例如，腾讯通过其智能公益平台，自动化地连接公益组织、捐赠者和受助者，提升公益资源的使用效率，实现社会价值的最大化。这种自动化的共生机制，不仅提升了腾讯的社会影响力，也为其商业模式注入了更多的社会责任感。

五是演化达成目标。自动运行并不是静态的，而是一个不断演化和优化的过程。在商业模式的自动运行中，企业通过持续的数据分析和系统迭代，不断调整和优化运营策略，以动态适应市场变化和用户需求的演变。演化是自动运行的核心特点之一，企业通过自动化系统的学习能力，持续提升运营效率和市场竞争力。例如，华为的智能网络管理系统，通过机器学习和人工智能技术，自动化地优化网络资源配置和性能，不断提升网络的可靠性和用户体验。在这一过程中，华为的网络运营策略也在不断演化，逐步达成其全球网络领先的战略目标。自动运行的演化机制还体现在企业对外部环境的动态适应方面。通过自动化系统的实时监控和数据分析，企业能够快速识别市场机会和风险，自动调整经营策略和资源配置。例如，美团通过其智能调度系统，自动化地调整配送路线和运力分配，优化配送效率和用户体验。在不断的演化过程中，美团的配送网络日益完善，最终达成了高效、准时的配送目标。

自动运行作为现代商业模式的一个重要特点，充分体现了对商业生态、商业规律、利益机制和共生理念的深刻理解与运用。通过遵循这些内在机理，企业能够在自动运行的模式下实现持续的优化与演化，达成其商业目标。华为、阿里巴巴、腾讯等企业的成功实践表明，自动运行不仅是一种技术手段，更是一种商业思维。企业在追求自动化运营的过程中，必须深入理解和尊重商业生态的复杂性，遵循商业规律，平衡各方利益，并秉持共生理念，只有这样才能在不断演化中达成目标，从而实现可持续的发展。

通过深入分析生态思维、共生理念、客观导向、自然逻辑、自动运行等商业模式的特点我们可以看到，这些特点在现代企业的运营中扮演着至关重要的角色。腾讯的生态系统战略、阿里巴巴的共生理念、字节跳动的客观导向、海底捞的自然逻辑及滴滴出行的自动运行机制，这些都是商业模式特点淋漓尽致的体现。通过这些案例我们可以看到，现代企业在设计商业模式时必须充分考虑市场的变化和客户的需求，通过生态思维、共生理念、客观导向、自然逻辑、自动运行的应用，形成一个健康、稳定和可持续发展的商业生态系统。

第三节　商业模式与战略管理

商业模式与战略的关系一直是企业管理领域中的热点话题，一些学者和企业家认为商业模式是战略的一部分，而另一些人则认为两者是可以互换使用的概念。在实际操作中，这两者的界限确实不易划分。然而，从分析层次和内涵的角度来看，商业模式与战略之间仍然存在着明显的差异。

一、商业模式与战略的相似之处

在实践中，我们常常发现相同的现象或做法，有时被称作商业模式，有时则被视为战略。例如，蓝海战略这一概念已经广为人知，其核心思想与商业模式的理念有着深刻的相似之处，即通过独特的价值创新，企业能够获得超额的回报。实际上，蓝海战略的核心就是商业模式创新的一个典型范例。如果仔细比较就可以发现，克里斯滕森等人对商业模式的定义与对战略的定义几乎如出一辙。例如，商业模式中的"价值主张"可以对应战略中的"战略定位"；"盈利模式"反映了企业获取竞争优势的来源；而"关键资源"和"主要过程"则描述了战略实施所需的必要条件。

二、商业模式与战略的不同之处

尽管商业模式与战略有着诸多相似之处，但商业模式与战略在分析层次和实质内容上仍然存在着根本差异。商业模式通常比战略更为基础和广泛，体现了一定社会和经济发展阶段中企业经营模式的大趋势，且常常受到技术进步的推动。例如，20 世纪 60 年代，在美国兴起的折扣店商业模式颠覆了传统的零售业态，但只有沃尔玛（Walmart）和塔吉特等少数企业成功地应用了这一模式。沃尔玛选择专注于农村和乡镇市场，而塔吉特则通过低成本和差异化战略的融合，强调时尚与特色，它们虽然都取得了成功，但其他许多企业则未能成功。这表明，在同一种商业模式下，不同的战略选择可以导致截然不同的结果。

从本质上看，商业模式主要反映了企业在特定历史和经济背景下的经营方式，尤其是在技术进步的影响下，商业模式往往会经历大规模的转型。例如，生产线替代手工作坊和电子商务对传统零售的替代，就是典型的商业模式转换。商业模式界定了经营活动和交易的方式，但并未详细说明在这种模式下，企业如何与竞争对手竞争。而战略则关注企业如何在竞争中获得独特的地位和优势，从而实现卓越的经营绩效。商业模式相对容易被模仿，但是某个企业独特的战略则是由于其背后的资源和能力支持而更难以被复制。因此，仅有一个好的商业模式是不够的，企业还必须通过战略选择在激烈的竞争中脱颖而出。

三、商业模式与战略之间的关系

如果我们将商业模式和战略定义为不同的概念，那么至少在理论上，我们可以从不同的视角和维度来理解它们之间的关系。同一种战略（如差异化战略）可以在不同的商业模式中应用。例如，不论是通过实体店销售还是网购，有些企业始终坚持高端品牌形象，不参与折扣或促销活动。在同一种商业模式下，不同的战略选择也可以导致截然相反的结果。例如，在电子商务领域，有些企业专注于标准化商品的买卖，而另一些企业则选择进入如生鲜物品贸易等盈利前景不明的业务领域。另外，商业模式和战略之间的差异可能只是在语义层面。例如，谷歌的搜索业务采用独特的排名方式，通过算法确保信息的客观性和公正性，而其他竞争对手则可能采用竞价排名的模式。谷歌通过其独特的算法和计算能力，确保了在搜索业务中的领先地位。在这种情况下，很难明确地说明谷歌和其竞争对手到底是采用了不同的商业模式，还是采取了不同的战略。最后，当一种新的商业模式刚刚出现，其发展前景尚不明朗时，率先采用这种模式的企业往往也在实施一种战略行为。多元化经营可以被看作是商业模式的变更，但在战略管理领域，多元化举措常常被视为战略决策。因此，当一个新兴的商业模式出现时，企业的早期采纳行为本身也具有战略意义。从另一个角度来看，企业现有的经营战略也会影响其对新兴商业模式的反应与态度。

四、从三维竞争空间看商业模式与战略

从一般的视角出发，我们很难看清商业模式和战略之间的异同。如果我们

换个视角，从企业竞争空间的角度来看商业模式和战略，可能就会有不同的启示。战略理论框架体系都是从焦点企业自身出发的视角观察世界，切入视角的单一性不仅使得战略理论在分析商业生态系统时力有不逮，而且在思维方式上的假设前提也是以焦点企业自身利益最大为出发点。客观来说，这种隐含的视角和思维方式的假设本身并无问题，但是以此作为分析的起点却难免管中窥豹，失却了思考的格局感，进而局限了对商业本质的理解和机遇的洞察。正如古希腊学者从以地球为中心的视角总结出地心说，哥白尼从以太阳为中心的视角构建了日心说一样，如果企业家站在不同主体的视角，也能发现自身处于不同的竞争空间之中。通常来说，商业世界存在三层主体，如图 2-1 所示。

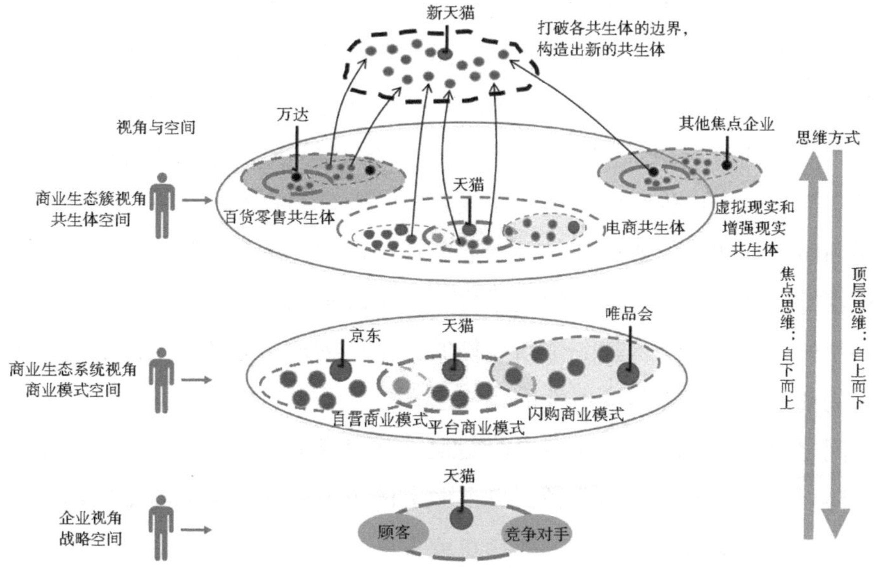

图 2-1　战略空间、商业模式空间与共生体空间示意图

第一层主体是具体的企业，如天猫、京东、拼多多等。从企业视角出发的思维空间可称为战略空间，由企业不同战略选择的自由度构成。战略空间主要有客户、竞争对手和企业本身等三个维度，通常要回答三类根本问题，即企业为谁创造什么价值？企业的竞争对手是谁？企业的竞争优势是什么？企业在这

三个维度权衡取舍之后形成自身的战略。

第二层主体是商业生态系统，企业从来不是孤立地创造价值，而是与存在交易关系和业务活动的利益相关方组成生态系统，为了共同的目标紧密合作，最终实现价值交付。从商业生态系统视角出发的思维空间可称为商业模式空间，由企业的商业模式选择自由度构成。天猫是平台商业模式，京东以自营商业模式为主，而唯品会则是闪购商业模式，它们虽然同属于电商生态，但不同企业的生态系统结构与商业模式却迥然不同。

第三层主体是商业生态簇，如零售商业生态簇涵盖了电子商务、百货连锁等不同的商业生态。当我们以俯视的视角抽象地思考商业生态时，就可以发现每个生态都是遵循着独特的价值创造逻辑将资源和活动组织起来，完成从价值创造到实现的闭环，共生体就是价值创造的逻辑。从商业生态簇视角出发的思维空间可称为共生体空间，由企业对不同共生体选择的自由度构成。在不同的共生体之下，商业生态中的各类角色和业务活动也显著不同。例如，电商不需要实体门店的选址与租金的支付、营业员的招聘培训、到门店及仓库的物流等，但却需要线上广告吸引流量、在线客户、到户的物流配送等。当然，在共生体层面纳入新的角色或调整价值创造逻辑可以创造出新的共生体。例如，天猫与银泰等实体门店联合，再加上零售商业生态簇之外的虚拟现实和增强现实跨界共生体，就有机会构建一个新零售的共生体物种，这种共生体层面的创新所带来的商业成果经常是颠覆性的。

空间之上即为格局，企业需要清楚地认知自身如何从三个空间获得竞争优势，具体可以分为两种思考路径。自下而上的思考路径是从战略空间出发，企业先思考自己能够解决客户的哪些痛点或带来何种问题，发现竞争对手所忽略的薄弱环节，然后随着企业规模的增长逐渐扩展到商业模式空间和共生体空间，探寻外部需要做何种调整来适应战略空间的变化，这种从企业内部到外部、从局部到全局的思考方式，我们称之为焦点思维。自上而下的思考路径则是从共生体空间出发，先看在生态簇层面是否存在新共生体物种出现或演变的可能，然后具体到商业生态系统中寻找价值和效率最大化的方式，最后聚焦到企业的商业模式与战略设计，这种从上到下、从宏观逐步聚焦到企业层面的思考方式，我们称之为顶层思维。

三层竞争空间的划分为企业认知和分析商业世界提供了框架，只有熟悉和理解竞争空间，才能理解战略、商业模式、共生体等核心概念的差异。而当企业的经营团队统一了商业语言，拥有了相似的格局视野，知道彼此是在哪个空间展开思想的争锋，思维路径习惯是什么，才能展开高质量的决策研讨、计划、准备和组织实施。

案例二：在线旅游市场争夺战

在我国经济持续增长的大背景下，一个 14 亿人的旅游市场正在强势崛起。受益于互联网，尤其是移动互联网的蓬勃发展，我国的在线旅游市场释放出巨大的增长潜力。成立于 1999 年的携程采取在线旅游代理商（OTA）模式，通过网站、会员体系及呼叫中心为旅客提供机票、酒店、度假产品的预订服务，并从中获取佣金收入。在创立初期，携程在我国主要的机场、火车站都派驻了地推团队，扩大自己的客户规模。与此同时，携程建立起了拥有上万名工作人员的呼叫中心，客户在携程可以得到 24 小时不间断的优质服务，客户在出行过程中遇到的各类问题都可以通过电话得到解决。依靠自身在客户端积累起来的规模优势，携程获得了相对强势的佣金提成议价能力和市场地位，2003 年携程登陆纳斯达克时已经成为我国在线旅游市场的领导者。

从 2007 年开始，处在市场第二名的艺龙决定以“在线酒店”的战略定位与携程展开竞争。一是与携程在机票、酒店和度假产品等市场均有涉猎不同，艺龙明确将战略聚焦在利润最为丰厚的酒店领域，砍掉度假和差旅服务，酒店预订业务成为真正的重心，机票预订作为辅助性产品。在具体的战术上，艺龙在竞争初期避开四五星级酒店和大城市这一携程的优势领域，将资源投放在中小酒店和二三线城市，力争提高市场覆盖率。二是避开携程强大的呼叫中心和地面推广的优势，从客户消费习惯的趋势出发全面向线上预订转移，通过在线获取和服务客户，同时砍掉所有线下的派发会员卡等营销方式。最后艺龙通过整合网上预订、二三线城市和中小酒店，逐步向大城市和四五星级酒店推进。

成立于 2005 年的去哪儿网通过搜索比价模式将各类在线销售的旅游产品呈现在自己的网站上，用户在去哪儿网上搜索到所需要的产品，点击链接就可以跳转到供应商（主要是在线旅游代理商）网站完成下单和支付，去哪儿网通过收取流量导入费用（CPC 点击收费）获取收益。去哪儿网的出现一方面让众多中小规模的在线旅游代理商可以在同一个平台上与携程、艺龙直接展开竞争，另一方面将机票、酒店的价格透明化。于是去哪儿网很快就树立起了产品丰富且低价的形象，携程则被贴上了高价的标签。到 2013 年在纳斯达克上市时，去哪儿网已经与 1200 多家在线旅游代理商合作，成为我国在线旅游用户访问率最高的网站。

2013 年开始进入中国市场的爱彼迎虽然还处在发展初期，但发展潜力不容小觑。爱彼迎将当地居民拥有的空闲房间资源提供给那些有着临时居住需求的旅行客，后者只需付出一定的费用（通常比住酒店要便宜）就可以换来一个房间甚至只是一张沙发的居住权利，爱彼迎从出租人与租客的交易中抽取佣金。爱彼迎在盘活了规模巨大空闲民居资源的同时，还提供了一种社交性的旅游服务，使外来游客可以更好地了解本地人的生活和文化，而这种体验是酒店的标准化服务做不到的。

讨论以下问题：

（1）艺龙应采取哪些策略进一步深入市场，特别是在聚焦中端酒店和二线城市的情况下展开与携程的有效竞争？

（2）像爱彼迎这样强调独特本地体验的平台的兴起，可能会对携程和艺龙等公司主导的传统酒店预订模式产生怎样的影响？

（3）分析携程、艺龙、去哪儿网和爱彼迎分别有哪几种不同的竞争逻辑？

实训二

选择一个你感兴趣的行业，从竞争空间的角度分析行业中有哪些不同类型的企业，它们是如何开展竞争的？这对你有何启示？

第三章　商业模式的层次与构成要素

第一节　四个维度

美国宾夕法尼亚大学沃顿商学院教授、商业模式研究专家 Raphael Amit 将商业模式分为四个关键维度，即内容（What）、结构（How）、治理（Who）和价值逻辑（Why）。他认为，内容指的是企业提供的产品或服务及其核心功能，决定了企业在市场中的价值主张；结构是指涉及企业如何组织和配置资源以有效地交付产品或服务，确保运营的高效性和协同作用；治理主要关注企业内外部的管理架构与利益相关者的角色分配，影响企业的管理效率和合作关系；价值逻辑则解释了企业如何通过商业模式实现盈利，具体涉及收入来源、成本结构和利润模式。这四个维度共同构成了商业模式的基础，使企业能够在竞争中创造和维持价值。

一、内容

内容维度是商业模式的核心，决定了企业通过什么产品或服务来满足市场需求，并实现其价值创造的目标。这一维度不仅仅涉及产品的实际功能，还包括企业如何将这些功能打造成满足消费者需求、解决市场痛点的方案。企业的内容维度决定了它能否在市场中脱颖而出，并为客户带来独特的价值主张。

案例 3-1：声田——流媒体音乐服务的变革

声田（Spotify）作为全球领先的流媒体音乐服务提供商，通过独特的内容维度彻底改变了音乐产业。与传统的音乐销售模式不同，声田的商业模式内容维度不仅在于提供海量的音乐资源，还在于它如何将这些资源整合并提供给用户，进而改变了人们的音乐消费习惯。

首先，声田打破了传统音乐产业中单曲或专辑销售的模式，转而采用按月订阅的流媒体服务。这种商业模式的内容核心在于，用户无需购买每一首单曲或专辑，而是通过支付固定的订阅费用，便可无限制地访问平台上的全部音乐。这一创新解决了用户高额购买音乐的痛点，也满足了他们随时随地享受音乐的需求。通过这种方式，声田不仅为用户创造了全新的音乐消费体验，还将自身定位为用户的音乐平台，而不仅仅是一个数字音乐商店。内容维度的这种设计，使得声田可以吸引那些想要以更低的成本享受更多音乐的用户，并有效地扩展了其市场覆盖面。

其次，声田在内容维度上的另一个重要创新是个性化推荐系统。通过分析用户的听歌习惯、偏好和行为，声田能够为每个用户生成个性化的音乐推荐列表，如“每周发现”（Discover Weekly）和“每日推荐”（Daily Mix）。这种高度定制化的内容不仅增强了用户的参与度，也提高了用户黏性，使他们更愿意长时间使用该平台。这种推荐系统大大提升了用户体验，使得声田在竞争激烈的流媒体市场中保持了独特的竞争优势。这种个性化内容的成功，不仅仅是技术的胜利，更是对用户需求深刻理解的体现。声田通过挖掘用户的行为数据，识别用户偏好，从而提供更为精准的音乐推荐。这种内容的差异化，使得声田能够在市场上脱颖而出，吸引了大批忠实用户，并通过他们的口碑传播，进一步扩大了市场份额。

再次，声田的内容维度还包括与音乐创作者的合作与共赢策略。声田不仅仅是音乐的分发平台，更是音乐创作者与用户之间的桥梁。通过提供创作者工具和数据分析，声田帮助艺术家们更好地理解其受众，并根据反馈优化他们的作品。这种内容维度的延伸，使得声田成为音乐创作者与听众之间的纽带，促进了音乐创作的繁荣。例如，声田的“Spotify for Artists”工具为音乐创作者提供了详细的听众数据，包括听众的地域分布、年龄段和性别比例等信息。这些数据可以帮助艺术家们更好地制定营销策略，甚至影响他们未来作品的创作方向。此外，声田还通过策划“Spotify Sessions”等独家内容，为音乐人提供了一个展示平台，进一步增强了其在音乐产业中的影响力。声田的内容维度创新不仅满足了消费者对音乐的需求，还为音乐创作者提供了新的发展渠道。通过这种双向价值的创造，声田在整个音乐生态系统中扮演了不可替代的角色。

最后，声田还通过与其他内容形式的整合，进一步扩展了其内容维度。例如，近年来，声田大力投资播客（Podcast）业务，收购了多家著名的播客制作公司，并推出了众多独家播客节目。这不仅丰富了声田的内容库，还为用户提供了更多元化的音频内容选择，增强了平台的吸引力。通过这种内容维度的扩展，声田不再只是一个音乐流媒体平台，而是一个全面的音频娱乐平台。用户可以在声田上找到各种类型的音频内容，从音乐到播客，从娱乐到教育。这种内容的多样性，使得声田能够吸引更广泛的用户群体，并在全球音频市场中占据主导地位。

声田的成功归因于其在内容维度上的不断创新与优化，从突破传统音乐销售模式的订阅制服务，到个性化的音乐推荐系统，再到与音乐创作者的深度合作，以及播客业务的拓展，声田在内容维度上展现了其深刻的市场洞察力和创新能力。

多元而创新的内容不仅让声田成为全球用户数量最多的音乐流媒体平台，也让它成为音乐产业的重要参与者。通过不断优化和扩展其内容维度，声田不断增强用户黏性，创造新的市场需求，并在全球范围内保持了强劲的增长势头。其成功经验为其他企业在内容维度的创新上提供了宝贵的借鉴，展现了商业模式内容维度在市场竞争中的关键作用。

二、结构

结构维度探讨了企业如何组织和配置其内部资源、流程，以及与外部合作伙伴的关系，以有效地交付其价值主张。这一维度强调的是如何在实际操作中实现商业模式的内容，确保企业的战略目标得以高效、持续地达成。结构设计的优劣直接影响企业的竞争力、市场反应速度和成本效益。因此，理解和优化结构维度是企业成功的关键。

案例 3-2：星巴克——全球咖啡连锁品牌的组织与运营结构

星巴克作为全球知名的咖啡连锁品牌，其成功在很大程度上归功于其精心设计的组织与运营结构。星巴克通过一系列结构性的创新和优化，确保了其品牌在全球范围内的一致性、灵活性和高效性，成为咖啡文化的代名词。

首先，星巴克的结构设计体现在其全球化运营中。星巴克采用了以直营店和特许经营店相结合的方式扩展其全球市场。在核心市场，如美国，星巴克更倾向于采用直营模式，以此保持对品牌的高度控制，确保每一家店铺的产品质量和服务标准一致。而在其他地区，星巴克通过与当地合作伙伴的特许经营模式来加速市场扩展。这种灵活的结构设计，使得星巴克能够根据不同市场的需求调整其运营策略，既保障了品牌的一致性，又能快速适应不同地区的市场环境。例如，在中国市场，星巴克通过与统一企业的合作，采用了特许经营模式快速扩展其门店网络。星巴克还根据中国消费者的口味偏好，调整了部分产品，如推出了带有中国特色的茶饮和糕点，这种灵活的结构设计不仅加速了其在中国市场的扩展，还赢得了大量忠实的消费者。

其次，星巴克的供应链结构设计也是其成功的关键之一。星巴克通过建立一体化的供应链管理系统，确保了从咖啡豆采购、加工到配送的每一个环节都能高效运作。星巴克与全球各地的咖啡豆农户建立了长期合作关系，通过直接采购和公平贸易，既保证了咖啡豆的质量，也帮助改善了种植者的生活条件。这种结构设计不仅提升了星巴克产品的品质，还增强了其品牌在消费者心中的社会责任感。星巴克还在供应链的其他环节进行优化。例如，其建立的全球配送网络能够根据各地区门店的需求，快速调配物资，确保门店始终能够供应新鲜的原材料和产品。这种供应链结构的高效性，使得星巴克在应对市场波动时具有极高的灵活性和响应能力。

再次，星巴克的结构设计也体现在其数字化转型中。随着消费者行为的变化，星巴克积极推动其数字化运营，通过构建星巴克应用程序和线上订单系统，进一步优化了客户体验和运营效率。星巴克的会员计划通过积分、优惠券和定制服务等手段，增强了用户黏性，并通过数据分析为星巴克的产品开发和市场营销提供了支持。这种数字化结构的引入不仅提升了星巴克的运营效率，还增强了与消费者的互动，帮助星巴克更好地了解消费者的偏好和需求，从而在市场竞争中保持领先地位。例如，在疫情期间，星巴克的线上点单和无接触配送服务大大缓解了线下业务停滞的冲击，展现了其结构设计在应对突发事件时的适应性和抗压性。

最后，星巴克的组织结构强调了文化的传递与员工激励。星巴克注重将其核心价值观融入企业文化中，并通过系统的培训和激励机制，确保全球员工都能够理解和践行星巴克的品牌承诺。星巴克的扁平化组织结构和开放的沟通渠道，使得员工在不同层级都能积极参与企业的创新和决策，这不仅提高了员工的归属感和工作积极性，还推动了企业的持续创新。例如，星巴克在全球范围内推行的“伙伴体验”（Partner Experience）计划，强调员工是企业最宝贵的资源。通过提供员工股票期权、教育资助和全面的职业发展培训，星巴克激励员工与企业共同成长。这种组织结构的设计，确保了星巴克在全球范围内始终拥有一支高度敬业和忠诚的员工队伍，为企业的长期成功奠定了基础。

星巴克通过其精细化的结构维度设计，成功地构建了一个高度灵活、全球统一且充满创新活力的运营体系。从全球市场的扩展到供应链管理，从数字化转型到组织文化的塑造，星巴克在每一个环节都体现出了结构设计的优势。这种结构设计不仅帮助星巴克在全球范围内赢得了市场份额，还塑造了一个广受欢迎且具备高度社会责任感的品牌形象。

通过星巴克的案例可以看出结构维度在商业模式设计中的重要性，一个合理的结构设计，不仅能有效整合企业的内部资源，还能与外部的合作伙伴形成紧密协作，实现资源的最优配置。企业在构建商业模式时，必须重视结构维度的设计，以确保其商业模式能够在实际运营中落地生根，并在竞争激烈的市场中脱颖而出。

三、治理

在 Raphael Amit 提出的商业模式的四个关键维度中，治理是一个至关重要的部分。治理维度不仅涵盖企业内部的管理结构和组织角色，还包括企业与外部合作伙伴、供应商、分销商及客户之间的关系和互动。这一维度直接影响企业的决策效率、运营能力及整体市场竞争力。通过治理，企业能够协调内部和外部资源，确保商业模式能够有效执行，并在市场中持续获得竞争优势。

在企业内部，治理主要体现在管理结构的设计和决策权的分配上。一个成功的治理体系能够有效地组织和分配企业的内部资源，确保各个部门和团队在共同目标的指引下协同工作。

案例 3-3：谷歌的扁平化管理架构

谷歌采用了扁平化的管理结构，使员工能够在相对自由和灵活的环境中工作，从而激发了他们的创造力和创新力。在这种治理模式下，谷歌重视小团队的自主管理，每个团队都有较高的决策权。这不仅提高了工作效率，还增强了员工的责任感和参与感。同时，谷歌通过目标与关键成果（OKR）管理系统确保各团队的工作与公司的整体战略目标保持一致。这种治理方式在快速发展的科技行业中尤为有效，因为它能够快速响应市场变化，并推动企业在创新领域保持领先地位。

企业的治理结构并非一成不变。在不同的发展阶段，企业可能需要采用不同的治理模式。对于初创企业来说，灵活和松散的治理结构通常是必要的，因为它们需要快速适应市场变化，捕捉新的商业机会。然而，随着企业的成长和业务的复杂化，更加正式和分层的治理结构可能变得不可避免。这种结构的变化有助于企业在扩大规模的过程中保持运营的稳定性和效率。亚马逊就是一个很好的例子。亚马逊在其早期发展阶段采用了相对灵活的治理结构，允许快速决策和创新。随着公司的发展，亚马逊逐渐引入了更为严谨的管理和治理机制，以确保其在全球范围内的复杂业务能够高效运行。

除了内部治理，企业与外部合作伙伴的关系治理也是商业模式成功的关键。一个有效的外部治理体系能够帮助企业与供应商、分销商、技术合作伙伴及其他利益相关者建立强有力的合作关系。这些关系不仅支持了企业的核心业务，还能为企业带来竞争优势。例如，宜家（IKEA）的商业模式在很大程度上依赖于其与全球供应商的紧密合作。通过与这些供应商建立长期的合作关系，宜家确保了其产品的高品质和成本效益。此外，宜家与物流供应商的合作确保了其产品能够快速、有效地送达全球各地的门店。这些外部关系的治理不仅支持了宜家的核心业务运营，还增强了其品牌价值和市场竞争力。宜家通过严格的供应链管理和合作伙伴治理，实现了在全球市场保持价格竞争力的同时，还能够提供设计优良、质量可靠的产品。

企业在治理外部合作关系时需要特别关注合作伙伴的选择和关系的管理。选择合适的合作伙伴是成功的第一步，合作伙伴的能力、信誉和与企业目标的契合度是决定合作成功与否的关键因素。丰田汽车（Toyota）与其供应商之间的合作关系就是一个经典的例子。丰田汽车的供应链治理以高度的信任和长期合作为基础，这种紧密的合作关系帮助丰田在全球汽车市场中保持了高效和稳定的供应链。丰田汽车通过精益生产方式，与供应商紧密合作，不断改进生产工艺，降低成本，提高产品质量，这些都源于其卓越的外部治理结构。

在现代商业环境中，客户治理也是企业成功的关键因素。与客户的关系不仅仅是交易，更是长期的互动和关系建设。在许多成功的商业模式中，客户不再是被动的产品接受者，而是主动参与者。通过与客户的互动，企业可以更好地理解市场需求，调整产品和服务策略，从而提高客户满意度和忠诚度。亚马逊的用户评价系统就是一个典型的例子。通过让客户直接参与产品质量控制和品牌形象的塑造，亚马逊不仅提升了产品的透明度，还增强了其他客户的购买信心。这种客户关系的治理模式不仅提高了客户的参与感，还增强了品牌的可信度和市场影响力。

在全球化和数字化背景下，企业治理面临的挑战也在不断增加。随着企业越来越依赖全球供应链和多层次的合作伙伴关系，治理的复杂性和风险也在不断上升。供应链的任何一个环节出现问题，都可能对企业的运营造成严重影响。为了应对这些挑战，企业需要建立更加灵活的治理结构，能够快速调整和应对突发事件。此外，随着数据和信息技术的普及，企业如何治理数据隐私和信息安全也成为一个重要议题。数据泄露或不当使用可能导致客户信任的丧失和法律纠纷，这对企业的声誉和商业模式都是巨大的打击。

未来，治理的趋势将向更加开放和协作的方向发展。随着区块链技术的发展，去中心化的治理模式可能在某些行业中兴起。企业将能够更加透明和高效地与合作伙伴和客户互动，减少中间环节，提高运营效率。区块链技术在供应链治理中的应用已经开始初见成效，通过区块链，企业可以实现供应链的透明化和可追溯性，不仅提高了供应链的效率，还增强了客户对产品的信任。例如，食品行业的某些公司已经开始使用区块链技术来追踪食品从生产到销售的全过程，这种透明度为企业带来了竞争优势，并提升了客户对产品安全性的信心。

综上所述，治理作为商业模式中的一个重要维度，是企业能否成功实施其战略的重要保障。无论是企业内部的管理结构，还是外部合作伙伴关系，甚至是与客户的互动，治理都起着至关重要的作用。通过选择合适的治理模式，企业能够更好地整合资源、优化流程、提高效率，并在竞争激烈的市场中保持优势。成功的治理不仅仅是管理的艺术，更是战略的执行力。通过优化治理结构，企业可以确保其商业模式的各个部分协调一致，从而实现长期的商业成功。未来，随着技术的发展和市场的变化，治理模式将继续演变，企业必须不断适应和创新，以应对新的挑战，并抓住新的机会。

四、价值逻辑

在商业模式的四个关键维度中，价值逻辑可以说是整个商业模式的核心驱动力。价值逻辑是指企业为何能够实现盈利，以及它如何通过产品和服务为客户创造并传递价值。简单来说，价值逻辑揭示了企业如何将其资源和能力转化为市场中的竞争优势，并最终实现可持续的盈利。这个维度不仅仅关乎企业能否在短期内获利，更重要的是它解释了企业长期存在的理由，以及它在市场中如何创造并保持其独特的价值。

首先，价值逻辑在商业模式中的作用在于它定义了企业与客户之间的基本交换关系。这个交换关系决定了企业如何通过产品或服务来满足客户的需求，并从中获得收益。价值逻辑的设计通常围绕着一个或多个核心价值主张展开，这些价值主张明确了企业向客户承诺的具体利益。例如，苹果公司的价值逻辑主要基于其卓越的设计、创新的技术，以及与用户高度契合的用户体验。苹果公司的价值主张不仅仅是销售功能强大的硬件设备，更在于提供一个无缝的生态系统，让用户能够轻松地连接和使用各种苹果公司的设备和服务。这种整合的用户体验使得苹果公司能够在高度竞争的科技市场中占据独特的位置，并通过高附加值的产品和服务实现卓越的盈利能力。价值逻辑不仅影响企业的盈利能力，还直接影响企业的市场定位和战略决策。

案例 3-4：特斯拉

特斯拉的价值逻辑不仅仅是制造和销售电动汽车，更是通过其技术领先地位和对可持续发展的承诺，重新定义了整个汽车行业的未来。特斯拉的核心价值主张包括高性能电动汽车、先进的自动驾驶技术及可持续能源解决方案。通过这些创新，特斯拉不仅吸引了对环保和技术有高要求的消费者，还推动了整个行业向电动化转型。特斯拉的价值逻辑使得它能够以高溢价出售其产品，并通过不断扩展其产品线和服务（如太阳能产品和电池储能系统等），进一步巩固其在市场中的领导地位。

价值逻辑的另一个关键作用是它可以帮助企业应对市场中的动态变化，并在面对竞争和环境变化时保持竞争优势。成功的企业往往能够通过调整其价值逻辑，适应市场的新需求和技术进步。例如，亚马逊的价值逻辑在其发展过程中经历了多次演变。从最初的在线图书零售商，到现在的全球电子商务巨头，亚马逊的价值逻辑始终围绕着“客户至上”和“快速交付”这两个核心展开。亚马逊通过大规模的基础设施投资和技术创新，不断优化其供应链和物流网络，从而能够以极低的成本为全球客户提供广泛的产品选择和快捷的配送服务。亚马逊的价值逻辑不仅使其在全球电子商务市场中占据主导地位，还使其能够成功进入或扩展到其他领域，如云计算（AWS）和数字娱乐（Prime Video）等。

然而，价值逻辑并不仅仅体现在直接的经济收益上，它还包括企业如何通过社会价值和文化影响力来增强其市场地位，一个典型的例子是可口可乐公司。可口可乐公司的价值逻辑不仅仅是通过销售碳酸饮料来获利，更在于其品牌所传递的情感联系和全球文化符号地位。可口可乐公司通过将其品牌与快乐、分享、友谊等正面情感联系在一起，成功地将其产品融入全球各地的日常生活中。这种文化价值的创造使得可口可乐公司能够在高度同质化的市场中保持领先地位，即使面临着来自健康饮品和竞争对手的压力，其品牌价值和市场影响力依然稳固。

企业在设计其价值逻辑时，必须深入理解其目标市场的需求和愿望。价值逻辑的有效性在于它能够清晰地传递企业的独特性，并让客户感受到从中获得的实际利益。在竞争激烈的市场环境中，企业只有通过明确和强有力的价值主张，才能在众多竞争者中脱颖而出。以迪士尼（Disney）为例，其价值逻辑不仅仅是通过娱乐内容获利，更在于创造难忘的故事和体验，深深植根于不同年龄段观众的心中。迪士尼通过动画电影、主题乐园、特许商品和媒体网络，将其价值逻辑延伸到多个领域，形成了一个庞大的商业生态系统。这个生态系统不仅增加了迪士尼的收入来源，还巩固了其在全球娱乐产业中的领导地位。

综上所述，价值逻辑是商业模式的核心驱动力，它解释了企业如何通过独特的价值主张和市场定位来实现盈利。无论是通过技术创新、品牌文化还是客户体验，成功的价值逻辑能够为企业创造持久的竞争优势，并在市场中塑造独特的地位。随着市场环境的不断变化，企业必须不断审视和调整其价值逻辑，以确保其能够持续满足客户需求，并在激烈的市场竞争中保持领先地位。通过深入理解和精心设计价值逻辑，企业不仅能够在短期内获得成功，还能在长期发展中建立起坚实的基础，确保其商业模式的可持续性和卓越的市场表现。

Raphael Amit 提出的商业模式的四个关键维度为我们提供了深入理解企业成功背后的核心要素的框架。每个维度相互关联，共同构成了企业在市场中竞争并实现盈利的基础。内容维度定义了企业提供的产品和服务，以及这些产品和服务如何满足客户的需求。以苹果公司为例，其产品不仅限于硬件设备，还包括一个完整的生态系统，如 iOS 操作系统和 App Store 等。这种内容设计使得苹果公司能够提供独特的用户体验，并建立强大的品牌忠诚度。结构维度则关注企业内部资源和流程的组织方式。以亚马逊为例，亚马逊通过强大的供应链和物流网络，实现了快速交付和广泛的产品选择。其结构设计不仅支持了核心电子商务业务，还推动了新业务领域的拓展，如云计算服务等。治理维度涉及企业内部和外部的关键角色及其互动关系。以谷歌为例，谷歌通过扁平化管理结构和小团队自主管理，激发了员工的创新潜力，同时通过与合作伙伴和开发者的协作，拓展了其业务生态系统。价值逻辑是企业能够持续盈利的核心驱动力。以特斯拉为例，特斯拉的价值逻辑不仅在于生产电动汽车，更在于推动可持续能源的未来发展。通过其高性能产品和环保承诺，特斯拉吸引了全球消费者，并引领了汽车行业的变革。

综合来看，这四个维度共同决定了商业模式的成功与否。内容和结构确保了企业能够创造并交付价值，治理和价值逻辑则确保这些价值能够被有效实现并转化为持续的盈利。企业通过协调和优化这四个维度，能够在竞争激烈的市场中建立独特优势，并实现长期可持续发展。

第二节　四个要素

浙江大学王重鸣教授在《商业模式工具书》中介绍了 RTVN 框架，这是一个具有实用价值的分析工具。RTVN 框架代表四个关键要素，即资源（Resources）、交易（Transactions）、价值（Value）和叙事（Narrate）。通过这些要素，企业可以系统性地设计和优化其商业模式。

一、资源

资源是企业实现其商业模式的基础，是企业在市场中创造和交付价值所依赖的一切要素。资源不仅包括有形资产，如资金、设备和原材料，还包括无形资产，如知识产权、品牌、专有技术和客户关系。一个企业能够利用的资源种类及其配置方式，决定了它在市场中的竞争力和运营效率。阿里巴巴的成功很大程度上依赖于其强大的资源整合能力。阿里巴巴拥有丰富的技术资源、广泛的用户基础和庞大的数据资源。通过这些资源，阿里巴巴不仅建立了全球最大的电子商务平台，还拓展了金融、物流和云计算等多个业务领域。阿里巴巴的技术资源使其能够不断创新，为用户提供更加便捷和安全的交易体验。而其庞大的数据资源则帮助企业进行精准营销和风险控制，进一步巩固了其市场地位。华为通过长期积累的技术研发资源和强大的供应链管理能力，逐渐从一个小型通信设备制造商发展为全球领先的科技巨头。华为持续的高额投入研发，确保其在 5G 技术、人工智能和芯片设计等前沿领域保持领先地位。这些技术资源不仅使华为在激烈的市场竞争中脱颖而出，还帮助其在全球范围内赢得了广泛的客户和合作伙伴的信任。

总之，资源是企业商业模式的基石。企业必须识别并充分利用其核心资源，才能在市场中有效竞争并实现长期发展。无论是技术资源、金融资源，还是人力资源和数据资源，企业都需要不断优化资源配置，以适应市场变化和客户需求。

二、交易

交易是企业与客户、供应商、合作伙伴等利益相关者之间的互动过程，它决定了企业如何将资源转化为产品或服务，并最终实现价值传递和收益获取。交易的设计和执行直接影响到企业的运营效率和市场表现。一个有效的交易机制不仅可以优化资源利用，还能增强客户满意度和忠诚度。亚马逊的成功在很大程度上得益于其交易系统的高效性和创新性。亚马逊通过其平台连接了全球数百万的卖家和买家，创建了一个庞大的交易生态系统。通过先进的物流网络和仓储管理系统，亚马逊能够以极低的成本和极快的速度将商品送达消费者手中。此外，亚马逊还通过其 Prime 会员制度，为客户提供免费快速配送、视频和音乐流媒体等增值服务，进一步提升了客户体验和忠诚度。这些交易设计使得亚马逊在全球电子商务市场中占据了主导地位。另一个值得注意的例子是滴滴出行。滴滴出行通过移动互联网技术，重新定义了出行服务的交易模式。传统的出租车服务依赖于线下招揽乘客，而滴滴出行通过智能手机应用将乘客和司机直接连接起来，简化了交易流程，提高了效率。滴滴出行还通过动态定价机制，根据供需情况实时调整价格，确保资源的高效利用。这种创新的交易模式不仅提升了乘客的出行体验，还为司机创造了更多的收入机会，从而促进了平台的快速扩张。

所以，交易是企业商业模式的关键环节，直接影响到企业的市场竞争力和盈利能力。企业需要不断优化其交易流程，利用新技术提升交易效率和客户满意度，从而在市场中占据有利地位。

三、价值

价值是企业为客户和其他利益相关者提供的核心利益，是商业模式的中心所在，主要包括产品和服务的功能性价值、情感价值、社会价值等。企业的成功在很大程度上取决于其价值主张的独特性和市场接受度。价值主张决定了企业能否在竞争中脱颖而出，并赢得客户的忠诚。苹果公司的价值主张不仅在于提供高质量的电子产品，还在于为用户创造无与伦比的用户体验。苹果公司通过其软硬件一体化设计，为用户提供了一个高度整合的生态系统，使得用户可以在不同设备之间无缝切换。这种价值不仅满足了用户对科技产品高质量和易用性的需求，还通过设计美学和品牌文化，建立了深厚的情感联系。苹果公司的产品不仅是功能性的工具，更成为用户身份和生活方式的象征。特斯拉的价值主张集中在高性能电动汽车和可持续能源解决方案上。特斯拉通过其尖端技术和创新设计，改变了人们对电动汽车的看法，使其从一个利基市场发展为主流市场的一部分。特斯拉不仅提供高性能、长续航的电动车，还通过不断升级的自动驾驶技术和全球充电网络，为用户带来极致的驾驶体验。特斯拉的价值主张不仅吸引了对环保和科技感兴趣的消费者，还推动了整个汽车行业向电动化转型。

因此，企业的价值主张是其商业模式的核心，它决定了企业能否为客户创造独特的价值并获得市场认可。通过准确把握市场需求和客户期望，企业能够设计出具有竞争力的价值主张，从而在激烈的市场竞争中取得成功。

四、叙事

叙事是指企业如何通过讲述自己的故事来传递价值，并与客户和其他利益相关者建立情感联系。商业模式是独特的，因为它们需要叙述，一个伟大的商业模式就是一个有说服力且可执行的故事。商业模式所讲的故事包括如何通过合理使用资产和能力（资源），通过与各种实体的互动（交易）来解决问题（价值创造），这就意味着商业模式可以匹配于任何一种叙事模式。通过有效的叙事，企业能够提升品牌影响力。同时为其商业模式注入活力和吸引力。耐克（Nike）的成功部分归功于其强大的品牌叙事能力。耐克通过“Just Do It”的品牌口号，向全球消费者传递了一种积极向上、敢于挑战的运动精神。这种叙事不仅帮助耐克在体育用品市场中树立了独特的品牌形象，还吸引了无数忠实的粉丝。耐克的广告和品牌故事不仅仅是宣传产品，更是在传递一种生活方式和价值观念。这种叙事策略使得耐克能够在全球范围内建立起强大的品牌忠诚度，并在竞争激烈的市场中保持领先地位。另一个值得注意的例子是迪士尼。迪士尼的叙事能力不仅体现在其电影和主题乐园中，还体现在其整体品牌战略中。迪士尼通过创造和传播经典的童话故事，建立了一个全球性的娱乐帝国。这些故事不仅为迪士尼带来了巨大的商业成功，还在全球范围内塑造了几代人的童年记忆。迪士尼的品牌叙事不仅吸引了无数观众，还为其衍生产品、主题公园和媒体网络提供了源源不断的内容和灵感。这种强大的叙事能力使得迪士尼成为全球娱乐行业的领导者，并在不同的市场和文化中都能取得成功。

通过叙事，企业能够更好地与客户建立情感连接，并将其价值主张转化为客户的品牌忠诚度和市场认可度。有效的叙事不仅能够帮助企业传递其核心价值，还能够塑造公众形象，增强品牌认同感，并为其商业模式注入持续的魅力。

总之，RTVN 框架提供了一个全面的视角，帮助企业理解和优化其商业模式。资源是企业竞争力的基础，交易是实现价值传递的机制，价值是企业能否成功的核心，而叙事则是连接企业与客户的重要桥梁。通过有效整合这四个要素，企业能够建立强大的商业模式，在市场中获得竞争优势，并实现长期的可持续发展。尤其是对于初创企业，RTVN 框架能够帮助其识别商业模式中的关键要素，并通过优化这些要素，实现卓越的市场表现。

第三节　六要素

北京大学的魏炜教授和清华大学的朱武祥教授（后文简称“魏朱”）经过多年研究，联合提出完整的商业模式体系应该包括定位、业务系统、关键资源和能力、盈利模式、自由现金流结构和企业价值等六个方面。这六个方面相互影响，构成有机的商业模式体系，如图 3-1 所示。

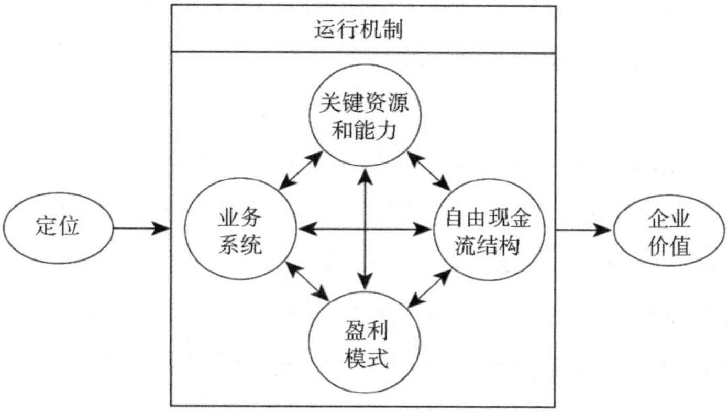

图 3-1 魏朱商业模式六要素模型图

一、定位

一个企业要想在市场中赢得胜利，首先必须明确自身的定位。定位就是企业应该做什么，它决定了企业应该提供什么特征的产品和服务来实现客户的价值。定位是企业战略选择的结果，也是商业模式体系中其他有机部分的起点。雀巢的奈斯布莱索项目前期提供的是蒸馏咖啡的全套解决方案，目标客户定位在办公室和饭店这些商用领域，后期则改成了以个人和家庭用户为中心，只提供蒸馏咖啡机的耗材——蒸馏咖啡胶囊。

“魏朱”认为，定位不同于战略定位讲的取舍和营销定位讲的占据细分市场和占领消费者的心智，而是在战略层面和执行层面建立更直接和具体的联系，即企业的定位直接体现在商业模式所需要实现的顾客价值上，强调的是商业模式构建的目的。企业对于自身的定位直接影响（而非决定）到企业需要构筑何种“物种”的商业模式。与战略中的定位略微有些差异的是战略中的定位将决定战略的成败，而商业模式中的定位更多地作为整个商业模式的一个支撑点，因为同样的定位可以有不一样的商业模式，同样的商业模式也可以实现不一样的定位。此外，商业模式中的定位更多地可以用来帮助理解企业的状态，这个状态包括提供什么样的产品和服务、进入什么样的市场、深入行业价值链的哪些环节、选择哪些经营活动、与哪些合作伙伴建立合作关系、怎样分配利益等。在商业模式的定位中，选择不做什么与选择做什么同样重要，同时，这也关系到企业如何构建业务系统、确定盈利模式、分布资源和能力、设计自由现金流结构等商业模式体系中的其他部分。

施乐公司通过较低的月租金为政府和企业市场的客户提供高质量、高速度的复印机；佳能则是通过低成本的方式让个人和小企业客户都能买得起并能方便地使用复印机；同样是高质量、高速度的数码打印、复印机，富士施乐（现为富士胶片）则将其提供给了作为生产设备使用的数码快印店而非最终用户，在这里，数码快印店成了将小客户需求聚集成大客户需求的中介。如果再看看雀巢的奈斯布莱索项目仅仅靠提供咖啡胶囊这一耗材就能成功，应该可以发现定位对于一个企业是多么的重要和关键了。

二、业务系统

业务系统是指企业达成定位所需要的业务环节、各合作伙伴扮演的角色，以及利益相关者合作与交易的方式和内容。我们可以从行业价值链和企业内部价值链，以及合作伙伴的角色两个层面来理解业务系统的构造。蒸馏咖啡项目一开始采用的业务系统集成性比较高，机器和咖啡的生产商仅负责生产，其他业务如整套机器的营销、售后服务等都是由奈斯布莱索公司负责。而后期其业务系统发生了极大的变化，奈斯布莱索仅仅通过俱乐部形式负责咖啡胶囊的品牌管理和销售，至于机器的生产、销售、渠道建设、维护等都交给了合作伙伴处理。

业务系统是商业模式的核心，高效运营的业务系统不仅仅是赢得企业竞争优势的必要条件，同时也有可能成为企业竞争优势本身。一个高效的业务系统需要根据企业的定位识别相关的活动，并将其整合为一个系统，然后再根据企业的资源和能力分配利益相关者的角色，确定与企业相关价值链活动的关系和结构。围绕企业定位所建立起来的这样一个内外部各方利益相关者相互合作的业务系统将形成一个价值网络，该价值网络明确了客户、供应商和其他合作伙伴在影响企业通过商业模式而获得价值的过程中所扮演的角色。

施乐公司的业务系统是一个高度集成化的业务系统，无论是整机还是配件、耗材，都是由施乐公司自己研发生产并直接销售给最终客户，自己负责维修和技术支持服务，给客户的融资也是由施乐公司完成的。相比来说，富士施乐的业务系统就将大量的活动交给了合作伙伴来处理，数码快印店负责给直接客户提供服务，大部分耗材也交给了指定的第三方，融资也不完全是自己来做，甚至高端产品的研发也是交给了有股权关系的美国施乐来做。佳能则根据自己的定位设计了一个完全不同但又比较常见的业务系统，即自己负责研发和生产，而由经销商负责销售、融资和技术支持。同样处于打印机行业，设计了三种不同的业务系统，便成就了三种不同的商业模式。

三、关键资源和能力

业务系统决定了企业所要进行的活动，而要完成这些活动，企业需要掌握和使用一整套复杂的有形和无形资产、技术和能力，我们将其称之为关键资源和能力。

关键资源和能力是让业务系统运转起来所需要的重要资源和能力，任何一种商业模式的构建工作，一是明确企业商业模式有效运作所需的资源和能力，二是如何才能获取和建立这些资源和能力。

施乐公司业务系统所需要的资源和能力与佳能公司完全不同，其分布也很不一样。例如，为了开发高档复印机，施乐公司需要有研究高端复印机的人力资源和强大的技术开发能力。但同样是研发复印机，施乐的这种资源和能力并不一定能研究出构造简单、成本低廉且适合低端客户需求的复印机。施乐需要具备复印机维修和技术支持方面的人力资源和能力，而佳能则把这些资源和能力放在了经销商处，自己只要具备培训、指导和相应的管理能力就可以了。施乐为了给客户融资，自己需要拥有大量的资金和租赁管理能力，佳能则完全不需要这些。同样是生产，相对数量较少的高端复印机的生产组织能力与需要大量生产低端复印机的生产组织能力也是大相径庭的，即高端复印机产品零部件的采购资源和能力与低端复印机的采购资源和能力截然不同。

任何一种商业模式构建的重点工作之一就是了解企业所需要的重要资源和能力有哪些、它们是如何分布的，以及如何才能获取和建立这些资源和能力。不是所有的资源和能力都是同等珍贵，也不是每一种资源和能力都是企业所需要的，只有与定位、业务系统、盈利模式、自由现金流结构相契合，能够互相强化的资源和能力才是企业真正需要的。雀巢燕馏咖啡前期商业模式的业务系统中需要的直接销售能力在后期模式中就完全不需要；富士的直销能力，如合作伙伴数码快印店的选址、店家选择、合作伙伴之间的竞争和店面的盈利管理能力与施乐在直销中需要的能力也完全不同。

四、盈利模式

盈利模式指企业如何获得收入、分配成本、赚取利润。盈利模式是在业务系统中各价值链所有权和价值链结构已确定的前提下，企业利益相关者之间利益分配格局中企业利益的表现。良好的盈利模式不仅能够为企业带来收益，更能为企业编制一张稳定共赢的价值网。

各种客户怎样支付、支付多少，所创造的价值应当在企业、客户、供应商、合作伙伴之间如何分配，是企业收入结构所要回答的问题。奈斯布莱索公司前期的盈利模式是通过销售咖啡机获取一定的机器利润，然后再通过持续的蒸馏咖啡胶囊的销售获取利润，也就是所谓的“剃须刀-刀片”模式。而后期的盈利模式则相对简化为以咖啡胶囊销售而带来的利润为主，许可咖啡机生产获取的收益为辅。

一个企业可以使用多种收益和成本分配机制。例如，同样是新闻媒体，电视台与报纸对客户的收费方式就不完全一样。电视台的收入主要是向广告客户收取的广告费、赞助费等，而报纸则除了向广告客户收费外，还可以从读者客户中收取报纸费用。一个好的盈利模式往往可以产生多种收入来源，传统的盈利模式往往是企业提供什么样的产品和服务就针对这种产品和服务向客户收费。现代企业的盈利模式变化极大，经常出现的盈利模式是企业提供的产品和服务不收费，并且是永远不收费，吸引来的顾客产生的价值则由其他利益相关者支付。例如，客户使用互联网上的搜索引擎无须支付费用，但被搜索到的产品和服务的提供商却需要支付费用。同样的业务系统的盈利模式也可能不一样，如网络游戏就有收费、免费和向玩家付费等三种方式。

成本结构是和企业提供的产品和服务、业务系统及其资源和能力分布紧密相关的。传统盈利模式的成本结构往往和收入结构一一对应，而现代盈利模式中的成本结构和收入结构则不一定完全对应。同样是制造销售手机，那些通过专卖店、零售终端销售手机的企业，其销售成本结构主要是销售部门的办公与管理费用、销售人员的工资奖金费用等。而通过与运营商提供的服务捆绑，直接给用户送手机的制造商的销售成本结构则完全不一样。

施乐公司的收入来源是设备出租产生的租赁收入，以及客户因使用复印机而持续消耗配件、耗材等的收入，其成本的来源是提供整套复印机和配件、耗材等的设计、制造、直销等活动；佳能的主要收入来源是复印机产品的销售和耗材的持续消耗，其成本结构中的销售费用与施乐公司就不一样；富士的收入由设备租赁收入和与复印输出张数有关的收入组成，一般的纸张耗材成本则不在其成本结构中，因为大部分纸张是数码快印店从第三方购买的，而不像施乐公司那样由自己的生产企业提供。

五、自由现金流结构

自由现金流结构是企业经营过程中产生的现金收入扣除现金投资后的状况，其贴现值反映了采用该商业模式的企业的投资价值。不同的自由现金流结构反映出企业在定位、业务系统、关键资源和能力及盈利模式等方面的差异，体现了企业商业模式的不同特征，并影响企业的成长速度，决定企业投资价值的高低、企业投资价值递增速度和受资本市场的青睐程度。

雀巢蒸馏咖啡项目一开始提供的是蒸馏咖啡的全套解决方案，采用的业务系统集成性比较高，需要的投资规模大，现金收入减去现金投资后的自由现金流及资本收益反而比较低。后期仅仅负责咖啡胶囊的品牌管理和销售，咖啡机的生产、销售、渠道建设、维护等都交给了合作伙伴。虽然现金收入规模缩小，但也缩小了自身的现金投资规模，降低了经营成本，提高了经营效率和资本收益，自由现金流和投资价值反而因此增加。

施乐的现金流入中设备的价款是分期获取的，而佳能则是一次性收取整台设备的收入，由此造成两者现金流出结构的差异。随着客户数量的增加，施乐首先会有大量的净现金流出，而佳能对现金的需求则相对比较平缓，因为其在产品成本中投入的资金已经通过销售收回了。富士施乐的现金流入中设备的租赁收入与施乐类似，但由于租赁设备的资金来源并非由富士施乐提供，所以其自由现金流结构与施乐也不完全相同，其初始的现金流出并不会很大，但其耗材和配件部分与施乐完全不同，施乐提供耗材和配件的同时收取远高于其成本的收入，而富士施乐则不提供耗材，只需按照复印张数获取现金流入。

六、企业价值

企业价值，即企业的投资价值，是企业预期未来可以产生的自由现金流的贴现值。

如果说定位是商业模式的起点，那么企业的投资价值就是商业模式的归宿，是评判商业模式优劣的标准。企业的投资价值由其成长空间、成长能力、成长效率和成长速度决定，好的商业模式可以做到事半功倍，即投入产出效率高、效果好，包括投资少、运营成本低、收入的持续成长能力强。

企业的定位影响企业的成长空间，业务系统、关键资源和能力影响企业的成长能力和效率，再加上盈利模式，就会影响企业的自由现金流结构，即影响企业的投资规模、运营成本支付和收益持续成长能力和速度，进而影响企业的投资价值，以及企业价值实现的效率和速度。投资价值实现的效率可以用企业价值、资产规模和企业价值、净资产规模来评价，投资价值实现的速度可以用企业价值递增速度和达到更大规模层次所花费的时间来评价，如企业价值从 1 亿元到百亿元、千亿元、万亿元所需要的时间。同样一个机会，同样的市场、顾客需求、新技术、新产品、独特的资源或能力、独有的社会资本等，采用不同商业模式产生的企业价值规模、价值实现的效率、价值递增的速度和价值达到更大规模所需要的时间大相径庭。例如，2014 年京东上市时的收入约为 1150 亿元人民币，市值约为 285.7 亿美元，利润处于亏损状态，但到了 2020 年便开始盈利，净利润为 493 亿元人民币，收入增长至 7458 亿元人民币，2020 年市值达到峰值约为 1360.8 亿美元。而同期同为电商企业但商业模式不同的慧聪网，2014 年的收入为 9.23 亿元人民币，利润为 5400 万元人民币，估值为 4.7 亿美元，但到了 2020 年，收入为 17.6 亿元人民币，利润为 1.47 亿元人民币，市值下降为 2 亿美元。

商业模式的这六个要素是互相作用、互相决定的。相同的企业定位可以通过不一样的自由业务系统实现，同样的业务系统也可以有不同的关键资源和能力、不同的盈利模式和不一样的自由现金流结构。例如，业务系统相同的家电企业，有些企业可能擅长制造，有些企业可能擅长研发，有些企业则可能更擅长渠道建设；同样是门户网站，有些网站是收费的，而有些网站则不直接收费；等等。商业模式的构成要素中只要有一个要素不同就意味着是不同的商业模式，一个能对企业各个利益相关者有贡献的商业模式需要企业家反复推敲、实验、调整和实践这六个方面才能形成。

第四节 九要素

商业模式九要素模型（Business Model Canvas）是由瑞士商学院教授亚历山大·奥斯特瓦尔德（Alexander Osterwalder）和他在日内瓦大学的导师伊夫·皮尼厄（Yves Pigneur）共同提出的。这一模型已经成为全球企业家和管理者广泛应用的工具，用于理解、设计和分析企业的商业模式。商业模式九要素模型通过九个关键要素，即客户细分（Customer Segments）、价值主张（Value Propositions）、渠道通路（Channels）、客户关系（Customer Relationships）、收入来源（Revenue Streams）、关键资源（Key Resources）、关键活动（Key Activities）、关键合作伙伴（Key Partnerships）和成本结构（Cost Structure）（如图 3-2 所示），帮助企业系统性地描绘其商业模式。

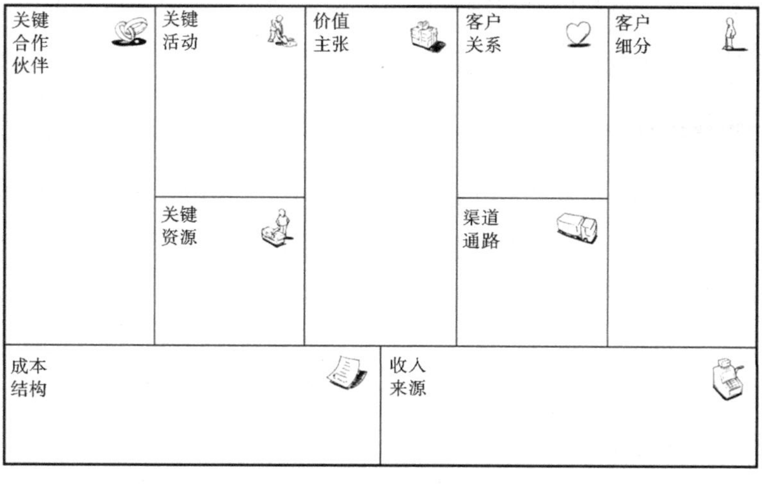

图 3-2 商业模式九要素画布

一、客户细分

客户细分是商业模式的起点，决定了企业为谁提供服务。客户群体的选择直接影响企业的产品设计、营销策略和盈利模式。在商业模式九要素模型中，客户细分要求企业识别和细分市场中不同的客户群体，并为每个细分市场提供定制化的价值主张。

例如，苹果公司在设计其产品和服务时，明确细分了客户群体。苹果公司将其客户群体细分为高端消费电子产品用户、创意专业人士和对设计与用户体验有高需求的消费者。通过精准的客户细分，苹果公司能够为每个群体提供量身定制的产品和服务，如 iPhone、iPad、MacBook 等。这种细分策略不仅帮助苹果公司在市场中占据了高端定位，还增强了用户的品牌忠诚度。

客户细分不仅是识别目标客户，还包括理解不同客户群体的需求、痛点和购买行为。例如，奈飞将其客户细分为喜欢观赏电视剧、电影、纪录片等不同类型内容的用户，并为他们提供个性化的推荐服务。这种细分策略不仅提高了用户的满意度，还增加了用户在平台上的停留时间，进而提升了奈飞的订阅收入。

通过客户细分，企业能够更好地理解市场需求，并设计出符合目标客户需求的产品和服务。成功的客户细分策略能够帮助企业在竞争激烈的市场中精准定位，从而获取竞争优势。

二、价值主张

价值主张是企业为客户提供的核心利益和独特价值，也是商业模式的核心要素之一，它回答了企业为何能在市场中存在并获得成功。价值主张明确了企业如何通过产品和服务为客户创造独特的价值，并与竞争对手区分开来。

以亚马逊为例，其价值主张在于提供广泛的商品选择、便捷的购物体验和快速的物流配送。亚马逊通过庞大的商品库和先进的物流网络，为客户提供了一站式购物的便捷体验。此外，亚马逊还通过 Prime 会员服务，进一步增强了客户黏性，提供了免费配送、流媒体服务等增值服务。这种价值主张不仅帮助亚马逊在电商领域取得了巨大成功，还扩展到了数字内容和云计算等新兴领域。

另一个典型例子是宜家，其价值主张集中在低价、高质量、设计优良的家具和家居用品。宜家通过平板包装和自助服务模式，降低了生产和物流成本，使得消费者能够以较低的价格购买到设计感强、实用性高的家具。这种价值主张吸引了全球范围内的大量消费者，使得宜家在家居市场中占据了领先地位。

价值主张的设计不仅要满足客户的基本需求，还要创造超出客户预期的附加价值。例如，星巴克的价值主张不仅在于提供高质量的咖啡，还在于创造一种“第三空间”的消费体验，即除了家庭和工作场所外，顾客可以在星巴克享受一段舒适放松的时光。这种体验式的价值主张帮助星巴克在全球范围内建立了强大的品牌忠诚度。

通过精准的价值主张设计，企业能够有效吸引和留住客户，在市场中建立差异化优势，并通过持续创新不断提升其市场地位。

三、渠道通路

渠道通路是企业将价值主张传递给客户的途径，包括分销渠道、销售渠道和传播渠道。有效的渠道通路设计能够确保企业的产品和服务以最快速、最经济的方式送达目标客户，并在此过程中提供优质的客户体验。

特斯拉的渠道策略是一个典型的创新案例。与传统汽车制造商依赖经销商网络不同，特斯拉选择了直接销售模式，通过其官网和自营店直接向消费者销售汽车。这种模式不仅降低了中间环节的成本，还增强了品牌控制力和客户体验。通过这种渠道，特斯拉能够更好地了解客户需求，并快速响应市场变化。此外，特斯拉还通过在线更新技术，直接为用户提供软件更新和新功能，进一步提升了用户体验。

另一个案例是苹果公司。苹果公司不仅通过其全球范围内的 Apple Store 直营店销售产品，还通过其官方网站和授权经销商网络进行分销。Apple Store 不仅是销售渠道，还是体验中心，客户可以在这里体验苹果公司的最新产品，并获得技术支持和售后服务。这种渠道设计不仅提升了客户购买的便利性，还增强了品牌形象和客户忠诚度。

在快消品行业，可口可乐公司的渠道通路覆盖了全球几乎所有市场。通过与大量零售商、餐饮企业和自动售货机网络合作，可口可乐公司确保其产品能够快速、高效地送达全球消费者手中。这种多层次、多渠道的分销策略帮助可口可乐公司在全球范围内保持了强大的市场占有率。

渠道通路的选择和管理直接影响企业的市场覆盖率和客户满意度，企业需要根据其目标客户的购买行为和偏好，不断设计和优化渠道策略，以确保其价值主张能够有效传递给最终客户。

四、客户关系

客户关系指企业与其客户之间的互动方式和关系管理策略。良好的客户关系能够增强客户的忠诚度，促进客户的重复购买，并通过口碑传播吸引新的客户。客户关系的管理涉及从获取新客户到保持现有客户，以及通过增值服务提升客户终身价值的全过程。

亚马逊的客户关系管理堪称典范。通过个性化推荐系统，亚马逊能够根据用户的浏览和购买历史，提供精准的商品推荐，极大地提升了用户的购物体验。此外，亚马逊还通过 Prime 会员服务，提供免费快速配送、独家优惠和流媒体服务，进一步增强了客户黏性。这种全方位的客户关系管理策略帮助亚马逊在全球电商市场中保持了强大的竞争力。

另一个值得注意的案例是耐克。耐克通过其社交媒体平台、Nike＋应用程序和会员计划，与客户保持紧密互动。耐克通过这些渠道，不仅为用户提供个性化的运动建议和产品推荐，还通过线上社区和挑战活动增强用户的参与感和品牌忠诚度。通过这种方式，耐克不仅提高了客户的忠诚度，还通过用户生成内容和口碑传播，扩大了品牌影响力。

在金融服务行业，美国运通（American Express）的客户关系管理策略也非常成功。美国运通通过高端客户服务和独特的会员福利（如旅行优惠、餐饮折扣、专属活动邀请等），为持卡人创造了独特的价值体验。这种差异化的客户关系管理策略不仅帮助美国运通在高端市场中保持领先地位，还使其客户忠诚度和品牌忠诚度得到了显著提升。

通过有效的客户关系管理，企业能够更好地理解客户需求，增强客户满意度，并通过提供卓越的客户体验来维持长期的客户关系。这种关系不仅有助于提高客户的终身价值，还能通过积极的口碑传播吸引新的客户。

五、收入来源

收入来源是企业通过其产品和服务获得的收入渠道，是商业模式中最直接影响企业财务表现的要素。收入来源的设计决定了企业如何从其价值主张中获得经济回报，并支撑其持续运营和收入增长。

苹果公司通过多元化的收入来源实现了持续的收入增长。除了硬件产品（如 iPhone、iPad、MacBook 等）的销售收入外，苹果公司还通过 App Store、iCloud、Apple Music 等服务获取可观的订阅收入。这种多元化的收入来源不仅增加了苹果公司的收入稳定性，还增强了其对市场波动的抵抗力。此外，苹果公司通过硬件与软件的紧密结合，形成了强大的生态系统，进一步增加了用户的切换成本，确保了持续的收入增长。

另一个典型案例是谷歌。谷歌的主要收入来源是广告业务，尤其是搜索引擎广告。通过精准的广告投放和庞大的用户基础，谷歌的广告收入占据了其总收入的绝大部分。除了广告收入，谷歌还通过云计算服务（Google Cloud）、应用商店（Google Play）和硬件产品（如 Pixel 手机和 Nest 设备等）获取收入。谷歌通过不断扩展其产品和服务组合，增加了收入来源的多样性，并通过技术创新和市场拓展，持续推动收入增长。

在新兴的共享经济领域，爱彼迎的收入来源主要是平台服务费。爱彼迎通过连接房东和房客，收取一定比例的预订费用作为收入。这种平台模式不仅为爱彼迎带来了稳定的现金流，还通过网络效应不断扩大其市场份额。此外，爱彼迎还通过推出高端房源和定制体验项目，增加了其收入来源的多样性，进一步提升了盈利能力。

收入来源的设计直接影响企业的盈利能力和财务健康状况，企业需要根据其商业模式和市场定位，选择和优化适合的收入渠道，以确保财务的可持续性和增长潜力。

六、关键资源

关键资源是企业在运营和竞争中所依赖的核心资产和能力，主要包括物质资产（如工厂、设备、技术等）、无形资产（如品牌、专利、客户关系等）和人力资源（如技术专家、管理团队等）。关键资源的获取和管理直接影响企业的竞争优势和市场表现。

微软（Microsoft）的关键资源包括其强大的技术研发能力、广泛的软件产品组合和庞大的全球用户基础。通过长期的技术创新和市场拓展，微软建立了多个市场领先的产品线，如 Windows 操作系统、Office 办公套件和 Azure 云计算服务。这些关键资源不仅为微软带来了稳定的收入流，还增强了其市场竞争力和行业影响力。

在零售行业，沃尔玛的关键资源是其高效的供应链管理系统和庞大的全球采购网络。沃尔玛通过与全球供应商建立紧密的合作关系，确保了低成本采购和快速配送。此外，沃尔玛的物流系统也是其关键资源之一。通过高度自动化的配送中心和完善的运输网络，沃尔玛能够快速响应市场需求，确保商品以最低的成本和最快的速度送达消费者手中。

在汽车行业，丰田汽车的关键资源是其精益生产方式和全球化的制造网络。丰田汽车通过精益生产方式降低了生产成本，提高了产品质量，并通过全球化的制造和采购网络，增强了其市场竞争力。丰田汽车的关键资源还包括其强大的研发能力，尤其是在混合动力和电动汽车技术领域的领先地位，这些资源帮助丰田汽车在全球汽车市场中保持了长期的竞争优势。

关键资源是企业实现其价值主张和竞争战略的基础，通过有效的资源管理和持续的资源投入，企业能够在市场中建立持久的竞争优势，并确保其业务的长期可持续发展。

七、关键活动

关键活动是企业为了实现其价值主张、维护客户关系、获取收入和管理成本而必须执行的核心业务活动，涵盖了从产品研发、生产制造到市场营销、客户服务等一系列流程。

苹果公司的关键活动包括产品设计、硬件制造、软件开发和全球市场营销。苹果公司以其卓越的设计能力和创新精神，持续推出具有市场竞争力的产品。同时，苹果公司通过严格控制供应链，确保了产品质量和供应速度。此外，苹果公司的全球市场营销活动也极为重要，通过持续的品牌推广和营销创新，苹果公司成功地将其产品推向全球市场，并在消费者心目中建立了高端科技品牌形象。

在金融服务行业，Visa 的关键活动包括支付处理、风险管理和技术开发。Visa 通过其全球支付网络，处理了全球范围内数十亿的交易，同时通过风险管理系统确保每一笔交易的安全性。此外，Visa 不断投资于支付技术的创新，开发新的支付方式和安全技术，以保持其在全球支付行业中的领先地位。

在互联网行业，奈飞的关键活动包括内容制作、平台运营和用户数据分析。奈飞通过大量投资原创内容，打造了全球范围内广受欢迎的影视作品，吸引了大批用户。同时，奈飞通过其平台运营和用户数据分析，不断优化用户体验和内容推荐，增强了用户黏性和平台竞争力。

关键活动是企业实现其商业模式目标的核心操作，企业通过有效的关键活动管理，能够提升运营效率，增强市场竞争力，并在市场中实现持续的业务增长。

八、关键合作伙伴

关键合作伙伴是企业与外部组织建立的合作关系，用于获取资源、分担风险、提升能力或进入新市场。通过与合作伙伴的协作，企业能够增强其核心竞争力，并实现业务目标。

特斯拉的关键合作伙伴包括电池供应商松下（Panasonic）和众多汽车零部件制造商。通过与松下的合作，特斯拉能够确保其电动车电池的高质量和稳定供应，同时通过与其他供应商的合作，特斯拉能够高效地整合其供应链，并专注于核心技术研发和品牌推广。这种合作伙伴关系不仅降低了特斯拉的运营风险，还提升了其市场响应速度和产品竞争力。

在零售行业，星巴克通过与咖啡豆供应商、物流公司和特许经营商的合作，确保了其全球供应链的高效运营。星巴克与优质咖啡豆供应商建立了长期合作关系，确保了其咖啡产品的高质量和稳定供应。此外，星巴克通过与全球物流公司的合作，确保了其产品能够快速、高效地配送到全球各地的门店。

在科技行业，微软通过与硬件制造商、软件开发商和企业客户的合作，扩大了其产品和服务的市场覆盖率。微软与众多 PC 制造商的合作，使得 Windows 操作系统成为全球最广泛使用的操作系统之一。此外，微软通过与企业客户的合作，为其云计算服务（Azure）拓展了广阔的市场空间。

关键合作伙伴的选择和管理对企业的成功至关重要。通过建立强大的合作伙伴网络，企业能够获取更多的资源和能力，降低运营风险，并通过合作创新实现市场领先地位。

九、成本结构

成本结构是企业运营中产生的各项成本，是商业模式中影响企业利润和可持续发展的关键因素。成本结构决定了企业在提供产品和服务时所需的资源投入和运营费用。

亚马逊的成本结构包括商品采购成本、物流配送成本、技术研发成本和市场营销费用。亚马逊通过规模经济和供应链优化，降低了商品采购和物流配送成本，从而能够以更具竞争力的价格提供产品。此外，亚马逊在技术研发上的大力投入虽然增加了短期成本，但为其长远的发展奠定了基础。

在航空行业，瑞安航空（Ryanair）的低成本结构是其商业模式成功的核心。瑞安航空通过精简运营流程、使用单一机型、减少服务成本和采用低价机场，极大地降低了运营成本。这种低成本结构使得瑞安航空能够提供极具竞争力的机票价格，从而吸引了大量价格敏感型客户。

在制造业，特斯拉的成本结构包括原材料采购成本、生产制造成本、研发费用和销售成本。特斯拉通过垂直整合供应链，减少了对外部供应商的依赖，从而降低了生产成本。此外，特斯拉通过规模化生产和技术创新，进一步降低了单位生产成本，增强了其市场竞争力。

成本结构的优化是企业实现盈利目标的关键，通过控制和降低运营成本，企业能够提高利润率，增强市场竞争力，并确保业务的长期可持续发展。

商业模式九要素模型为企业提供了一个全面的框架，帮助企业理解和优化其商业模式的各个关键方面。客户细分决定了企业的市场定位，价值主张则是吸引客户的核心，渠道通路确保了价值传递的有效性，客户关系管理则增强了客户的忠诚度，收入来源和成本结构直接影响企业的财务健康状况，关键资源和关键活动是企业实现其商业目标的基础，而关键合作伙伴则通过合作提升了企业的整体竞争力。通过整合和优化这些要素，企业能够在市场中建立持久的竞争优势，实现长期可持续发展。无论是初创企业还是大型跨国公司，商业模式九要素模型都能够为其提供有力的指导，帮助其在激烈的市场竞争中脱颖而出，并不断创新和成长。

案例三：闲鱼商业模式

闲鱼是阿里巴巴集团旗下的二手交易平台，自 2014 年推出以来，迅速成为我国二手电商市场的领导者。其商业模式以消费者对消费者（C2C）为核心，用户可以在平台上免费发布闲置物品的交易信息，无须支付中介费用。这种模式不仅满足了用户对闲置物品处理的需求，还通过社交化的交易方式，增强了用户黏性和参与感。

闲鱼的成功离不开其独特的价值主张和创新的运营模式。首先，闲鱼通过社交化功能，如买家和卖家之间的聊天、社区讨论和用户评价体系等，增加了交易的信任度和互动性。这种类似社交媒体的体验提升了用户在平台上的停留时间，并促进了更多的交易发生。其次，闲鱼通过与阿里巴巴生态系统的整合，利用支付宝保障交易的安全性，并通过淘宝账户直接登录，简化了用户的操作流程。这种无缝的用户体验使得闲鱼在推出后迅速积累了大量用户，并在短时间内占据了二手交易市场的主导地位。

此外，闲鱼还积极探索多样化的收入来源。尽管闲鱼的核心交易是免费的，但平台通过广告投放、增值服务和品牌合作等方式实现了盈利。例如，闲鱼为某些高曝光的商品提供了付费推广服务，卖家可以通过支付一定费用，提升商品在搜索结果中的排名。同时，闲鱼还与一些品牌商合作，推出特定的促销活动，进一步扩大了其收入渠道。

然而，闲鱼也面临着一些挑战和潜在问题。首先，作为一个消费者对消费者平台，闲鱼难以完全控制商品的质量和交易的安全性，尽管平台提供了支付宝担保和用户评价体系，但仍存在交易纠纷和用户体验不佳的风险。其次，闲鱼的用户群体非常广泛，从普通消费者到小商贩，用户需求多样，如何在满足不同用户需求的同时保持平台的活跃度和交易量，是闲鱼需要持续探索的问题。

综上所述，闲鱼通过创新的商业模式和强大的平台整合能力，成功地在我国二手电商市场中占据了领先地位。然而，在未来的发展中，如何优化用户体验、提高交易的安全性和信任度，以及进一步拓展盈利渠道，将是闲鱼面临的重要课题。

讨论以下问题：

（1）闲鱼如何在保持平台免费交易模式的同时进一步拓展盈利渠道？

（2）在消费者对消费者模式下，闲鱼应该采取哪些措施来进一步提升交易的安全性和用户的信任度？

（3）闲鱼的商业模式在海外市场是否具备复制性？如果要进入国际市场，闲鱼应如何调整其商业策略？

实训三

选择一个你感兴趣的行业（如食品外卖、共享出行、在线教育等），然后描述该行业内创业项目的商业模式（使用商业模式九要素画布工具）。

第四章　商业模式设计的工具与方法

第一节　RTVN 框架与预创型组织商业模式的设计

RTVN 商业模式设计用于标识商业模式中的关键资源、交易和价值，可以帮助创业者将这些元素与连贯的叙事连接起来，最大限度地减少需要评估的连接，并聚焦于商业模式的关键要素和整体故事。

对于预创型组织来说，使用更复杂的框架可能会有更多耗时，甚至具有误导性，预创型组织的 RTVN 模型如图 4-1 所示。

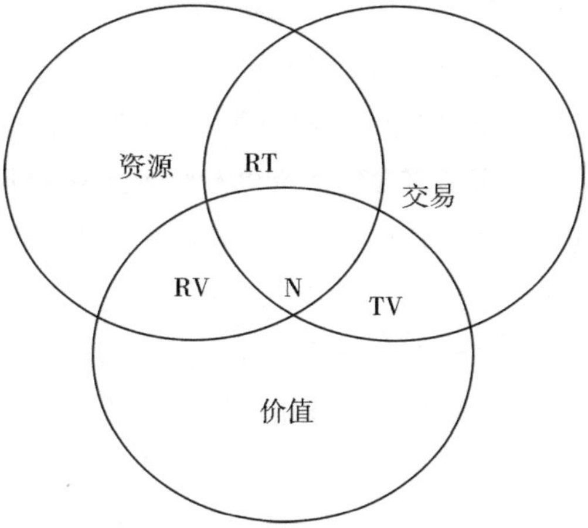

图 4-1　预创型组织的 RTVN 模型

使用预创型组织的 RTVN 模型包括三个步骤：一是识别关键资源、交易和价值（RTV）；二是探索交叉区城（RT、TV、RV）；三是开发和检验叙事。

第一步，填写每个圆圈的主要部分（如资源、交易、价值等），需要添加资源、交易地图中的关键交易，以及关键的有形与无形价值，可以将这些写在模型中各个圆圈的最大部分。

第二步，填写交叉区域（如 RV、RT、TV 等），并介绍这三个区域的完成方法。

资源与价值交叉区（RV），即使在商业模式设计的最早阶段，资源与价值交叉区也应该相对清晰，需要解决的问题包括：哪些资源与客户需要的价值直接相关？客户如何、何时及为何需要这些资源产生的价值？资源与价值交叉区强调的是机会出现在真正可以为客户创造新价值的资源处，如果已经确定了关键资源，并且已经从客户那里获得了有关未满足需求的清晰且引人注目的数据，那么下一步应确认这些资源是如何连接的。如果在商业模式设计中遇到的关键问题是资源和价值创造的连接，那么可能会发现其他有用的资源。Strategyzer 公司提出的价值主张设计框架是一个很好的工具，它明确介绍了将预创企业的独特资源与对客户有价值的需求或收益联系起来的过程。大多数创业者面临的危险是资源与价值交叉区连接的显而易见性阻碍了创业者对假设进行检验，此时可以遵循问题解决逻辑和资源拓展逻辑。

资源与交易交叉区（RT），虽然创业者对这一区域并不总是十分清楚，但资源与交易交叉区通常是很直白的，需要解决的问题包括：是否使用特定的销售或营销渠道？建立这些渠道需要哪些资源？如何将关键资源和主要交易连接起来？资源与交易交叉区通常是事实检查，可以在商业模式开发的最早阶段获得上述问题的答案。

交易和价值交叉区（TV），这一区域是 RTVN 模型中最常见的，因为它可能是三个交叉区中最不直观的，需要解决问题包括：客户是否有不寻常或复杂的交易要求？客户是否因其使用目标产品或服务而对其他实体或组织负有义务？客户是否倾向于避免采用初创公司的新产品或服务？如果上述问题的答案都是肯定的，那么就需要对交易和价值交叉区进行更仔细的分析。

第三步，填写叙事（N）。如果已经完成了有关叙事开发的内容，那么需要想出一些简单的短语或句子来完成 RTVN 框架。RTVN 框架具备一定的简单性，但简单性导致的风险是所做的分析可能基于一两个不正确的假设，完全基于创新和直觉的 RTVN 分析尚未经过检验。

第二节 精益画布与初创型组织商业模式的设计

精益画布融合了埃里克·莱斯（Eric Ries）的精益创业框架。精益创业强调了一种实验式创业方法，精益创业思维不是为每一个偶然事件做好计划或追求完美产品，而是要尽快为客户提供想法和解决方案。换言之，产品生存能力的仲裁者是市场，而不是创业者自己。在这种情况下，商业模式就成了实验的一部分，任何给定的商业模式都应被视为假设而非确定的。

一、精益画布

精益画布工具由阿什·莫瑞亚（Ash·Maurya）所创建，是奥氏商业模式画布的改编版。正如阿什·莫瑞亚所指出的，其关键目的是“在一个页面上捕捉商业模式假设”。精益画布将实验置于详细的计划之上，可以使用精益画布来识别能检验商业模式的一些关键市场准入实验，其强调三个同等重要的方面，即客户、创新或机会、利用机会的组织。精益画布中的四个元素，即渠道、客户细分、收益流和成本结构，与奥氏商业模式画布中的元素相同。

案例 4-1：创建精益画布——电子停车的创业机会

许多美国和英国的大学校园没有足够的停车场供教职工、学生和访客使用，亚当花了几个小时的时间想了一些创意，最终选择创建一个在线营销平台。我们将在此背景下探索精益画布商业模式，暂且将其命名为亚当的电子停车业务（Adam's e-parking business，AEB）精益画布。

我们将探讨精益画布的每个方面，先从与 RTVN 框架资源密切相关的元素开始，即问题、解决方案和关键指标。

（一）问题

精益画布中的问题指的是客户的问题。商业模式利用的是与未满足需求相关的机会，换言之，如果没有识别出客户问题，无论是痛点还是未实现的收益，都将是没有商业模式的。精益画布特别适合新创业者和处于最早期阶段的企业，它可以使客户问题变得更加明确。

在 AEB 精益画布中，停车位不够只是情景，而并非问题，它没有描述出痛点或未实现的收益，此时就需要进行深入挖掘。缺乏停车位会导致两个客户群体面临问题，一个是那些想把车停在校园里却无法做到的人，另一个是学校。那些想把车停在校园里却无法做到的人可能不得不选择步行或寻找其他的替代交通工具，不仅会造成时间的损失，还可能要支付更多的费用。而学校可能需要进行复杂的行政安排，以确定谁有资格在校园里停车，同时还要不断处理关于停车的投诉，特别是在学生人数经常变化的情况下。显而易见的解决方案是建造新停车场，但不仅成本极高，还需要大量空间，学校可能缺少足够的资源。

（二）解决方案

解决方案不是产品或服务，而是为了解决问题的特定方面而需要利用的任何东西。

在 AEB 精益画布中，一个现实情况是多数大学都位于城市，当附近的居民去工作时车道（甚至车库）便是闲置的。换句话说，重新构建问题可能很有用。虽然这些地方不属于大学所有，但是该地区确实有足够的停车位。当然，仅仅确定解决方案并不能解决问题，真正的解决方案需要从特定的解决方案元素开始，找出商业模式的其余部分。第一步是要意识到物业的所有者必须有权设定定价和访问限制，第二步是认识到通勤者（如学生、教职工、访客等）必须能够从可用选项中进行选择。一旦明确了这些中间步骤，那么打造基于特定人群的停车市场的想法就值得探索。接下来可以利用网络或移动应用程序建立一个平台，业主可以在平台上展示他们的车位，包括可用性和定价，用户在搜索到车位后可以选择预定的时间。这个解决方案最吸引人的地方是它用虚拟信息交换的成本取代了传统物理停车场的建设成本。

（三）关键指标

关键指标是确定机会是否可行，以及组织是否有效利用机会的数据度量，同时也是关键成功因素（Critical success factors，CSF）的量化。如果创业者或组织搞错了关键成功因素或无法有效地实施关键成功因素的量化，那么该组织几乎没有成功的机会。

在AEB精益画布中，对于学校而言，可行的关键指标可能是在校园内或附近停车的费用。经过调查可知，教职工是更稳定、更长期的客户群体，与学生客户相比，物业所有者可能更愿意与教职工打交道。此外，停车位的购置和维护成本也是关键指标之一。如果成本（时间和金钱）过高，定价模型将限制愿意并且能够预订停车位的客户数量。同样，维护和更新系统（包括相关信息）成本必须足够低，这才能让市场产生合理的利润。

（四）客户细分

客户群是拥有相同需求或购买偏好的消费人群，在AEB精益画布中，许多人想要在大学校园内停车，但他们没有相同的负担标准。例如，不熟悉校园的访客可能愿意为了方便而支付更高的停车费用；每天需要来学校的学生可能设计其他的交通方案，以避免支付每日的停车费用；教职工可能愿意支付比学生更多的费用，但是也可能会考虑长期选择，如为了解决停车问题而购买或租赁房屋。显而易见的是，游客不是AEB精益画布中的良好目标市场，除非停车问题真的很严重。使用该系统需要花费时间和信息，访客可能更愿意支付更多费用而不是注册系统。

AEB精益画布中暗含了三个细分市场可能的购买偏好，即使在早期阶段，良好的商业模式画布分析也应该包括相关数据，这些数据可以回答以下问题：有多少学生愿意选择别的交通方案以节省停车费用？有多少学生需要停车？他们是需要停车至午夜还是需要整晚停车？有多少教职工在校园停车？他们愿意支付多少费用？

（五）渠道

渠道只是吸引客户的途径，要完成这一部分的画布，需要回答以下问题：你和你的组织将如何向潜在客户介绍你的产品或服务？客户如何购买和支付？你将如何向客户提供产品或服务？你将如何提供售后支持？客户旅程地图可以成为思考渠道和与客户互动的其他方面的有力工具。

如果已经识别并调查了潜在的客户群，就会发现不同的客户群需要不同的渠道。对于 AEB 精益画布，可以使用不同的渠道来吸引学生和教职工。此外，由于 AEB 是“做市商”，因此业主也可以被视为客户或供应商。学生和教职工可以通过校园电子邮件进行沟通，但业主需要某种直接沟通手段来说服他们参与，可以是用电话、邮件，甚至是挨家挨户的个人对话，不过所有客户最终都将使用网络或移动应用程序作为交易渠道。

（六）不公平优势

精益画布中的不公平优势元素经常引起新创业者的焦虑。“我知道很少有初创公司在第一天就拥有真正的不公平优势，这意味着这个盒子将是空的……这个盒子并不是为了阻止你向前推进你的愿景，而是为了不断鼓励你努力工作，发现并建立你的不公平优势。一旦创业公司取得初步成功，竞争对手和模仿者将不可避免地进入市场。如果你没有对它们进行防御，那么这些快速追随者就会使你面临失败的风险。”以上是阿什·莫瑞亚对不公平优势元素的评论。

不公平优势是竞争对手无法轻易复制、获取或以其他方式执行的东西，可以通过以下方式产生：独特且可保护的知识产权（如专利等）；通过多年的学习和积累经验，简单了解特定主题的人；生产中的规模经济或产生良性循环效益的其他过程（如节约成本等）；与其他组织建立独特且受保护的关系（如与主要供应商、合作伙伴或客户签订的长期合同等）；独特的专有信息（如商业秘密等）。

AEB 精益画布虽然在开始时没有不公平优势，但它可能会构建结构性（并且可能具有可持续性）的不公平优势。如果组织有将 AEB 商业化的想法，便可以让业主签署长期的协议，这样别的公司就不可能参与竞争，这种类型的优势称为供应商（或客户）锁定。另一种可能的结构性优势，其形式是 AEB 精益画布的在线市场被公认为特定校园的标准平台。如果组织能够与该机构达成某种形式（或非正式）的协议，就可以促进或以其他方式使该平台合法化。

（七）独特的价值主张

精益画布的核心是独特的价值主张（Unique value proposition，UVP），阿什·莫瑞亚将这一元素描述为“一个单一、清楚、引人注目的信息，说明为什么你与众不同”，这很值得潜在客户的关注。精益画布的最终目标是获得一个客户愿意支付的引人注目的价值主张。精益画布的一个关键目的，以及一般的精益创业思想，就是产生假设并使假设显而易见。如果公司处于业务的早期阶段，并可以使用精益画布，那么独特的价值主张可能仍存在一些不确定性，短期目标便是创建有助于测试和发展最小可行产品的实验。

目前的情况是AEB精益画布并未实施，但是已经引起了多所大学的交通管理员的注意。亚当用有限数量的学生、教职工甚至业主测试了这个想法，可结果尚无定论。虽然这一想法获得了大部分利益相关者，尤其是学生的认可和推崇，但业主一直犹豫是否允许学生或其他人将车停在他们的车道上，另外两个大的未知数是合资企业的法律责任和保险费用。

（八）成本结构

没有解决成本问题，就无法完成价值分析。在商业模式分析的早期阶段，可能有很少或根本没有明确的成本信息，但这也意味着此时正是开始收集成本信息的最佳时机。为了便于理解，AEB精益画布仅显示了启动成本，完整的分析还应包括运营成本的估算。

启动AEB风险投资将包括一些研究成本，即在一个特定的区域内识别和调查房地产投资组合。首先需要走遍所有社区，确定哪些社区拥有可用的停车空间。然后需要联系这些财产的所有者，并试图让他们认可这个想法。另一个关键成本是开发停车位在线市场的成本，有一些在线资源可以帮助创业者进行创建Web和移动应用程序的粗略成本估计，不过创业者对此应该谨慎使用。

（九）收益流

收益流是每个创业者在商业模式画布中最喜欢的部分。在AEB精益画布中，没有人想在校园里买一块停车用地。更准确地说，人们想要的不过是在校园中活动的时候能够方便地将车停在附近。一旦做出这种区分，就为各种替代解决方案提供了机会，包括新颖的收入机制。AEB精益画布致力于为校园附近的车道空间创造一个市场，显而易见的选择是对每个市场交易收取费用。

二、测试假设

在精益画布和精益创业框架这个发展阶段，创业者应该专注于提出和测试假设，目的是创建快速、低成本的实验，以获得最小可行产品，即符合产品预期功能的最小功能集合。这个最小功能集合所包含的功能足以满足产品部署的要求，并能够测试有关客户与产品交互的关键假设。

精益画布是一个功能强大的工具，用于组织想法、假设和有关机会的信息，是测试创业机会的绝佳工具，同时也提供了一个清晰、有效的商业模式图，可以用于探索和测试新企业的短期和长期可行性。

第三节　九要素商业模式画布与成长型组织商业模式的设计

亚历山大·奥斯特瓦德在他的《商业模式新生代》一书中介绍了奥氏商业模式画布（OBMC），这是一种侧重于实践的构建商业模式的方法，其反映了创业者如何利用商业模式作为组织发展和计划的工具。奥氏商业模式画布是大学创业课程中的常用工具，也是很多创业比赛、加速器和孵化器的主题，常常被创业者和投资者用于企业规划与发展过程中的关键参照。当精益画布关注问题陈述和机会的时候，奥氏商业模式画布则关注于企业本身。奥氏商业模式画布有助于解决商业模式中的运营和成长问题，提供了一种思考商业模式调整与创新的灵活框架。

在奥氏商业模式画布中有九个商业模式要素，其中有五个要素与精益画布一样，即成本、收益、价值主张、渠道及客户细分，另外四个要素分别为重要合作、关键业务、核心资源和客户关系。

案例 4-2：MRail 公司的商业模式

MRail 是一家真实存在的公司，在其成立之前，亚当曾经帮助其做过研究，他与创始人们一同工作，并制定了这家企业的商业模式。其商业模式关键的一步在于从产品销售型模式向信息服务型模式的转变，这一探索花费了 3 个月的时间，他们对客户、市场、运营及财务模式进行了研究。MRail 的技术最终被哈斯科公司收购，并通过名为脯氨酸技术（Protran Technology）的业务对其进行销售。

为了方便阐述，我们对原先基于产品销售的商业模式和后来的信息服务商业模式都构建了画布，奥氏商业模式画布的要素完美地契合了资源、交易和价值维度。

一、资源维度

在奥氏商业模式画布中，资源维度很明显与合作伙伴、资源和成本紧密相关，而重要合作和核心资源在精益画布中并无涉及，它们取代了问题和解决方案要素。在精益画布中，我们的关注点在于理解潜在创业机会的本质，而奥氏商业模式画布关注的是商业模式如何与组织的活动和能力相连接。

（一）重要合作

奥氏商业模式画布强调了合作伙伴和合作组织的重要性，需要解决的问题包括：它们是谁？为什么它们是重要的？它们是如何与组织的核心资源和关键业务相连接的？许多小型成长中的企业对于合作伙伴的选择纯粹建立在机会主义的基础之上，其中的 MRail 就是一个很好的例子。MRail 技术的发明者，内布拉斯加林肯大学的萨恩·法里教授曾被介绍到总部位于奥马哈市附近的联合太平洋公司。联合太平洋公司为萨恩·法里教授提供了一辆使用过的轨道车来安装他的第一个轨道偏转测量系统，并帮助他协调物流，用运煤火车来牵引这辆轨道车，以便收集美国主要铁路线路的数据。一个可行的商业模式要求联合太平洋公司成为一个买单的客户，而不是研究伙伴。但事实上，联合太平洋公司只是出于好意，才为萨恩·法里教授提供了免费的资源。

引导这一思路并在现实世界中对轨道偏转测量系统进行检验是不错的方式，但是合作伙伴与客户有着比较大的差异。更糟的是，如果与合作伙伴的关系过于紧密，就会妨碍这家创业企业将其产品或服务卖给其他客户。铁道运输行业具有十分复杂的动态性，竞争者常常分享资源（如铁路基础设施等），并协调活动和信息（如火车的位置等），以避免碰撞或脱轨等灾难的发生。然而，他们终究还是竞争者，像联合太平洋公司这样的合作伙伴是否允许 MRail 将其服务卖给其他铁路公司还不得而知。

那么，谁会是合适的合作伙伴呢？在原先的计划里，公司出售包括轨道偏转测量装置在内的完整的轨道车辆，但并没有明确的合作伙伴，MRail不得不所有事都亲力亲为。聚焦于数据管理的解决方案则指向了不少潜在的合作伙伴，包括轨道车辆自持设备的生产商、轨道车辆服务公司（包括租赁和维修）、轨道检测和服务公司、行业内已有的大型物流和装备公司（如ABB集团和西门子公司等）。

这些合作伙伴由于代表着潜在的退出机会而同样具有吸引力。对于一家轨道偏转测量技术公司来说，最有可能的收购者会是行业内已有的大公司，而不是铁路部门。

（二）核心资源

亚历山大·奥斯特瓦德承认竞争优势资源基础观的关键本质，他发现一个商业模式要想创造价值，取决于其所使用的资源。创业者有着一些特定的资源，另外一些资源则可以相对容易地获得。然而，有些资源的获取则由于成本或有限的权限而会构成挑战。

在核心资源方面，修改前后的MRail商业模式最明显的改变在于从物理设备到信息系统的变化，随之而来的是对于具体的数据管理和分析能力的需求，与铁路部门的关系也转移到客户关系领域。在这个案例中，核心资源不是铁路轨道运输车，而是将技术转化为可适配任何轨道车的更小的产品的工艺。

（三）关键业务

在一个可行的商业模式中，关键业务是一个未得到正确评价的要素。在组织分析中，业务有时候会与能力，甚至与交易混淆。当在商业模式分析中谈到业务时，我们关注的是对价值创造、客户关系及渠道管理至关重要的业务。挑战在于识别哪些业务更加重要，并清楚业务中的ACT，即可评估（Assessable）、关键（Critical）与及时（Timely）。

可评估的业务是可以被观察、衡量并提升的。有些创业者相信他们可以基于能够产生价值但无以言说的能力来完成业务。然而，他们将内隐能力和无法言喻的能力混淆了。内隐能力，如骑自行车，是通过经历和实践而不是外显的指导来获得的技能。而无法言喻的能力听起来不错，但经不起推敲。

客户旅程地图能够帮助评估关键业务是否关键与及时。无论客户旅程地图看起来如何，可以将其用于生成一张商业模式的业务地图。对于客户旅程地图中的每一个主要节点、过程、事件或里程碑，都会有相应的关键商业模式业务。有些业务可能与客户旅程地图中的多个阶段相关联，也可能一个事件与多个商业模式业务相关联。

关键业务一般都是及时的，这也许显而易见，尤其对于有着运营和物流经验的商务人士来说。然而，对于创业者或成长型公司的管理者来说，挑战在于认识到时机和目的是同等重要的。

在原先基于产品的奥氏商业模式画布中，关键业务是获得轨道车，并用激光轨道偏转测量系统对其进行改进。与重达 20 吨且只能沿着事先铺好的轨道移动的轨道车打交道，对于物流来说无疑就是一个噩梦。评估的意思十分直白，即成本、实用性、位置，但是及时性则引出了各种各样的问题，单单是将轨道车在正确的时间移动到正确的位置，就要求有 20 吨的机车发动机。

在信息服务奥氏商业模式画布中，企业的主要资产是提供轨道质量评价的数据和分析，及时性不再是问题。现在的关键业务是有效地更新数据库，并为火车驾驶员提供几乎实时的信息和建议。这些业务仍然是可以被评估的，关键的指标将是轨道任意给定部分之间测量的平均时间、平均的系统运行时间，以及总体的数据完整性。

二、交易维度

亚历山大·奥斯特瓦德建议从客户细分和客户关系要素开始，使用奥氏商业模式画布假定创业机会关注于将合适的创新成果推向合适的客户，而不是评估创新本身是否可行。

奥氏商业模式画布中的客户细分和渠道通路要素与精益画布中的同样有效，因此我们这里不再重申那些领域需要解决什么，而是更为深入地探讨 MRail 的奥氏商业模式画布。

（一）客户细分

值得注意的是，客户细分中的客户仅仅是一群拥有相同需求或购买偏好的客户。在分析奥氏商业模式画布中的客户细分时需要采取两个步骤。首先，直接处理跨越鸿沟的挑战。其次，更好地根据规模和类型对潜在客户进行分类。

从跨越鸿沟得出的关键教训是创业者常常被目标市场的小部分分支用户对于一个创新产品的热忱行为所欺骗，这些技术爱好者积极地寻找创新，并接受不完美的技术，以便能够保持领先位置。然而，他们只代表市场的很小一部分。创业者错误地将技术爱好者的接受度理解为其创新产品已具备市场接受度的证明。事实上，只有当一个创新产品展现出经济回报和已建立的认证信息时，它才能被市场所广泛接受。

除了理解细分市场划分的时机，奥氏商业模式画布应该按照细分市场规模对客户和细分市场进行优先级排序，即哪一个细分市场最大？哪一个细分市场成长最快？不一定要将最大或成长最快的细分市场作为目标，但应该对此了然于胸，而不是做一只无头苍蝇。

就 MRail 的奥氏商业模式画布而言，细分市场相对简单直白。MRail 可以直接向铁路部门或者铁路服务企业销售自己的技术。在美国和英国，铁路运营公司可以根据其运输内容（乘客或者货物）和运营规模（全国、区域或者当地）进行细分，铁路服务企业也同样可以根据规模和提供的服务类型进行细分。然而，哪一个细分市场最具有吸引力这并不是显而易见的。

（二）渠道通路

奥氏商业模式画布明确识别了渠道通路的五个阶段，即认知、评价、采购、配送、售后。基于客户旅程地图，应该认真思考目标客户所偏好的渠道。如果有足够的时间和资源，可以开始探索渠道的效率。如果有更多的时间和资源，并且考虑多个渠道，那么可以思考这些渠道如何相互协同或可能产生的冲突。

大部分公司，尤其是处于初级阶段或成长阶段的公司，一般通过自身所偏好的渠道或者竞争对手所偏好的渠道来服务客户。

就 MRail 的奥氏商业模式画布而言，无论是产品销售模式还是信息服务模式，很有可能都要求直接销售，而客户又相对较少。针对客户的解决方案可能是相对一致的，但为了满足每一个铁路运营商对路线和基础设施的特定需求不可避免地会有一些定制化服务。

对于许多处于早期阶段的公司来说，可能没有足够的注意力和资源来详细探索渠道的选择。深入的渠道分析通常来说也超越了奥氏商业模式画布和初次商业模式构建的目的或意图。

（三）客户关系

奥氏商业模式画布的客户关系与精益画布有着很大的不同。精益画布关注于公司或创新产品将会努力获得的相对于竞争对手的不公平优势，而奥氏商业模式画布则强调客户关系，而不是创新本身。奥氏商业模式画布认为，不同的细分市场需要不同的客户关系，但这里所说的客户关系不同于渠道，而是取决于细分市场和渠道。客户关系既有私人一对一的联系，也有完全去中介化、保持距离的互动。基于与大量创业者和学生的互动，我们发现客户关系有两个特征，即接近度和参与度。

接近度指的是关系有多么紧密或直接。在当下这个技术相连的世界，接近度可能并不意味着地理上的接近度，高接近度的关系要求组织中的某个人可以时刻与客户保持联系。

参与度指的是互动水平和对关系的贡献。低参与度的关系除了有价值货物的交换之外，要求的额外参与较少，高参与度的关系则要求参与者保持注意力、表达观点，并为交易做出贡献。

如果参与度具有价值，那么提高参与度就可以提升客户关系。英国连锁超市维狄杂货铺（Waitrose grocery stores）提供了客户参与度的一个很好的例子。在收银台，顾客会收到一个标记，可以用来为当地的慈善机构投票。维狄杂货铺每个月都会捐出一部分利润给顾客投票选出的慈善机构。这一低成本的系统在顾客每次到访时都加强了其社区意识。

MRail 的商业模式揭示了客户关系要求中重要的差异。基于产品的奥氏商业模式画布使相对来说是低参与度的，因此依赖于本质的复杂性。然而信息服务奥氏商业模式画布有可能基于共同创造来构建客户关系。由于客户有效地购买了数据和信息，MRail 的分析和数据解读能力应该被写进合同中。此外，由于 MRail 仍然拥有数据，因此有可能整合来自不同铁路运营商的数据，以持续改进其模型。换句话说，随着 MRail 长期收集数据，它应该能够将数据与实际的失败和修复信息相匹配，以便持续改进模型的预测力，这也是每一个客户所希望看到的。

三、价值维度

在价值维度方面，奥氏商业模式画布使用了与精益画布相同的要素。只不过奥氏商业模式画布使用的是价值主张，而不是独特的价值主张，这强化了奥氏商业模式画布对企业而不是创新的关注。由于框架大体相同，因此我们将关注于一些细节问题，以便更为深入地探索一些要素，并引用 MRail 的奥氏商业模式画布作为例子。

（一）价值主张

建立价值主张需要三个步骤，即识别客户的痛点或获益点、论证产品或服务是否满足客户的需求、将价值主张与竞争优势相连接。

1. 识别客户的痛点或获益点

一个难以接受的事实是，许多创业者和管理者并没有充分理解为什么客户购买其公司的产品或服务。如果你已经使用了移情设计原则来观察客户的行为，那么你可能对客户的痛点或获益点有了一个比较好的理解。痛点是未得到解决的问题，而获益点是价值的增长点。

在 MRail 的例子中，铁路运营商面临着两个相互关联的问题或痛点。首先，轨道故障造成的脱轨意味着巨大的成本。与明显的原因相比，脱轨无疑是灾难性的事件。其次，靠视觉观测数千米的轨道，从逻辑上讲几乎是不可能的，这使得铁路部门不得不面临两个不那么吸引人的选项，即接受轨道监控所带来的高额成本，或者忍受极高的脱轨成本。

2. 论证产品或服务是否满足客户的需求

一个好的起点仅仅是列出产品或创新的特征，这些特征是什么？规格如何？每一个特征为使用者带来了什么好处？对于大多数企业而言，在没有与客户进行互动的情况下做到这些是不可能的。一些创业者和企业管理者更喜欢在保密的情况下开发概念，并推出产品和服务。有时候这类保密工作是重要或必要的，但经验告诉我们，这并不总是一个好的主意。

如果有可能，让产品和服务或者一些合理的副本呈现在潜在的客户面前是十分重要的。你认为是亮点的特征也许到头来却是最低标准，甚至是不必要的。关于哪些特征是必要的、增值的，抑或是毫无价值的，只有客户才是最终的仲裁者。

因此，明确列出客户的需求是十分重要的。关于这一点，应该在客户旅程地图和客户观察中就已浮现，好的机会通常都带有产品特征和客户需求之间明确的、几乎线性的连接。

3. 将价值主张与竞争优势相连接

好的商业模式仅仅是成功企业的开端，商业模式最终需要引导企业建立可持续的竞争优势，长期可持续的竞争优势将伟大的企业与一般的企业区别开来。

最简单的可持续优势来自竞争对手无法简单复制或获取的独特资源、能力或结构化优势。这些优势，有时是非常物理或外显的资产，如土地权或专利；有时则是内隐的或无形的，如独特的设计技巧或建造才能；有时仅仅是结构化的，如规模经济或长期合约。这些优势几乎都能够使公司基于更好的成本地位或更有效地满足客户需求，从而区别于竞争对手。

请思考两个问题：第一，如果你的产品或服务通过降低成本而向客户提供了价值，那么你能够通过持续降低成本以保持对竞争对手的领先吗？第二，如果你的产品或服务更好地满足了客户的需求，那么你能够收取额外费用来支持更为长远的发展以保持对竞争对手的领先吗？

为了应对这一特定的挑战，亚历山大·奥斯特瓦德的企业开发了一套价值主张画布，以作为对奥氏商业模式画布的补充，这是一个对于思考价值主张很有帮助的工具。

（二）成本结构

与精益画布一样，将初创成本与经常性的运营成本分离开来是至关重要的。即便你运营着一家盈利企业，也应该探索并辨别与新产品或服务的推出有关的一次性成本。

奥氏商业模式画布鼓励关注商业模式中最重要和最昂贵的成本要素，接受80/20 法则是明智的（如 80％的成本来自 20％的系统）。与此同时，要确保意识到那些昂贵的条目是否真正驱动了商业模式中的价值创造。

在精益画布和奥氏商业模式画布中，识别成本的目的在于引导思考商业模式如何和为何行得通。一旦决定向前，有可能会将更为复杂的成本分析和预测整合进来，需要使用外部效度验证以确保没有错过重要的事情。

在MRail基于产品销售的奥氏商业模式画布中，考虑到现金、时间和物流成本，获得轨道车是整个运营过程中最大的成本之一。然而，实际上轨道车并没有为整体的系统提供价值。在原先的商业模式中，它们仅仅是确保检测装置能够随火车运行的一个机制。

（三）收入来源

精益画布关注的是客户实际上会买什么，而奥氏商业模式画布探索的则是可替代的、最优化的收益机制。

从你的价值主张开始，即客户究竟需要什么，并愿意为之买单。一旦明确了客户会为何而买单，便可以开始考虑可替代的收益机制类型。基于是向客户出售、出租、补贴还是许可某些东西，你可以尝试识别产品或服务的特定本质。

MRail的客户究竟想要买什么，毫无疑问不是轨道车，他们当然也不需要激光轨道偏转测量装置。当你继续分析下去，你会发现他们也不需要整个轨道系统关于轨道质量的大型数据库。他们只是想要知道哪一小段轨道最有可能出现问题，从而进行及时的检修。

你现在应该至少构建了一个（有可能两个或更多）商业模式，如果你使用全部三个框架（RTVN、精益画布、奥氏商业模式画布），那么你就有了一个工具箱，可以帮助你在企业发展的任意阶段创造绝妙的商业模式。

第四节　魏朱商业模式画布与商业模式设计

魏朱商业模式画布工具是中国管理学者魏炜和朱武祥提出的一种系统化工具，用于帮助企业构建和分析商业模式，涵盖六个关键方面，即定位（Positioning）、业务系统（Business System）、关键资源和能力（Key Resources & Capabilities）、盈利模式（Profit Model）、自由现金流结构（Free Cash Flow Structure）和企业价值（Enterprise Value）。以下将通过一个详细案例来讲解如何应用魏朱商业模式画布工具构建一个可行的商业模式。

案例 4-3：绿色优选平台的商业模式

假设我们要创建一个名为“绿色优选”的平台，它是一个专注于提供有机农产品的电子商务平台。这个平台的目标是吸引注重健康、环保和食品安全的消费者。通过魏朱商业模式画布，我们将系统地分析并构建该平台的商业模式。

一、定位

定位是商业模式的核心起点，它决定了企业服务的对象和服务的内容。

对于绿色优选平台而言，其目标市场主要是一线和二线城市的中高收入人群，包括家庭主妇、年轻白领、环保爱好者及有特殊饮食需求的群体（如孕妇、儿童等）。其差异化优势主要是专注于提供经过严格认证的有机农产品，并且对每个供应商的生产过程进行全程监督，以确保产品的质量和安全。此外，绿色优选平台还提供食品的溯源服务，消费者可以追溯到每个产品的生产、加工和运输过程。

在这种定位下，绿色优选平台不只是一个农产品销售渠道，更是消费者信任的食品安全和健康保证。

二、业务系统

业务系统是支持企业定位的运作体系，涉及企业如何组织和管理其资源和活动。在绿色优选平台中，其业务系统设计主要包括以下几个方面。

第一，供应链管理。与全国各地的有机农场和食品加工企业建立直接合作关系，减少中间环节，以保证产品的新鲜度和成本控制。设立专门的采购和质量控制团队，定期对供应商进行审核和检查，以确保每个环节的标准化和规范化。

第二，仓储和物流。建立自有的冷链仓储设施，以保证有机食品的储存条件，并与高质量的冷链物流公司合作，以确保产品在最短时间内送达消费者手中。引入先进的仓储管理系统（WMS），实现自动化管理，提升仓储和配送效率。

第三，技术平台。开发功能强大的电商平台和移动应用，支持多种支付方式，并提供个性化推荐、在线客服、订单跟踪等功能。通过大数据分析，优化平台的运营策略，并提升用户体验。

第四，客户服务。建立专业的客服团队，提供在线和电话支持，解决客户在购买、使用过程中遇到的问题，并提供售后服务保障，如无理由退货和换货等。

这种业务系统设计不仅确保了绿色优选平台的有效运作，还能够为消费者提供高质量的产品和服务。

三、关键资源和能力

关键资源和能力是支持企业业务系统正常运作和实现定位目标的基础。在绿色优选平台中，其关键资源和能力主要包括以下几个方面。

第一，品牌资源。通过精心的品牌建设，打造绿色优选在消费者心目中的高端健康形象。投入大量资源进行品牌推广，通过线上、线下渠道树立品牌形象。

第二，供应链资源。与全国各地的有机农场和加工企业建立稳定的合作关系，以确保有足够的优质产品供应。同时，与冷链物流企业建立长期合作关系，以确保配送的高效和稳定。

第三，技术能力。拥有一支强大的技术团队，负责平台的开发和维护。通过持续的技术创新，保持平台的竞争力，并提升用户体验。

第四，数据分析能力。通过对消费者行为数据的收集和分析，优化产品推荐、营销策略，并改进供应链管理，提升平台的整体运营效率。

上述关键资源和能力确保了绿色优选平台能够在竞争激烈的市场中保持领先地位，并实现其战略目标。

四、盈利模式

盈利模式决定了企业如何通过其业务活动获得收入，并实现财务上的可持续发展。在绿色优选平台中，其盈利模式主要包括以下几个方面。

第一，产品销售。通过销售有机农产品直接获得收入，通过定价策略，在确保产品质量和消费者满意度的前提下，实现利润最大化。

第二，会员服务。推出会员订阅服务，会员可以享受专属折扣、优先配送、产品试用等特权，借此提升用户黏性，提高重复购买率，并获得稳定的现金流。

第三，供应商合作。向有机农产品供应商提供增值服务，如品牌推广、销售渠道扩展、市场数据分析等，并收取服务费。

第四，广告收入。通过平台的高流量和精准的用户画像，吸引有机食品和健康生活相关品牌在平台上投放广告，以此获得广告收入。

这种多元化的盈利模式确保了绿色优选平台能够获得稳定且可持续的收入。

五、自由现金流结构

自由现金流是企业财务健康状况的关键指标，也是企业在市场竞争中保持灵活性的重要保障。对于绿色优选平台而言，其自由现金流结构设计主要包括以下几个方面。

第一，销售收入现金流。通过直接销售有机农产品获得现金流，这是平台的主要现金来源。严格控制应收账款，尽可能缩短资金周转周期，提升现金流的流动性。

第二，会员订阅现金流。会员订阅服务将为平台带来稳定的现金流，定期收取会员费，并提供持续的增值服务，以确保会员的续费率。

第三，运营支出现金流。通过高效的供应链管理和仓储物流系统，降低运营成本，优化现金流结构。同时，通过技术创新和自动化管理，进一步提升效率，减少不必要的支出。

第四，资本支出现金流。主要用于平台技术开发、品牌推广和基础设施建设，谨慎规划和管理资本支出，以确保在扩大规模的同时保持健康的现金流结构。

这种自由现金流结构设计确保了绿色优选平台在快速发展的过程中能够保持财务的健康和稳定。

六、企业价值

企业价值是企业未来能够产生的自由现金流的贴现值，反映了企业的投资价值和市场潜力。对于绿色优选平台而言，可以通过以下几个方面提升企业价值。

第一，品牌价值。通过持续的品牌建设和推广，提升平台在消费者心目中的价值认知。品牌的影响力不仅能够带来更高的销售收入，还能够为企业吸引更多的合作伙伴和投资者。

第二，客户价值。通过优质的产品和服务，提升客户满意度和忠诚度，增加客户的终身价值。通过数据分析，不断优化用户体验和产品推荐，提高客户的转化率和重复购买率。

第三，市场扩展。通过不断扩展产品线和市场区域，增加平台的市场份额和收入来源。努力进入更多的城市，并拓展国际市场，进一步提升企业的市场影响力和价值。

第四，技术创新。通过持续的技术投入，提升平台的运营效率和竞争力。积极探索新技术的应用，如人工智能、大数据分析等，提升平台的智能化水平，进一步增强企业的核心竞争力。

通过上述措施，绿色优选平台可以不断提升企业价值，并在市场中获得更高的认可和投资回报。

魏朱商业模式画布工具为企业构建和优化商业模式提供了系统化的方法。通过绿色优选平台的案例，我们可以看到如何将六个方面的要素有机地结合在一起，形成一个可持续、可盈利的商业模式。

通过明确定位、设计有效的业务系统、构建强大的关键资源和能力、设计多元化的盈利模式、优化自由现金流结构，最终实现提升企业价值，使得企业能够在竞争激烈的市场中脱颖而出，并实现长期的成功与发展。

第五节　设计思维与商业模式设计

设计思维（Design Thinking）是一种以用户为中心的创新方法，广泛应用于产品开发、服务设计和商业模式构建等领域。它强调通过理解用户需求，迭代和测试创意，最终构建出切实可行的解决方案。在设计商业模式时，设计思维的应用可以帮助企业更好地理解客户需求，快速试错，优化商业模式。以下将通过一个详细案例讲解如何通过设计思维设计一个可行的商业模式。

案例 4-4：健康掌厨平台的商业模式

假设我们要创建一个名为“健康掌厨”的平台，它是一个专注于为用户提供个性化健康餐饮服务的在线订餐平台。这个平台的目标是吸引那些注重健康、营养搭配的都市白领和年轻家庭。通过设计思维，我们将系统地分析用户需求，构建并优化商业模式。

一、同理心——理解用户需求

设计思维的第一步是通过同理心（Empathy）来理解用户的需求、痛点和期望。为了设计一个能够真正满足用户需求的健康订餐平台，我们需要深入了解用户的生活方式和饮食习惯，采用深度访谈、问卷调查、用户观察等方法，收集用户在日常生活中遇到的饮食问题和需求。通过用户调研，我们发现以下情况。

第一，都市白领。工作繁忙，缺乏时间准备健康餐饮，希望有一个方便快捷的订餐平台，能够提供健康、营养搭配合理的餐食。

第二，年轻家庭。对于儿童的饮食健康尤为关注，尤其希望能够订购到适合孩子的健康餐，并且对食材的安全性要求较高。

第三，健身爱好者。重视饮食的营养和热量控制，偏爱高蛋白、低脂肪的食物，期待个性化的营养搭配服务。

第四，特殊饮食需求者。如素食者、无麸质饮食者等，需要订购符合特定饮食要求的餐食。

通过上述调研结果，可以初步确立用户需求的几个核心点，即健康、方便、个性化和安全。

二、定义问题——明确设计目标

在理解用户需求之后，就可以进入设计思维的第二个阶段，即定义问题(Define)。这一阶段的目的是从用户需求中提炼出明确的设计目标，进而指导接下来的创新和设计。根据用户调研的结果，可以将健康掌厨平台的设计目标定义为以下几个方面。

第一，提供便捷的订餐服务。为都市白领和年轻家庭提供快速订购和配送的健康餐饮选择，简化下单流程，提高服务效率。

第二，保证食材的安全性。所有餐食采用经过严格认证的有机、绿色食材，提供食品安全溯源服务，增强用户信任。

第三，实现个性化定制。根据用户的饮食偏好、健康目标和营养需求，提供定制化的餐饮方案，满足不同群体的个性化需求。

第四，推广健康生活方式。通过平台的内容模块，推广健康饮食和生活方式，增强用户的健康意识。

上述设计目标不仅基于用户需求，还体现了平台的核心竞争力和差异化优势。

三、构思——头脑风暴与创意生成

在明确了设计目标之后，设计思维的第三个阶段是构思（Design）。在这个阶段，需要通过头脑风暴、创意工作坊等方式，尽可能多地提出解决方案的创意，并筛选出最具潜力的创意进行进一步开发。召集多学科的团队成员，包括产品经理、设计师、营养师、厨师和技术开发人员等，召开头脑风暴会议，围绕“如何为用户提供个性化的健康餐饮服务”这一主题提出如下建议。

第一，营养师在线咨询。在平台上引入营养师在线咨询服务，用户可以根据个人健康状况和目标，得到专业的饮食建议和搭配方案。

第二，人工智能推荐。利用人工智能技术，根据用户的历史订单、饮食偏好和健康数据，自动生成个性化餐单，并实时更新推荐。

第三，健康积分体系。建立用户健康积分体系，用户通过选择健康餐食和完成运动目标，可以累积积分，并兑换健康产品或服务。

第四，社区互动模块。引入社区模块，用户可以分享健康食谱、锻炼心得和生活方式，增强用户黏性和互动性。

第五，多样化订餐模式。除了单次订购外，还可以提供周计划、月计划等套餐订购服务，方便用户长期规划饮食。

四、原型设计——构建可视化原型

在筛选出最具潜力的创意之后，设计思维的第四阶段是原型设计（Prototype）。这一阶段的目的是将创意转化为可视化的原型，以便进一步测试和验证。选择几个关键创意，包括人工智能推荐、营养师在线咨询和多样化订餐模式，并构建一个初步的原型，这个原型包括以下几个方面的内容。

第一，用户界面。一个简单直观的用户界面，用户可以在首页选择个人的饮食偏好，查看推荐餐单，并快速下单。

第二，营养师咨询。一个在线咨询模块，用户可以预约营养师进行一对一咨询，获取个性化饮食建议。

第三，智能推荐系统。一个初步的人工智能推荐系统，基于用户的基本信息和历史订单生成推荐餐单。

五、测试与迭代——用户测试与反馈优化

设计思维的最后一个阶段是测试与迭代（Test）。这一阶段的目的是通过用户测试收集反馈，识别问题并进行优化，以确保最终的商业模式能够成功落地。可以邀请一些目标用户，包括都市白领、年轻家庭代表和健身爱好者，一起参与平台原型的测试。用户在测试过程中使用平台下单、体验智能推荐和咨询服务，并给出他们的反馈。通过用户测试，我们发现了以下问题。

第一，智能推荐系统的准确性。部分用户反映，人工智能推荐的餐单与他们的口味偏好不完全匹配，建议增加更多的个性化选项。

第二，咨询服务的响应速度。由于测试阶段咨询量较大，营养师的响应速度较慢，用户体验受到影响。

第三，用户界面的友好性。有些用户认为界面设计得过于复杂，建议简化操作流程，提升用户体验。

根据上述反馈，需要进行多次迭代，优化智能推荐系统，增加用户选择的自由度，同时扩充营养师团队，以提高响应速度，并简化用户界面，提升易用性。

经过设计思维的多个阶段迭代后，健康掌厨平台的商业模式逐步成型。通过理解用户需求、定义问题、发散创意、设计原型，并经过测试和迭代不断优化，最终形成了以下商业模式。

第一，核心价值主张。为都市白领、年轻家庭和健身爱好者提供个性化的健康餐饮服务，采用严格认证的有机食材，并通过智能推荐和专业营养师支持，帮助用户实现健康饮食目标。

第二，目标客户群体。主要面向一线和二线城市的中高收入人群，特别是对饮食健康有较高要求的消费者。

第三，渠道通路。通过移动应用和网站平台，提供便捷的在线订餐服务，并通过社交媒体进行品牌推广和客户互动。

第四，关键合作伙伴。与有机农场、健康食品供应商、冷链物流企业和营养师团队建立合作关系，确保产品质量和服务水平。

第五，收入来源。通过健康餐饮销售、会员订阅、营养师咨询服务和广告收入实现盈利。

设计思维是一个强大的工具，能够帮助企业在构建商业模式的过程中以用户为中心，快速试错，持续迭代。通过健康掌厨平台这个案例，我们展示了如何通过设计思维的五个阶段，逐步构建出一个切实可行的商业模式。

设计思维的核心在于理解用户需求，并通过创新的方式解决问题。无论是在产品开发、服务设计，还是商业模式构建中，设计思维都能够提供一种系统化的方法，帮助企业在激烈的市场竞争中脱颖而出，实现持续的创新和增长。

第六节　故事化与商业模式设计

讲故事是一个强有力的工具，能够帮助企业将复杂的商业模式元素整合在一起，以清晰、富有吸引力的方式呈现出来。这个方法不仅仅是在展示商业模式时增强说服力，更重要的是通过故事的逻辑和情感联系，使商业模式的设计变得更加有机和连贯。以下将通过一个虚构的案例来详细探讨如何通过讲故事来整合商业模式元素，并呈现商业模式设计。

案例 4-5：绿色生活平台的商业模式

假设我们正在设计一个名为“绿色生活”的零售平台，这个平台专注于销售有机、可持续发展的产品，目标用户是注重健康生活方式和环保的消费者。这个平台的目标是通过提供经过严格筛选的绿色产品，帮助用户过上更健康、更环保的生活。通过讲故事的方式，我们将逐步整合商业模式的九大元素，展示如何通过一个连贯的故事来呈现这一商业模式。

一、故事开端——洞察用户需求

故事的开端往往是对现状的描述，以及对潜在问题的揭示，我们的故事从一位名叫李明的白领开始讲起。李明在北京的一家互联网公司工作，平时的生活非常忙碌且工作压力较大。和许多都市白领一样，李明逐渐意识到健康的重要性，开始关注自己的饮食、运动和生活环境。他希望能够找到一个平台，可以方便地购买到健康、安全的食品和生活用品，最好还能对环境友好。

通过这个故事的开端，我们可以直观地呈现客户细分和他们的需求。李明代表了那些注重健康和环保的城市白领，是绿色生活平台的核心目标用户群体。

二、展示价值主张——解决用户痛点

接下来，故事继续描述了李明在寻找健康产品时遇到的难题。李明发现市面上的健康产品种类繁多，但质量参差不齐，很难判断哪些产品真正符合他的标准。而且许多产品虽然标榜有机、环保，但价格昂贵且来源不明，让他很难下决心购买。这时，绿色生活平台应运而生。该平台专门筛选符合严格有机标准的食品和用品，每件产品都有明确的溯源信息，并且价格合理。通过加入会员，李明不仅可以获得更多优惠，还可以获得专家的健康生活建议。

通过这一情节的推进，我们清晰地展示了平台的价值主张，即提供经过严格筛选和认证的健康环保产品，确保质量，价格合理，并提供增值服务。这些价值主张可以满足像李明这样的消费者的需求和痛点。

三、渠道通路与客户关系——如何触达与维系用户

在故事的下一步，李明第一次使用了绿色生活平台。李明经过朋友推荐下载了绿色生活的手机应用，并迅速浏览了平台的各种产品。应用界面简洁明了，操作流程方便快捷。李明很快就选购了一些有机食品和日用品，并利用应用内的健康指南，了解了如何通过饮食调节自己的作息。几天后，李明收到了订购的产品，所有的包装都是可降解材料，产品品质也让他非常满意。此后，他不仅成了平台的常客，还经常在社交媒体上分享自己的购物体验，吸引更多的朋友使用绿色生活平台。

这一部分故事展示了渠道通路和客户关系。绿色生活平台通过移动应用触达用户，通过便捷的购物体验和优质的产品服务维系用户关系，并通过社交媒体的口碑传播扩大影响力。

四、关键资源与活动——支撑平台运作的幕后力量

为了确保平台的顺利运营，绿色生活平台的团队在幕后投入了大量资源、开展了大量工作。故事继续讲述了绿色生活平台如何从幕后支持像李明这样的用户的日常需求。

绿色生活平台与全国各地的有机农场、环保工厂建立了紧密的合作关系，

保证产品的供应链安全和稳定。每个产品上架前都经过严格的质量检查，并通过平台的物流网络，以最快的速度送达用户手中。同时，技术团队不断优化平台的用户体验，确保移动应用的顺畅运行，并通过数据分析了解用户的偏好，不断推出更符合需求的产品。

这一部分故事通过描述绿色生活平台幕后的资源和活动，展示了关键资源与活动。这些元素是平台正常运行和提供优质服务的保障。

五、关键合作伙伴——构建合作网络

故事接着介绍了绿色生活平台如何与多个合作伙伴一起合作，为用户提供更好的服务。平台不仅与供应商和物流公司建立了合作关系，还与健康机构、环保组织进行合作，推广健康与环保的理念。

在一次公益活动中，李明了解到绿色生活平台联合某环保组织发起了一个植树活动，鼓励用户通过消费积分参与其中。这不仅提升了李明对平台的好感，还增强了他的环保意识。

通过这个故事情节，我们展示了关键合作伙伴的重要性。通过与多方合作，平台不仅能够获得更好的产品和服务支持，还能够利用联合推广和公益活动提升品牌形象和用户忠诚度。

六、成本结构与收入来源——商业模式的财务基础

为了保持平台的可持续发展，绿色生活平台需要合理的成本结构和多样化的收入来源。故事继续揭示了平台如何在财务上保持健康运转。

绿色生活平台通过严格控制供应链成本，优化物流效率，保持了较低的运营成本。同时，平台通过产品销售、会员订阅、广告收入和品牌合作等方式实现盈利。李明在使用平台的过程中不仅购买了有机产品，还购买了平台推荐的健康课程，并通过会员服务享受了额外的优惠。

这一部分故事通过揭示平台的收入来源和成本结构，展示了绿色生活平台如何在财务上保持平衡和增长。

七、故事的高潮与转折——商业模式的验证与扩展

随着时间的推移，绿色生活平台逐渐吸引了越来越多的用户，李明也成为平台的忠实用户。然而，平台在扩展过程中也遇到了一些挑战，如如何保持供应链的稳定性、如何应对竞争对手的挑战等。

故事的高潮部分展示了平台如何通过持续创新和用户反馈，不断优化商业模式，提升用户体验。绿色生活平台开始引入更多的智能推荐功能，推出更多样化的产品线，并通过与大型电商平台的合作，扩大市场份额。同时，平台还加强了用户社区建设，鼓励用户参与产品开发和改进。

这一部分故事展示了商业模式的灵活性和可扩展性，强调了持续创新和用户参与在商业模式设计中的重要性。

八、故事的结尾——企业价值的呈现

故事的结尾部分，李明在绿色生活平台上的购物体验变得越来越丰富，平台也逐渐发展成为一个影响力巨大的品牌。李明不仅能够轻松购买到自己所需的健康产品，还通过平台结识了很多志同道合的朋友，他们一起分享健康生活的心得。

绿色生活平台通过不断提升企业价值，不仅在市场中站稳了脚跟，还吸引了更多的投资者和合作伙伴。故事的结尾总结了商业模式设计的成功之处，并强调了品牌价值和用户忠诚度在企业发展中的重要性。

通过绿色生活平台这个案例，我们展示了如何通过讲故事的方式，将商业模式的多个元素有机地整合在一起，并以一种连贯且富有吸引力的方式呈现出来。讲故事不仅能够帮助企业更好地理解和设计商业模式，还能够在展示时打动投资者和合作伙伴，增强商业模式的说服力。

讲故事的核心在于通过情感和逻辑的结合，清晰地呈现出商业模式的各个要素及其相互关系。通过故事线索，我们能够更好地展示商业模式的设计思路和价值主张，为企业的成功奠定坚实的基础。

案例四：探游——一个个性化定制的旅游服务平台

随着旅游业的不断发展，传统的旅行模式已经无法满足现代游客多样化、个性化的需求。越来越多的游客希望脱离传统的跟团游，追求独特的、深度的旅行体验。他们更倾向于根据自己的兴趣、时间和预算进行定制化的旅游安排，而不是被固定的行程所束缚。

基于这一市场需求，我们设计了一个名为“探游”（Discover Travel）的个性化定制旅游服务平台。这个平台的核心价值在于为用户提供灵活、个性化的旅游方案，帮助他们定制符合个人兴趣的独特旅行体验。探游平台利用大数据和人工智能技术，分析用户的兴趣和偏好，并根据这些数据为用户推荐旅游目的地、娱乐活动、住宿和餐饮选择。通过与全球范围内的本地导游、旅游景点、酒店和餐饮服务提供商合作，探游平台能够为用户提供从行程规划到具体执行的一站式服务。

讨论：分组讨论，并选择一种商业模式设计工具设计探游的商业模式并展示。

实训四

选择一个你感兴趣的行业，找到潜在的机会，设计其商业模式，并说明设计逻辑。

第五章　商业模式的测试与实施

第一节　商业模式的测试

一、商业模式测试的关键原因

在当今竞争激烈且瞬息万变的商业环境中，企业成功的关键在于其商业模式是否能够创造、传递和获取价值。商业模式是企业如何运作、如何盈利的核心逻辑，然而仅仅依赖于直觉或简单的市场观察来设计商业模式，往往难以应对实际运营中的复杂性和不确定性，因此商业模式测试变得尤为重要，它不仅能够帮助企业在市场中立足，还能够确保其长期可持续发展。以下是企业进行商业模式测试的几大关键原因。

（一）降低风险与不确定性

每一个新的商业模式在投入市场之前都面临着巨大的不确定性和潜在风险，尽管企业可能通过市场调研和行业分析设计出看似完美的商业模式，但在真实的市场环境中，顾客的行为、市场的反应和竞争对手的策略往往难以预测。商业模式测试可以通过小规模的试验和数据分析来验证企业假设，从而大大降低失败的风险。例如，许多初创企业在推出新产品或服务之前都会进行试点测试，以便在全国或全球推广之前识别和修正潜在的问题。

（二）验证市场需求和产品市场匹配

市场需求是商业模式成功的基石，企业必须确保其产品或服务能够满足市场的真实需求，而不仅仅是企业内部的假设。通过商业模式测试，企业可以验证其产品或服务是否能够吸引目标客户群体，是否符合他们的需求，并在市场中取得足够的吸引力。约翰·马林斯在《如何测试商业模式》中提到的市场吸引力测试就是为了评估目标市场的规模和增长潜力，以确保企业的商业模式能够在一个足够大的市场中获得成功。例如，爱彼迎在早期发展阶段，通过不断的市场测试和用户反馈，逐步调整和优化其平台服务，确保房源和用户需求之间的高度匹配，最终爱彼迎的商业模式在全球范围内取得了巨大成功。

（三）确保资源配置的有效性

企业的资源是有限的，无论是资金、时间，还是人力资源。因此，如何有效地分配这些资源以实现最大的市场回报，是企业需要面临的关键问题。通过商业模式测试，企业可以识别哪些方面的投入最有可能带来高回报，并将资源集中在这些关键领域中。反之，企业也可以避免在无效或低效的领域浪费资源。例如，亚马逊在其商业模式测试中，发现 Prime 会员服务不仅能够提升用户的忠诚度，还能大幅度增加用户的消费频次。因此，亚马逊决定将大量资源投入 Prime 服务的扩展和优化中，最终这一策略为亚马逊带来了巨大的长期回报。

（四）适应市场变化和竞争环境

市场环境和竞争态势是动态变化的，技术的进步、消费者行为的变化、新的竞争者的进入都可能影响企业的市场地位。商业模式测试能够帮助企业及时捕捉市场的变化，迅速调整其战略和商业模式，以确保在竞争中保持领先地位。例如，奈飞在从光盘租赁业务转型为流媒体服务的过程中，面对技术的快速发展和市场需求的变化，通过持续的商业模式测试和调整，最终成功地完成了业务转型，并在全球流媒体市场中占据了主导地位。

（五）增强投资者和利益相关者的信心

对于寻求外部融资的企业而言，展示一个经过测试和验证的商业模式，往往能够极大增强投资者和其他利益相关者的信心。经过市场验证的商业模式意味着企业已经努力减少了许多不确定性，并且具备了更大的成功可能性，这对于投资者来说具有巨大的吸引力。例如，初创企业在进行风险投资融资时，往往需要向投资者展示其商业模式的测试结果，这些测试数据不仅能够证明企业商业模式的可行性，还能够帮助企业获得更高的估值和更多的资金支持。

（六）建立企业内部共识，确保战略一致性

商业模式测试还能够帮助企业内部的团队建立共识，通过数据驱动的测试结果，企业可以更加明确其市场定位、客户需求和资源分配，从而确保团队在执行战略时的方向一致，这样的共识对于企业在快速发展的过程中避免内耗和资源浪费至关重要。

（七）提供持续改进的基础

商业模式测试不仅是初创阶段的工具，更是企业在整个生命周期中持续改进的基础。市场和竞争环境不断变化，企业需要定期对其商业模式进行测试，以确保其适应性和持续性。这种动态的调整和优化能够帮助企业在长期发展中保持活力和竞争力。

总的来说，商业模式测试是企业成功的重要工具。它不仅能够帮助企业识别市场机会和潜在风险，还能提高资源配置效率，适应市场变化，增强投资者信心，并确保企业的长期可持续发展。通过系统化的商业模式测试，企业可以在不确定的市场环境中做出更加明智的决策，从而在激烈的竞争中立于不败之地。

二、如何测试商业模式

商业模式测试是一个系统性的过程，它涵盖了从市场吸引力到执行能力的多个方面。通过商业模式测试，企业可以验证其商业模式的有效性，并识别潜在的风险和机会。下面我们将逐一探讨约翰·马林斯在《如何测试商业模式》中提出的相关内容，结合案例进行详细讲解，并分别提出五个测试问题。

（一）市场吸引力

市场吸引力测试的目标是评估目标市场的规模、增长潜力和消费者需求。通过市场吸引力测试，企业可以确定其商业模式是否能够在一个足够大的市场中取得成功，并找到增长机会。

案例 5-1：特斯拉

特斯拉在进入电动汽车市场之前，面临着一个新兴但尚未成熟的市场。通过市场吸引力测试，特斯拉评估了全球范围内对环保车辆的需求，以及政府对新能源汽车的政策支持。最终，特斯拉确认了电动汽车市场的巨大潜力，并大力投资开发了 Model S、Model X 等车型。

测试问题：

（1）目标市场的规模有多大？是否有足够的潜力支持企业的增长目标？

（2）目标市场的增长速度如何？未来三到五年内，市场的需求是否会增长？

（3）市场中的消费者是否存在明确的需求缺口？企业的产品或服务是否能够填补这一缺口？

（4）影响市场需求的主要驱动因素是什么？这些因素是否具有可持续性？

（5）市场中是否存在未被满足的细分市场？企业的产品或服务是否能够独占这些市场？

通过回答上述问题，企业可以更好地理解目标市场的吸引力，并为商业模式的成功奠定基础。

（二）行业吸引力

行业吸引力测试旨在评估企业所处行业的结构、竞争态势、进入壁垒，以及供应链的健康状况，一个有吸引力的行业能够为企业提供稳定的利润和成长机会。

案例 5-2：星巴克

在进入咖啡连锁行业之前，星巴克通过深入分析行业结构和竞争态势，识别出市场中对高质量咖啡和独特消费体验的需求。尽管咖啡行业竞争激烈，但是星巴克通过创新的商业模式和强大的品牌建设，在行业中建立了独特的市场地位。

测试问题：

（1）行业中现有竞争者的强度如何？他们的市场份额和竞争优势是什么？

（2）行业内的新进入者是否容易进入？行业的进入壁垒有多高？

（3）供应商和客户在行业中的议价能力如何？他们的议价能力是否会影响

企业的利润？

（4）行业内是否存在潜在的替代品？这些替代品对市场的威胁有多大？

（5）行业的监管环境如何？政府政策和法规是否会对企业的运营产生重大影响？

通过回答上述问题，企业可以了解行业的吸引力，并识别可能影响其商业模式的外部因素。

（三）目标细分市场的利益和吸引力

目标细分市场的利益和吸引力测试的核心在于确定具体的客户群体是否对企业的产品或服务具有高度的兴趣，并愿意为其支付足够的价格。

案例 5-3：爱彼迎

爱彼迎在创立之初，明确了其目标细分市场为那些寻求个性化和经济型住宿的旅行者。通过对这一细分市场的深入研究爱彼迎发现，这些旅行者不仅希望节省住宿费用，还希望体验与当地居民一样的生活方式。爱彼迎通过提供多样化的住宿选择和与房东的互动体验，成功吸引了这一细分市场的消费者，并迅速扩展其业务。

测试问题：

（1）目标细分市场的规模有多大？这一市场是否足够大到可以支撑企业的商业模式？

（2）目标客户群体的购买力如何？他们是否愿意为企业的产品或服务支付溢价？

（3）企业的产品或服务是否能够满足目标客户群体的核心需求？这些需求是否具有持久性？

（4）目标客户群体对产品或服务的偏好是什么？企业的商业模式是否能够提供个性化的体验？

（5）市场中是否存在竞争对手提供类似的产品或服务？企业的产品或服务在目标市场中是否具有独特的吸引力？

通过回答上述问题，企业可以更好地理解目标细分市场的需求和吸引力，并确保其产品或服务能够满足市场需求。

（四）竞争可持续性和经济可持续性

竞争可持续性和经济可持续性测试的目标是评估企业在竞争激烈的市场中保持竞争优势的能力。企业需要评估其商业模式是否具备独特的竞争优势，是否能够有效应对现有和潜在竞争对手的挑战。

案例 5-4：亚马逊

亚马逊通过持续投资于技术创新和物流基础设施，建立了其他竞争对手难以复制的竞争优势。例如，亚马逊的 Prime 会员服务和庞大的物流网络使得其能够提供快速、便捷的配送服务，这一竞争优势帮助亚马逊在电商市场中保持了长期的竞争力。此外，亚马逊多元化的收入来源（如电商、云计算、广告等）和稳健的现金流管理也确保了其经济可持续性。

测试问题：

（1）企业的商业模式是否具有明显的竞争优势？这些优势是否能够在市场中保持持久？

（2）企业的成本结构是否能够支持其长期的竞争力？是否能够应对价格竞争？

（3）企业的收入来源是否多元化？是否能够在市场波动中保持稳定的收入？

（4）企业的品牌和客户忠诚度如何？是否能够抵御竞争对手的市场攻势？

（5）企业是否具备足够的财力资源和运营能力，以支持其长期可持续发展？

通过回答上述问题，企业可以评估其在市场中的竞争地位，并确保其商业模式长期具备可持续性。

（五）使命、个人抱负和冒险倾向

商业模式不仅仅是关于市场和竞争，它也与企业领导者和团队的使命感、个人抱负，以及对冒险的接受程度密切相关，商业模式的成功离不开领导者的愿景和决心。

案例 5-5：特斯拉和埃隆·马斯克

特斯拉的成功很大程度上源于埃隆·马斯克的个人使命和冒险精神，他不仅致力于推动可持续能源的发展，还在面对市场质疑和技术挑战时，展现了极大的决心和毅力。埃隆·马斯克的个人抱负和特斯拉的企业使命高度一致，推动了特斯拉在电动汽车和可再生能源领域的成功。

测试问题：

（1）企业领导者的个人使命和企业使命是否一致？是否具备足够的驱动力推动企业前进？

（2）领导团队的个人抱负是否与企业的长期目标相符？他们是否愿意为实现这些目标而付出努力？

（3）企业领导者和团队的冒险倾向如何？他们是否能够在面对风险时做出果断的决策？

（4）企业文化是否鼓励创新和冒险精神？是否能够支持团队在不确定的市场环境中前行？

（5）企业是否具备足够的韧性？是否能够在遭遇挫折时重新调整和继续前进？

通过回答上述问题，企业可以评估其领导团队的能力和决心，确保其商业模式在市场挑战中能够保持稳健发展。

（六）执行关键成功要素的能力

执行能力测试涉及企业是否具备实施商业模式所需的资源、能力和团队，企业需要评估其内部资源（如技术、人才、资金等）是否能够支持商业模式的实施，以及其团队是否具备执行能力和经验。

案例 5-6：苹果公司

苹果公司商业模式的成功与其卓越的执行能力密不可分。从产品设计到供应链管理，再到市场营销，苹果公司在每个关键环节都展现出了极强的执行能力。这不仅体现在苹果公司产品的高质量和创新性上，还体现在其全球供应链的高效管理和市场营销的精准性上。苹果公司的成功案例证明了执行关键成功要素的重要性。

测试问题：

（1）企业是否具备执行商业模式所需的核心技术和资源？这些核心技术和资源是否具有可持续性？

（2）企业的团队是否具备足够的经验和能力来有效地执行商业模式并应对挑战？

（3）企业的组织结构是否支持有效的沟通和决策？是否能够快速响应市场变化？

（4）企业的供应链和合作伙伴关系是否稳固？是否能够支持商业模式的顺利实施？

（5）企业的管理系统和流程是否高效？是否能够确保运营的持续优化和改进？

在现代商业环境中，成功的企业不仅仅依靠卓越的产品或服务，还必须拥有一个经过验证和持续优化的商业模式。商业模式测试提供了一种系统化的方法，使企业能够在市场中减少不确定性，优化资源配置，并确保其战略与执行的有效性。在《如何测试商业模式》一书中，约翰·马林斯提出的相关内容为企业提供了一个全面的框架，可以帮助企业深入分析和评估其商业模式的各个关键要素。

第一，综合评估市场与行业的吸引力。通过对市场吸引力和行业吸引力的测试，企业可以准确识别其所处环境中的机会与威胁。市场吸引力测试可以帮助企业了解目标市场的规模、增长潜力和消费者需求，以确保其产品或服务能够满足市场的实际需求，并在市场中找到增长的机会。行业吸引力测试则进一步分析了企业所处行业的结构、竞争态势、进入壁垒和供应链的健康状况。这两个方面的测试为企业的战略决策提供了重要的参考依据，使企业能够在市场竞争中占据有利地位。

第二，深入理解目标客户的需求与价值。商业模式的核心在于为客户创造价值，通过对目标细分市场的利益和吸引力的测试，企业能够深入理解其目标客户的需求、偏好和购买行为。这一测试能够确保企业的产品或服务与目标市场的需求高度契合，并能够通过个性化的服务或独特的价值主张赢得客户的青睐。同时，企业还需要通过竞争可持续性和经济可持续性测试，以确保其能够在竞争激烈的市场中保持长期的竞争优势，并具备稳定的盈利能力。

第三，领导力与执行力的关键作用。商业模式的成功不仅依赖于市场和行业环境，还与企业领导者的使命感、个人抱负，以及执行能力密切相关。使命、个人抱负和冒险倾向的测试能够帮助企业评估其领导团队是否具备推动企业前进的决心和韧性，以确保企业在面对市场挑战时能够保持坚定的方向。同时，执行关键成功要素的能力测试则可以进一步评估企业内部资源和团队的执行能力，以确保企业能够有效地实施其商业模式并实现预期的目标。

第四，构建与优化价值链关系网络。在全球化和信息化的背景下，企业的成功离不开与价值链上下游的紧密合作。通过对价值链上下游及行业横向价值链关系网络的测试，企业能够识别和建立与供应商、分销商、合作伙伴之间的协同效应，最大化其商业模式的潜力。这一测试确保企业能够在复杂的市场环境中保持灵活性和适应性，并通过与外部合作伙伴的紧密协作，共同应对市场变化和竞争压力。

第五，商业模式测试的持续性与动态调整。商业模式测试不仅仅是在企业初创或商业模式设计阶段的重要工具，更应该贯穿于企业的整个生命周期。市场环境、技术进步、消费者行为和竞争态势都是动态变化的，企业需要通过定期的商业模式测试，持续评估其战略和运营的有效性，并根据测试结果进行必要的调整。这种动态的调整和优化能够帮助企业在长期发展中保持竞争力，并及时捕捉市场中的新机会。

第六，商业模式测试的整体重要性。通过《如何测试商业模式》中提出的相关测试，企业能够全面、系统地评估其商业模式的各个关键要素。这不仅可以帮助企业在市场中减少不确定性和风险，还能提高资源配置的效率，增强投资者和利益相关者的信心，并确保企业的长期可持续发展。事实证明，每一个成功的企业背后都有一个经过反复测试和验证的商业模式。

企业领导者应当将商业模式测试作为一种常规实践，融入企业的战略规划和运营管理中。通过不断测试、调整和优化商业模式，企业能够在不断变化的市场中保持灵活性和适应能力，以确保在竞争激烈的商业环境中立于不败之地。

总之，商业模式测试不仅仅是企业发展的起点，更是其在不断前行中的指南针。企业通过有效的商业模式测试，可以更加清晰地了解其市场定位、竞争优势和执行路径，从而为实现长期的成功奠定坚实的基础。在未来的商业环境中，那些能够灵活运用商业模式测试，并根据市场变化及时调整其商业模式的企业，将更加具备在市场中脱颖而出的能力，并获得持续的增长和成功。

第二节　商业模式的实施

商业模式是企业成功的核心逻辑，它决定了企业如何创造、传递和获取价值。然而，一个良好的商业模式设计只是成功的开始，真正的挑战在于如何实施这一商业模式。在实施商业模式的过程中，企业必须确保其商业模式与企业战略、生态系统和组织内部之间的高度契合。只有有效结合三大契合度，商业模式才能够在现实中成功落地，并发挥其应有的作用。下面我们将通过具体案例，从三个方面详细探讨商业模式的实施。

一、商业模式与战略的契合性

商业模式是企业创造和获取价值的具体方式，而战略则是企业实现长期目标的总体规划，二者之间必须高度契合，才能确保企业的成功。如果商业模式不能与战略相协调，企业可能会出现资源浪费、方向不清，甚至是市场失败的风险。因此，商业模式实施的第一步，是确保其与企业战略高度契合。

以苹果公司为例，苹果公司的成功不仅在于其卓越的产品设计和技术创新，更在于其商业模式与公司整体战略的高度契合。

（一）产品差异化战略

苹果公司的战略定位是提供高端、差异化的产品，这一战略决定了其商业模式的核心，即通过创新和设计提供优质、高端的电子产品。苹果公司的商业模式强调硬件、软件和服务的整合，通过 iPhone、iPad、Mac 等硬件设备，与

iOS 操作系统和 App Store 等软件服务的结合，创造出一种封闭的生态系统。这种商业模式与苹果公司的产品差异化战略高度契合，确保了苹果公司在高端市场中的领导地位。

（二）品牌战略

苹果公司的品牌战略是其商业模式实施的另一个关键点。苹果公司通过一系列的市场推广和品牌建设，塑造了一个高端、时尚、创新的品牌形象。这一品牌战略与苹果公司的高溢价产品定位相契合，使得苹果公司的产品能够以更高的价格在市场上销售，从而获取丰厚的利润。

（三）全球化战略

苹果公司的全球化战略同样与其商业模式紧密结合。苹果公司不仅在设计和生产上实现了全球化，还通过广泛的全球销售网络，将其产品推向世界各地。这种全球化的商业模式支持了苹果公司的全球扩展战略，使其在多个市场中占据了主导地位。

尽管商业模式与战略之间的契合是成功的关键，但在实际操作中，企业往往面临着许多挑战。首先，企业在扩展新业务或进入新市场时，可能需要调整其商业模式以适应新的战略目标。例如，当亚马逊从在线书店转型为全球电子商务平台时，它不得不重新定义其商业模式，以支持其“全球霸主”战略。其次，技术进步和市场变化也可能迫使企业调整其战略和商业模式。例如，从最初的光盘租赁服务转型为流媒体服务，奈飞的商业模式发生了重大变化，以适应其新的全球扩展和数字化战略。

二、商业模式与生态系统的契合

生态系统指的是企业与其外部环境中的供应商、分销商、合作伙伴、竞争对手和客户之间的相互关系，这些关系构成了一个动态的网络，企业在其中扮演着重要角色。商业模式必须与生态系统中的其他参与者保持契合，以确保其顺利实施，并在市场中取得成功。

以特斯拉为例，特斯拉不仅是电动汽车行业的领导者，它的成功也得益于其商业模式与整个生态系统的紧密契合。

（一）供应链管理

特斯拉的商业模式包括自主研发和生产电池，这一策略确保了其在电动汽车核心部件上的技术优势。同时，特斯拉与全球多个供应商建立了紧密的合作关系，以确保其供应链的稳定性和可持续性。通过与松下等电池供应商的合作，特斯拉得以降低电池成本，并提升电动汽车的续航能力。

（二）充电网络

特斯拉的超级充电网络是其生态系统的重要组成部分。通过建立全球范围内的充电站网络，特斯拉不仅为其车主提供了便捷的充电服务，还增强了其品牌的竞争力和客户忠诚度。这个充电网络与特斯拉的商业模式高度契合，成为特斯拉电动汽车普及的重要推动力。

（三）合作伙伴关系

特斯拉通过与多家能源公司和政府机构合作，推动了清洁能源的应用和政策支持。这些合作关系扩展了特斯拉的生态系统，使其商业模式在全球范围内得以推广和实施。例如，特斯拉与澳大利亚政府合作，建立了全球最大的电池储能系统，进一步巩固了其在清洁能源领域的领先地位。

在实际操作中，确保商业模式与生态系统的契合也面临着诸多挑战。首先，企业需要识别和建立与关键合作伙伴的关系，这可能需要大量的时间和资源。例如，苹果公司为了确保供应链的稳定性，长期与富士康等代工厂合作，甚至在某些关键原材料的采购上进行提前锁定。其次，企业在扩展新业务或进入新市场时，可能面临生态系统不兼容的问题。例如，优步在进入某些国际市场时，遇到了当地的法律法规和文化差异带来的挑战，这时就需要企业调整其商业模式，以适应当地的生态系统。

三、商业模式与组织内部契合

企业内部的组织结构、文化、流程和资源是商业模式实施的基础，商业模式的成功实施依赖于其与组织内部的紧密契合。企业的组织结构需要支持商业模式的运营，企业文化需要鼓励创新和冒险精神，而流程和资源分配则需要与商业模式的需求相匹配。

以谷歌为例，谷歌的成功不仅归功于其创新的商业模式，还得益于其组织内部的高度契合。

（一）创新文化

谷歌以其鼓励创新的企业文化而闻名，这种企业文化为其商业模式的实施提供了强大的支持。谷歌鼓励员工在20%的工作时间内自主选择项目，这种机制不仅激发了员工的创造力，还推动了多个成功产品的诞生，如Gmail和Google Maps。谷歌的商业模式依赖于持续创新，而谷歌的创新文化与其商业模式高度契合。

（二）扁平化组织结构

谷歌的扁平化组织结构使得信息流动更加迅速，决策更加高效。这种组织结构支持了谷歌在快速变化的互联网行业中保持竞争力，并且能够迅速响应市场变化。这一组织结构与谷歌商业模式中的快速创新和市场反应相契合，使得谷歌能够在全球互联网市场中保持领先地位。

（三）资源分配与流程优化

谷歌通过优化内部流程和资源分配，确保了其商业模式的顺利实施。例如，谷歌在全球范围内构建了庞大的数据中心网络，以支持其广告业务和云计算服务。这些基础设施投资与谷歌的商业模式高度契合，使得其能够提供高效、可靠的服务，并在市场中保持竞争优势。

确保商业模式与组织内部的契合，通常需要企业在内部进行调整或变革。例如，当企业从产品导向转型为服务导向时，可能需要重组其内部组织结构，重新分配资源，并调整绩效考核机制。

此外，企业文化的变革也是一个重大挑战。例如，传统企业在转型为互联网企业时，可能需要在企业内部推广更加灵活、创新的文化，以适应新的商业模式和市场需求。这些变革往往伴随着内部的阻力和挑战，企业必须通过有效的领导和管理来推动变革，以确保商业模式的成功实施。

商业模式的成功不仅在于其设计的合理性，更在于其实施的有效性。在实施商业模式时，企业必须确保其商业模式与战略、生态系统和组织内部之间的高度契合。商业模式与战略的契合确保了企业的长远发展方向与商业模式的一致性；商业模式与生态系统的契合确保了企业在市场中的顺利运作与扩展；商业模式与组织内部的契合则为商业模式的实施提供了坚实的基础。

通过苹果公司、特斯拉和谷歌等企业的案例分析我们可以看到，成功的企业不仅能够设计出创新的商业模式，还能够通过确保三大契合度来实现商业模式的有效实施。这些企业在实施商业模式时，能够在战略、生态系统和组织内部之间找到最佳的平衡点，从而在市场中取得卓越的成绩。

在未来的商业环境中，企业要想保持竞争力和可持续发展，必须将商业模式的实施视为一项系统工程。通过不断评估和优化商业模式的契合度，企业可以在复杂多变的市场环境中保持灵活性和适应能力，从而实现长期的成功。

第三节　商业模式规模化与指数级增长

在全球化和数字化的推动下，企业不仅面临着市场中的机遇，也必须面对前所未有的竞争压力。为了在竞争激烈的市场环境中脱颖而出，企业必须学会如何有效地实现商业模式规模化，并推动指数级增长。规模化不仅仅是扩大业务规模，更重要的是如何通过战略性的扩展，实现高效、可持续的增长。下面我们将通过详细讲解商业模式规模化和指数级增长画布中的九个关键要素，并结合具体案例，展示如何利用这些要素推动企业的商业模式实现规模化和指数级增长。

一、价值主张扩展

价值主张扩展是指在现有价值主张的基础上，挖掘出更多潜在的客户需求，或通过创新和改进产品或服务，提升其市场吸引力。通过扩展价值主张，企业可以覆盖更广泛的市场，吸引新的客户群体，并提高客户的忠诚度和满意度。

以亚马逊为例，亚马逊通过 Prime 会员服务成功扩展了其价值主张。最初，Prime 仅提供免费的两日送达服务，然而随着时间的推移，亚马逊逐渐将其扩展至包括视频流媒体服务（Prime Video）、音乐流媒体服务（Prime Music）、电子书服务（Prime Reading）、游戏服务（Twitch Prime）等一系列附加服务。这些扩展不仅提升了 Prime 的价值，还增强了用户黏性，促使用户在亚马逊平台上进行更多的消费，从而实现了业务的规模化和持续增长。

二、构建客户群和社区

在现代商业中，构建强大的客户群和社区不仅可以增加企业的用户基数，还能够通过用户之间的互动和口碑传播，提升品牌的影响力。社区化运营可以增强客户的归属感，形成品牌忠诚度，进而带来更多的复购和推荐。

以耐克为例，耐克通过 Nike＋社区构建了一个庞大的跑步者和运动爱好者群体。Nike＋不仅是一个追踪跑步数据的工具，更是一个社区平台，用户可以在平台上分享他们的运动数据、互相激励和挑战。这种社区化运营不仅提升了用户的参与度和忠诚度，还促使用户更加依赖耐克的产品和服务，推动了耐克在全球范围内的业务增长。

三、可扩展的进程、互联网基础设施和数据分析能力

可扩展的进程、互联网基础设施和数据分析能力是推动企业规模化的核心要素。通过自动化、数据驱动决策和灵活的互联网架构，企业能够在扩展业务时保持运营效率，并迅速适应市场变化。

以奈飞为例，奈飞的成功很大程度上得益于其强大的数据分析能力和灵活的互联网架构。通过分析用户的观看历史、评分和搜索行为，奈飞能够精准推荐个性化内容，从而提高用户的满意度和留存率。此外，奈飞的流媒体平台能够快速扩展，在支持全球用户的同时保持高效运营。这种可扩展的技术和数据能力，使得奈飞能够在全球范围内快速扩展并占据市场的主导地位。

四、解决多重问题

解决多重问题指的是企业通过一个产品或服务，解决客户的多个痛点或需求，从而增强产品的价值主张和市场竞争力。这种多功能性不仅能够吸引更广泛的客户群，还能够提高客户的忠诚度和使用频率。

以苹果公司为例，iPhone 不仅仅是一部手机，它还解决了多重问题，包括通信、娱乐、工作、健康管理等。通过 iPhone，用户可以打电话、发信息、浏览互联网、拍照、听音乐、看电影、管理日程、追踪健康数据等。苹果公司通过持续创新，将多种功能整合到一部设备中，满足了客户的多重需求，从而

推动了 iPhone 的全球销量和苹果公司的持续发展。

五、多渠道、全渠道和最佳渠道

在数字化时代，企业需要通过多渠道（线上、线下结合）、全渠道（整合所有客户接触点）和最佳渠道（优化的销售与服务渠道）战略，确保无论客户通过何种方式与企业互动，都能够获得一致且优质的体验。

以星巴克为例，星巴克通过其全渠道战略成功将线上和线下体验无缝连接。星巴克的移动应用允许用户通过手机点单、支付和积累积分，同时还能享受门店取餐和线上配送服务。这种全渠道策略不仅提升了客户体验，还增加了星巴克的销量和客户黏性，帮助星巴克在全球范围内扩展其业务。

六、网络化效应

网络化效应指的是随着用户数量的增加，产品或服务的价值也随之增加的现象。这种效应通常出现在平台型企业中，如社交网络、电商平台等。

以脸书（Facebook）为例，脸书通过网络化效应建立了强大的市场地位。随着越来越多的人加入脸书，其平台的价值不断提升，用户能够与更多的朋友和家人保持联系，企业也可以通过脸书的广告平台触达更多的潜在客户。这种网络化效应使得脸书成为全球最大的社交网络，并为其广告业务带来了巨大的增长。

七、生态系统中不同参与者的杠杆效应

在一个强大的生态系统中，企业可以通过与不同参与者（如供应商、合作伙伴、开发者等）的合作，放大其资源和能力，实现超出自身能力范围的增长。

以苹果公司为例，苹果公司通过 App Store 建立了一个庞大的开发者生态系统，开发者为 iOS 平台创造了数百万款应用程序，极大地丰富了 iPhone 的功能和用户体验。苹果公司通过与开发者的合作，不仅提升了 iOS 平台的吸引力，还从应用销售和应用内购买中获取了丰厚的收入。这种杠杆效应使得苹果公司能够在智能手机市场中保持竞争优势，并推动其业务的持续增长。

八、优化成本结构

在规模化的过程中，企业需要持续优化其成本结构，以保持竞争力，并提高盈利能力。优化成本结构包括降低生产和运营成本、提高资源利用效率，以及通过技术和流程的改进来减少浪费。

以沃尔玛为例，沃尔玛通过大规模采购、优化物流和库存管理系统，以及使用数据分析来预测需求和调整供应链，成功降低了其运营成本。沃尔玛还通过集中采购和供应链整合，与供应商达成更有利的协议。这些措施使得沃尔玛能够以低价提供商品，从而吸引更多的顾客，并在全球范围内扩展其业务。

九、扩展价值流

扩展价值流指的是企业通过增加新的收入来源或拓展现有业务的附加值来提升整体价值，这可以通过开发新产品、进入新市场、增加服务内容等方式实现。

以亚马逊为例，亚马逊最初只是一家在线书店，但它逐渐扩展到了多个领域，包括电子商务平台、云计算、电子产品（如 Kindle 和 Echo 等）、娱乐内容等。通过不断扩展价值流，亚马逊不仅增加了收入来源，还大幅提升了客户的整体价值体验，并确保了持续的市场增长。

通过分析商业模式规模化和指数级增长画布中的九个关键要素，并结合实际案例可以看出，每一个要素都对企业实现规模化和指数级增长至关重要。企业不仅需要扩展其价值主张，构建强大的客户群和社区，还需要优化内部流程、互联网基础设施和数据分析能力，以应对快速变化的市场环境。同时，多渠道策略、网络化效应、生态系统杠杆效应和成本结构优化，都是推动企业利润增长的重要因素。最终，扩展价值流通过增加新的收入来源或拓展现有业务的附加值，使得企业在规模化的过程中能够持续创造价值，实现长远的成功。

在实际操作中，企业应根据自身的行业特点和市场需求，灵活运用上述要素，从而制定出符合自身发展的规模化战略。在实施的过程中，需要持续评估和调整商业模式，确保在快速扩展的同时保持高效和创新，这样才能在竞争激烈的市场中脱颖而出，实现指数级增长。

案例五：商业模式测试案例——远程医疗平台

假设我们创建了一个名为“医联”的远程医疗平台，该平台专注于为患者提供在线咨询、诊断和处方服务。医联平台通过整合全国各地的医生资源，利用互联网技术，让患者能够通过手机或电脑与医生进行视频通话、文字聊天或电话咨询。该平台的目标客户群体包括慢性病患者、健康管理需求者，以及由于地域或时间限制无法方便就医的人群。医联平台的收入来源主要包括咨询费用、处方药品的销售佣金和健康管理服务的订阅费。

为了评估医联平台的商业模式，以下是对几个关键因素的测试结果。

第一，市场吸引力。近年来，远程医疗市场由于技术的进步和社会需求的增加而迅速发展，尤其在疫情期间，远程医疗的需求急剧上升。医联平台瞄准了这一市场趋势，通过提供方便、快捷的医疗服务吸引了大量用户。此外，随着人们健康意识的提高，定期健康管理的需求也逐渐增加，这就为医联平台提供了持续的市场增长机会。

测试结果：市场吸引力强，市场需求持续增长，尤其在年轻人和慢性病患者中表现突出。

第二，行业吸引力。由于医疗行业受到严格监管，因此远程医疗平台必须符合相关的法律法规，这给行业参与者带来了较高的进入壁垒。然而，这些壁垒也意味着一旦进入市场并获得用户信任，企业将面临较少的竞争对手。医联平台通过与正规医院和合规药房合作，确保了服务的合法性和可靠性。此外，远程医疗行业的盈利模式已经逐渐成熟，企业可以通过多种方式实现收入，如咨询费、药品销售和订阅服务等。

测试结果：行业吸引力强，尽管存在严格监管，但进入市场后竞争相对较小，且盈利模式清晰。

第三，目标细分市场的利益和吸引力。医联平台的目标用户包括慢性病患者、需要健康管理服务的人群，以及那些因地域或时间限制而难以获得医疗服务的患者。医联平台的主要优势在于为用户提供了便捷、灵活的医疗服务，特别是对于需要定期复诊的慢性病患者，他们不再需要频繁地前往医院。对于健康管理需求者，医联平台提供了个性化的健康方案和定期随访服务，帮助用户更好地管理健康。

测试结果：目标细分市场吸引力强，医联平台能够有效满足用户的需求，并且用户黏性强，复购率高。

通过对市场吸引力、行业吸引力和目标细分市场的测试，医联平台的商业模式展示了较强的市场潜力和持续发展能力。然而，医联平台在扩展过程中还需要考虑一些挑战。

讨论以下问题：

（1）在行业监管日益严格的背景下，医联平台如何确保其服务的合规性，并且如何在合法的范围内扩大业务规模？

（2）随着市场竞争加剧，医联平台应如何进一步提升用户体验和服务质量，以保持现有用户，并吸引更多的新用户？

（3）面对多样化的用户需求，医联平台应如何优化其健康管理服务，确保能够为不同类型的用户群体提供个性化且有效的医疗方案？

实训五

选择一个你感兴趣的公司，对其商业模式进行测试。

第六章　商业模式的诊断与评估

第一节　商业模式的诊断

在设计和实施新的商业模式时，企业需要确保其商业模式不仅具有创新性，还能够在市场中有效运作并长期保持竞争力。为此，我们可以通过七项关键标准对商业模式进行全面的诊断和评估。这七项标准分别是：顾客锁定程度、带来持续收入的销售收入占比、收入与支出的时间、低于竞争对手的成本、由外部各方自由创造价值、可扩展性、防止被竞争对手模仿。下面我们将通过结合实际案例，详细讲解如何利用这些标准对商业模式进行诊断。

一、顾客锁定程度

顾客锁定程度指的是企业通过其商业模式使得客户难以转向竞争对手的能力，这通常需要高转换成本、独特的用户体验或持续的服务关系来实现。

案例 6-1：苹果公司

苹果公司通过其 iOS 生态系统成功实现了高顾客锁定程度。用户在购买 iPhone、iPad 等设备后，会逐渐依赖于苹果公司的 App Store、iCloud、Apple Music 等服务。由于这些服务深度整合，并且 iOS 与其他操作系统（如安卓等）之间存在显著的差异，用户在转向其他平台时将面临高转换成本。这种锁定机制有效地提升了用户的长期忠诚度和复购率。

二、带来持续收入的销售收入占比

带来持续收入的销售收入占比关注的是企业商业模式中能够带来持续收入的部分在总销售收入中所占的比例，持续收入通常包括订阅服务、维护合同、会员费等。

案例 6-2：微软

微软的商业模式从一次性的软件销售逐渐转向基于订阅的服务，如 Office 365 和 Azure 云服务。通过这一转变，微软实现了持续收入的增长，并降低了收入的波动性。如今，订阅服务已成为微软总收入的重要组成部分，为公司带来了稳定的现金流，并增强了抵御市场波动的能力。

三、收入与支出的时间

收入与支出的时间指的是企业获得收入与支付相关成本之间的时间差。理想情况下，企业应在收入到账之后支付支出，以减少财务压力，并优化现金流。

案例 6-3：亚马逊

在亚马逊的商业模式中，客户在下单时即支付货款，而亚马逊通常会在收到客户支付后的 30 至 60 天内支付供应商。这意味着亚马逊可以利用客户的预付款来运营业务，而不必依赖外部融资，从而优化了现金流。这样的运营模式显著提高了亚马逊的资金使用效率，并减少了财务成本。

四、低于竞争对手的成本

在竞争激烈的市场中，拥有低于竞争对手的运营成本可以使企业在价格竞争中占据优势，并提高利润率。

案例 6-4：沃尔玛

沃尔玛通过其高效的供应链管理、大规模采购和卓越的库存控制，实现了低于竞争对手的成本。沃尔玛的商业模式依赖于“天天低价”策略，凭借其巨大的采购量和强大的议价能力，沃尔玛能够以低于竞争对手的成本采购商品，并将价格优势传递给消费者。这种低成本的商业模式帮助沃尔玛在零售市场中占据了主导地位。

五、由外部各方自由创造价值

由外部各方自由创造价值关注的是企业的商业模式是否能够通过外部各方（如合作伙伴、客户、第三方开发者等）来创造价值，从而减轻企业自身的运营负担。

案例 6-5：脸书

脸书的商业模式高度依赖于用户生成内容。用户、广告商和第三方开发者都可以在脸书平台上创造价值，用户发布内容、广告商投放广告、开发者开发应用程序。脸书只需提供平台和基础设施，即可通过用户和外部各方的活动获取收益。这种由外部各方自由创造价值的商业模式，使得脸书能够以较低的运营成本实现利润的快速增长。

六、可扩展性

可扩展性指的是企业的商业模式在业务扩展的过程中，是否能够保持运营效率和盈利能力。高度可扩展的商业模式在增加业务规模时，其边际成本不会显著增加，甚至可能下降。

案例 6-6：奈飞

奈飞的流媒体业务是一个高度可扩展的商业模式，无论是拥有 100 万还是

1 亿用户，奈飞的内容传输成本基本保持不变。而随着用户数量的增加，奈飞还可以通过降低每个用户的内容成本来提高利润率。此外，奈飞的全球扩展战略得益于其高度可扩展的商业模式，使得它能够迅速进入新市场，并获得大规模用户基础。

七、防止被竞争对手模仿

防止被竞争对手模仿评估的是企业的商业模式是否容易被竞争对手复制，难以模仿的商业模式通常依赖于独特的技术、强大的品牌、复杂的运营体系或独特的商业网络。

案例 6-7：爱彼迎

爱彼迎通过创建一个复杂的全球网络，将房东和旅行者连接起来，并通过其平台提供信任和安全保障。这种商业模式虽然看似简单，但在实际操作中涉及复杂的信任机制、法律法规、支付系统和全球市场进入策略。尽管竞争者试图复制爱彼迎的商业模式，但由于其强大的品牌效应和深厚的市场积累，很难完全模仿成功。

通过上述标准的评估，企业可以深入了解其商业模式的优势与风险，并采取相应措施进行优化和调整。顾客锁定程度可以帮助企业建立持久的客户关系，持续收入的高占比提高了收入的稳定性，收入与支出的时间差优化了现金流，低成本战略提升了市场竞争力，外部各方自由创造的价值降低了运营成本，而可扩展性确保了业务的增长潜力，防止被模仿的机制则保护了企业的长期竞争优势。

通过实际案例分析我们可以看到上述标准在商业模式诊断中的重要作用。每个案例展示了如何在不同的商业环境中应用这些标准，以确保商业模式的有效性和可持续性。对于企业而言，定期进行商业模式诊断，识别并优化薄弱环节，是保持竞争力和实现长期成功的关键。

第二节　商业模式的评估

在当今复杂多变的商业环境中，企业要想在市场中取得成功，不仅需要设计出具有竞争力的商业模式，还必须有效地评估和优化这一模式。价值驱动因素矩阵作为一种系统化的评估工具，能够帮助企业深入分析其商业模式的不同维度对关键价值驱动因素的影响，从而为商业模式的优化和调整提供重要的指导。下面我们将通过案例详细讲解如何使用价值驱动因素矩阵对商业模式进行评估。

一、价值驱动因素矩阵的概述

价值驱动因素矩阵是一个多维度分析工具，它通过将商业模式的核心维度（内容、结构、治理和价值逻辑）与关键价值驱动因素（新颖性、锁定性、互补性和高效性）进行交叉分析，从而定性或定量地评价商业模式的每一部分对企业整体价值创造的影响程度。

（一）商业模式维度

第一，内容。商业模式中的内容维度主要涉及企业提供的产品或服务，以及这些产品或服务如何满足客户需求。例如，亚马逊的内容纬度包括其丰富的商品种类和客户至上的购物体验。

第二，结构。结构维度指的是企业如何组织和执行其业务流程。例如，苹果公司通过整合软硬件的方式，构建了一个独特的生态系统，确保了其商业模式的高效运作。

第三，治理。治理维度涵盖了企业的管理结构、决策过程，以及利益相关者的参与情况。例如，星巴克的全球供应链管理和员工激励机制都是治理维度的重要组成部分。

第四，价值逻辑。价值逻辑维度解释了企业为何能够创造价值，即企业如何将投入转化为客户认可的价值。例如，奈飞通过订阅模式持续为客户提供优质内容，这就是其价值逻辑的体现。

（二）价值驱动因素

第一，新颖性（Novelty）。新颖性反映了商业模式的创新性和独特性，能够为企业带来竞争优势。例如，特斯拉通过电动汽车和自动驾驶技术的创新，在汽车市场中创造了全新的价值。

第二，锁定性（Lock-in）。锁定性指的是企业保持客户或合作伙伴长期忠诚的能力，通常需要借助高转换成本或独特的用户体验来实现。例如，苹果公司的iOS生态系统就是一个典型的锁定性案例，用户很难在iOS和其他系统之间轻易转换。

第三，互补性（Complementarity）。互补性是指企业通过整合互补资源或活动来增强其产品或服务的价值。例如，微软的Windows操作系统和Office办公软件的组合便是一种高互补性的商业模式。

第四，高效性（Efficiency）。高效性关注的是企业如何通过优化资源配置和流程来提高运营效率。例如，沃尔玛通过大规模采购和高效物流，确保了其供应链的高效性。

（三）案例分析

以特斯拉为例，分析特斯拉的价值驱动因素矩阵。

1. 特斯拉的商业模式维度分析

第一，内容。特斯拉提供电动汽车、太阳能产品及储能解决方案，这些产品的核心在于其环保、智能和高性能，能够满足消费者对未来交通和能源的需求。

第二，结构。特斯拉通过垂直整合的方式，控制从电池制造到车辆销售的每一个环节，这种高度整合的结构使得特斯拉能够迅速响应市场需求，同时保证产品质量和创新速度。

第三，治理。特斯拉的治理结构高度集中，创始人兼首席执行官（CEO）埃隆·马斯克在公司的战略决策中起着关键作用。此外，特斯拉还通过股权激励和开放专利的方式，激励员工和外部合作伙伴共同创新。

第四，价值逻辑。特斯拉的价值逻辑在于其通过技术创新和规模效应，将电动汽车的生产成本降低，并将环保理念转化为消费者认可的价值。特斯拉的成功不仅在于其产品，还在于其创造了一个支持可持续发展的全球品牌。

2. 特斯拉的价值驱动因素评价

通过将特斯拉的商业模式维度与价值驱动因素相结合，我们可以构建以下价值驱动因素矩阵。

表 6-1　特斯拉的价值驱动因素矩阵

	新颖性 (Novelty)	锁定性 (Lock-in)	互补性 (Complementarity)	高效性 (Efficiency)
内容 (What)	5	3	4	3
结构 (How)	4	4	3	5
治理 (Who)	4	2	3	4
价值逻辑 (Why)	5	4	3	4

3. 矩阵分析与解读

第一，内容。在新颖性方面得分最高（5 分），因为特斯拉的产品本身就是市场上极具创新性的代表，其电动汽车和自动驾驶技术引领了行业的发展方向。然而，在锁定性和高效性方面，内容维度的得分较低（3 分），因为尽管产品极具创新性，但客户的转换成本并不高，且生产成本仍然较高。

第二，结构。在高效性方面表现突出（5 分），得益于特斯拉对生产链条的垂直整合，极大地提高了运营效率。然而，在互补性方面得分较低（3 分），因为特斯拉的供应链虽然强大，但在产品与其他产品或服务的整合上，仍有进一步发展的空间。

第三，治理。在新颖性和高效性方面表现良好（4 分），因为埃隆·马斯克的领导风格和公司的创新文化推动了特斯拉的快速发展。但在锁定性方面得分较低（2 分），这反映了特斯拉在保持长期客户忠诚度方面仍需加强，尤其是在竞争对手不断推出新产品的情况下。

第四，价值逻辑，在新颖性和锁定性方面得分较高（4 至 5 分），表明特斯拉的商业模式不仅创新性强，而且通过品牌和生态系统建设，逐渐形成了较强的客户锁定能力。然而，在互补性方面得分较低（3 分），表明特斯拉的商业模式在整合其他互补产品和服务方面仍有提升空间。

二、如何利用价值驱动因素矩阵优化商业模式

通过对价值驱动因素矩阵进行分析，企业可以获得对其商业模式的深刻理解，并识别出需要改进的关键领域。以下是一些具体的方法和步骤，可以帮助企业利用价值驱动因素矩阵优化其商业模式。

（一）识别强项与弱点

价值驱动因素矩阵的结果展示了特斯拉在商业模式实施中的强项和弱点。例如，特斯拉在新颖性和高效性方面表现突出，但在锁定性和互补性方面还有改进空间。通过识别这些强项和弱点，特斯拉可以集中资源加强其商业模式中的薄弱环节。

（二）制定改进策略

针对识别出的弱点，企业可以制定具体的改进策略。例如，特斯拉可以通过扩大其充电网络和提升售后服务质量来增强客户的锁定性，或通过与其他可持续能源企业合作，提升其商业模式的互补性。

（三）动态调整商业模式

市场环境、技术发展和客户需求都是动态变化的，企业应定期使用价值驱动因素矩阵来评估其商业模式，并根据外部环境的变化进行调整。例如，随着自动驾驶技术的发展，特斯拉可能需要调整其商业模式，以进一步提高产品的互补性和高效性。

（四）激励创新与合作

通过鼓励内部创新和加强与外部伙伴的合作，企业可以进一步提升其商业模式的价值驱动因素得分。例如，特斯拉可以通过与科技公司合作，开发更多智能驾驶功能，增强其商业模式的互补性和新颖性。

总之，价值驱动因素矩阵作为商业模式评估的核心工具，能够为企业的持续发展提供清晰的路径和坚实的基础。在复杂的商业环境中，企业只有不断地评估和优化其商业模式，才能在市场中占据主导地位，并实现长远的成功。通

过案例分析我们可以看到，无论是特斯拉、苹果公司还是亚马逊，这些成功的企业都依赖于有效的商业模式管理，而价值驱动因素矩阵正是帮助它们实现持续成功的重要工具。

案例六：商业模式诊断和评估案例——人工智能大模型平台

假设我们要创建一个名为“智研”的人工智能大模型平台，该平台专注于提供各种人工智能大模型的训练和推理服务，目标客户包括企业、研究机构和开发者。智研平台利用自研的人工智能大模型和云计算基础设施，向用户提供所需的人工智能服务，涵盖自然语言处理、计算机视觉、数据分析等多个领域。智研平台的商业模式主要基于订阅服务、按需计费，以及定制化解决方案的销售，以下是智研平台的商业模式诊断和评估。

第一，顾客锁定程度。智研平台的顾客锁定程度主要体现在其高质量的人工智能模型、便捷的开发工具和高度整合的服务上。一旦客户开始使用智研平台的人工智能模型，他们就会逐渐将其应用与平台深度绑定，从而提高转移到其他平台的难度。此外，智研平台通过提供持续的模型更新和支持服务，进一步增强了客户黏性。

评估结果：顾客锁定程度较高，客户在切换平台时将面临较高的技术调整成本。

第二，带来持续收入的销售收入占比。智研平台的商业模式包括订阅服务（如人工智能模型的使用许可）和按需计费（如模型训练和推理的计算资源）。订阅服务提供了稳定的持续收入，而按需计费则受客户使用频率的影响。总体来看，订阅服务的收入在智研平台的销售收入中占比较大，确保了稳定的现金流。

评估结果：持续收入占比较高，减少了收入波动的风险。

第三，收入与支出的时间差。智研平台的收入与支出时间差在于客户支付订阅费和按需服务费的时间点与平台支付云计算资源、模型开发成本的时间点之间的时间差。客户通常在服务开始前支付费用，而平台的成本则主要体现在持续的开发和运营上。总体而言，智研平台能够较好地管理现金流，但仍需关注模型研发和计算资源投入的长期成本。

评估结果：收入与支出时间差合理，现金流管理得当。

第四，低于竞争对手的成本。智研平台通过自研的大模型和优化的计算资源使用策略，降低了运营成本。相比依赖于第三方模型和云计算的竞争对手，智研平台的成本结构更具优势。此外，规模效应也帮助智研平台在扩大用户基础后进一步降低了边际成本。

评估结果：具有成本优势，能够在价格竞争中保持优势。

第五，由外部各方自由创造价值。智研平台允许开发者在平台上创建和发布自己的人工智能模型，并通过平台进行销售或分享。这种模式不仅丰富了平台的模型库，还通过外部开发者的参与增强了平台的活力和吸引力。此外，企业客户可以基于智研平台的基础模型开发定制化解决方案，进一步创造价值。

评估结果：外部各方自由创造价值的机制较为健全，增强了平台的生态系统。

第六，可扩展性。智研平台的商业模式具有很强的可扩展性，随着客户群体的增长，平台可以通过增加计算资源和优化算法来满足更大的需求，而不必显著增加成本。此外，智研平台的人工智能大模型可以应用于多个行业，进一步提升了平台的扩展潜力。

评估结果：可扩展性较强，能够支持业务的快速增长。

第七，防止被竞争对手模仿。智研平台的核心竞争力在于其自研的大模型和高度优化的服务体系，这些都不是能够轻易被模仿的。同时，平台上的用户生成内容和开发者生态系统进一步增强了平台的防模仿能力。此外，智研平台在品牌建设和用户体验上的持续投入，也为平台树立了较高的竞争壁垒。

评估结果：防模仿能力较强，竞争对手难以复制其商业模式。

讨论以下问题：

（1）智研平台如何进一步增强其顾客锁定程度，以防止用户转向竞争对手？

（2）在扩展业务规模的过程中，智研平台应如何管理计算资源和成本，以确保其可扩展性不会受到影响？

（3）面对竞争对手的模仿压力，智研平台应采取哪些措施来保持其商业模式的独特性和市场竞争力？

实训六

选择一个你感兴趣的公司，使用价值驱动因素矩阵对其商业模式进行评估。

第七章　商业模式的优化设计

第一节　交易活动优化

商业模式优化是企业在竞争激烈的市场中保持优势、提高效率、降低成本，并实现长期可持续发展的关键手段之一。在商业模式优化的诸多方法中，交易活动优化是核心内容之一。交易活动优化指的是企业通过对自身经营活动的调整和优化，以实现资源的最优配置，从而增强竞争力和降低经营风险。下面我们将详细探讨交易活动优化的原则和具体调整方向，并结合实际案例进行说明。

一、交易活动优化的原则

（一）竞争优势原则

竞争优势原则是指企业通过优化经营活动，增强其在市场中的竞争力。这一原则的核心在于增加那些能够直接或间接提升企业竞争优势的经营活动，并通过资源整合和创新，增强企业的市场地位和客户满意度。

案例 7-1：星巴克的供应链优化

星巴克为了保持其全球领先的咖啡连锁品牌地位，通过优化其供应链，增强了竞争优势。星巴克在全球范围内建立了稳固的咖啡豆采购网络，确保了原材料的高质量和稳定供应。此外，星巴克还通过精细化管理，优化了从咖啡豆采购、烘焙到配送的全过程。这种对供应链的优化不仅提升了星巴克产品的质量和一致性，还降低了成本，增强了其竞争优势。

（二）减少或外包非核心活动

减少或外包非核心活动是企业优化资源配置、专注核心竞争力的重要策略。通过减少或外包那些不直接与核心竞争力相关的活动，企业可以将资源集中于最具优势的领域，强化自身的比较优势。

案例 7-2：耐克的生产外包

耐克作为全球知名的运动品牌，通过外包生产，将主要资源和精力集中在品牌管理、产品设计和市场推广上。耐克将产品的制造工作外包给世界各地的制造商，从而降低了生产成本，增强了供应链的灵活性，同时避免了在非核心领域的资源浪费。这一策略使耐克能够在全球范围内保持强大的品牌影响力和市场竞争力。

（三）经营风险最小化原则

经营风险最小化原则强调企业在优化交易活动时应重点关注风险管理，通过合理分散和控制风险，确保企业的长期稳定运营。这一原则的关键在于识别潜在的经营风险，并采取相应的措施加以规避或减轻。

案例 7-3：苹果公司的供应链多元化

苹果公司为了降低对单一供应商的依赖，减少供应链风险，采取了供应链多元化策略。通过与多个供应商合作，苹果公司确保了关键组件的稳定供应，避免了因单一供应商出现问题而导致的生产中断。苹果公司还通过严格的质量控制和供应商管理，进一步降低了供应链风险，保障了产品的稳定生产和市场供应。

二、交易活动优化的方向

交易活动优化可以通过多种具体的调整方向来实现，以下是常见的六种调整方向。

（一）企业内部经营活动转移

企业内部经营活动转移是指企业将某些经营活动从一个部门或区域转移到另一个部门或区域，以提高效率或降低成本，这种转移通常基于成本效益分析或战略调整。

案例 7-4：通用电气的业务重组

通用电气（GE）在面对市场变化和内部结构调整的需求时，将部分业务从高成本地区转移到低成本地区。例如，通用电气将一些生产活动从美国转移到墨西哥，以降低生产成本，并更好地开发拉丁美洲市场。同时，通用电气还将部分业务从发达国家转移到新兴市场，以利用当地的市场机会和较低的劳动力成本。这些内部经营活动的转移帮助通用电气优化了资源配置，提升了全球竞争力。

（二）合并活动或分拆活动

合并活动是指企业将两个或多个相似或相关的经营活动合并，以减少冗余、提高效率和降低成本。相反，分拆活动是指将某一活动或业务单元从现有业务中分离出来，以更好地专注于核心业务或实现独立发展。

案例 7-5：谷歌的结构调整

谷歌在 2015 年进行了一次重大重组，将其非核心业务和新兴项目从母公司分拆出来，成立了一个新的控股公司 Alphabet。谷歌自身则成为 Alphabet 旗下专注于互联网搜索和广告的子公司，而其他新兴业务，如自动驾驶、生命科学等则独立为不同的子公司。通过这种分拆活动，Alphabet 实现了更加明确的业务划分，使各子公司能够更专注于自身领域的发展，同时也提高了资源配置的效率。

（三）增加活动

增加活动是指企业在原有经营活动的基础上，增加新的活动或业务单元，以捕捉新的市场机会或增强现有业务的竞争力。这一策略通常用于扩展企业的产品或服务组合，以增加收入来源。

案例 7-6：亚马逊的业务扩展

亚马逊在其核心电商业务之外，不断增加新的业务活动，以实现多元化发展和持续增长。例如，亚马逊增加了云计算服务，这一业务通过提供云计算基础设施服务，迅速占领了全球市场。此外，亚马逊还通过推出 Prime 会员服务、进入数字内容领域等来增加其业务活动，进一步巩固了在全球市场的地位。

（四）减少或放弃活动

减少或放弃活动是指企业在评估某些经营活动的成本与效益后，决定减少或完全放弃这些活动，从而将资源集中于更有价值的业务领域。通过精简非核心业务，企业可以提高运营效率，降低不必要的成本。

案例 7-7：微软放弃手机业务

微软在 2016 年决定放弃其手机硬件业务，包括 Lumia 系列智能手机。微软在评估了手机市场的竞争态势和自身的市场表现后，发现其手机业务难以与苹果和安卓阵营竞争，因此选择了减少投入，并最终彻底放弃了这一活动。通过放弃手机业务，微软得以将资源集中于其核心业务，如云计算、企业软件和服务等领域，并在这些领域取得了更大的成功。

（五）替换活动

替换活动是指企业通过用新的、更高效或更具竞争力的活动来替换原有的经营活动，这种策略通常用于更新技术、提高效率或适应市场变化。

案例 7-8：奈飞从光盘租赁到流媒体的转型

奈飞最初以光盘租赁业务起家，但随着互联网技术的发展和用户观影习惯的改变，奈飞逐渐将其核心业务从光盘租赁替换为在线流媒体服务。这一替换活动使得奈飞不仅能够更好地满足用户需求，还大大降低了运营成本，并且扩展了全球市场。通过这种战略性的替换，奈飞在全球范围内取得了巨大的成功，成为流媒体行业的领导者。

（六）外包活动

外包活动是指企业将某些非核心业务或高成本业务外包给第三方，从而降低成本、提高效率或专注于核心业务。这种策略通常用于那些专业性强、技术要求高或需要规模效应的业务领域。

案例 7-9：国际商业机器公司的互联网服务外包

国际商业机器公司（International Business Machines Corporation，IBM）在其业务转型的过程中，通过外包非核心的互联网服务和基础设施管理，将资源集中于高利润的咨询和软件业务。国际商业机器公司将大量的互联网基础设施管理服务外包给专门的服务提供商，使其能够更加专注于云计算、人工智能和企业咨询等核心业务。这一外包策略帮助国际商业机器公司降低了运营成本，并加速了其从硬件制造商向全球领先的技术服务提供商的转型。

三、交易活动优化的整体意义

交易活动优化作为商业模式优化的重要组成部分，能够帮助企业在复杂多变的市场环境中保持竞争力和灵活性。通过遵循竞争优势原则和经营风险最小化原则，企业可以更加有效地利用资源，增强市场地位。同时，六种具体的调整方向为企业提供了多样化的策略选择，以应对不同的市场挑战和内部需求。

通过对实际案例进行分析可以看出，成功的企业往往能够灵活运用各种优化策略，在恰当的时机做出正确的调整，从而在市场竞争中占据有利位置。例如，耐克通过外包生产，将资源集中于品牌和设计，成功保持了其全球领导地位；奈飞通过从光盘租赁到流媒体的替换，实现了业务的全面转型，并成为行业巨头。

交易活动优化不仅仅是一个技术性的问题，更是企业战略管理的重要组成部分。企业在进行交易活动优化时，必须全面考虑自身的核心竞争力、市场环境、经营风险，以及资源配置等多方面的因素。通过优化交易活动，企业不仅可以提高运营效率，降低成本，还能够增强在市场中的竞争力，实现长期可持续发展。

具体而言，遵循竞争优势原则，企业能够通过增加关键的经营活动来强化自身的市场地位，并通过减少或外包非核心活动来将资源集中于更具战略意义的领域。与此同时，经营风险最小化原则可以帮助企业在优化活动的过程中识别并控制潜在的经营风险，以确保企业的长期稳定发展。

通过分析星巴克、耐克、通用电气、谷歌、亚马逊、微软、奈飞和国际商业机器公司等全球知名企业的案例我们可以看到，这些成功的企业在不同的发展阶段都采用了交易活动优化的策略，并通过灵活应对市场变化和内部需求，实现了显著的利润增长和市场份额的提升。这些企业的成功经验为其他企业在进行交易活动优化时提供了宝贵的参考和借鉴。

总之，交易活动优化作为商业模式优化的核心内容，要求企业在不断变化的市场环境中保持敏锐的嗅觉，及时调整经营策略，优化资源配置，以实现长期稳定的发展。企业只有通过持续的交易活动优化，才能在激烈的市场竞争中保持领先地位，并为股东、员工和社会创造更大的价值。

第二节 交易要素优化

在商业模式的优化过程中，交易要素优化扮演着至关重要的角色。通过对资源能力的精确识别、挖掘和优化设计，企业可以在复杂的市场环境中获得更大的竞争优势，提升运营效率，推动创新与发展。

一、资源能力的类型与状态

资源能力是企业在市场中获取竞争优势的基础，它决定了企业在生产、运营、销售等方面的效率与效果。资源能力可以根据类型和状态进行以下分类。

（一）资源能力的类型

第一，产品，企业拥有的核心产品或服务，如苹果的 iPhone、小米的智能手机等。产品资源通常是企业竞争力的直接体现，决定了企业在市场中的定位和影响力。

第二，实物资产，包括企业的土地、建筑物、设备、库存等。实物资产是企业物质基础的重要组成部分，决定了企业生产和运营的规模与能力。

第三，经营资源，如品牌、渠道、客户关系、供应链管理能力等。这些资源决定了企业在市场中的竞争地位和市场渗透能力。

第四，设备，如具体的生产设备、互联网系统、研发工具等。这些资源直接影响企业的生产效率和技术创新能力。

（二）资源能力的状态

第一，优势资源能力，即企业在市场中具备独特竞争力的资源，如华为的 5G 技术和专利。这些资源是企业在市场中获得领先地位的关键。

第二，弱势资源能力，即企业在某些方面存在的短板或劣势资源，如某些技术积累不深的领域。识别这些资源有助于企业明确其改进方向。

第三，普通资源能力，一般资源虽然重要，但没有独特的竞争优势。企业可以通过优化和整合这些资源来提升其价值。

第四，闲置资源能力，即未被充分利用的资源，如闲置的生产线、未开发的技术。通过优化这些资源，企业可以释放其潜在价值。

第五，当前资源能力，即企业当前可使用的所有资源。企业需要持续评估这些资源的使用情况，以确保其在最有利的条件下运作。

第六，未来预期可获得的资源能力，即未来可能通过投资、研发或合作获得的资源。这些资源决定了企业未来的增长潜力和创新能力。

二、资源能力识别的范围

在进行交易要素优化时，识别资源能力的范围是非常重要的。资源能力识别的范围不仅限于企业自身，还应包括可利用的外部资源。

（一）自身资源能力

自身资源能力是企业内部所有可用于生产、运营和发展的资源，这些资源通常是企业可以直接控制和管理的，包括产品、设备、技术、品牌等。识别自身资源能力的关键在于全面了解企业的优势和劣势，明确哪些资源可以进一步优化或整合，以提升企业的竞争力。

（二）可利用的外部资源能力

除了内部资源，企业还可以通过合作、外包、投资等方式利用外部资源，包括供应商、合作伙伴、外部技术提供商、行业联盟等。通过利用外部资源能力，企业可以降低成本、加快产品开发速度、进入新市场，甚至提升技术水平。有效识别和整合外部资源是企业扩大竞争优势的重要手段。

三、挖掘释放资源能力的价值

资源能力的优化不仅仅是识别和整合，更在于如何挖掘和释放这些资源的潜在价值。

（一）资源优化的价值

通过优化资源配置，企业可以实现资源的高效利用。闲置资源可以通过重新配置或外包创造新的价值，弱势资源可以通过合作或技术提升转化为竞争优势，普通资源可以通过创新和优化获得更高的市场回报。

（二）价值释放的路径

价值释放的路径包括内部优化和外部合作。内部优化涉及资源的重新配置、技术升级、流程改进等。外部合作则包括战略联盟、技术引进、资源共享等。这些路径可以帮助企业最大化资源利用效率，实现成本降低、效率提升和市场扩展。

四、案例分析

小米公司通过其智能生态链的设计和优化，成功地将交易要素优化应用于实践，以下是围绕小米智能生态链进行的优化设计分析。

（一）优化路径

第一，内部培育。小米公司通过自建品牌和研发团队，内部培育了小米手机、米家电器等核心产品。这些产品作为小米生态链的基础，提供了可靠的技术支持和市场认可度。

第二，兼并收购。小米公司通过兼并收购智能硬件和互联网公司，迅速扩展了其产品线和市场覆盖范围。例如，小米公司收购了智能家居品牌紫米，为其生态链增加了更多的智能家居产品，提升了产品组合的丰富性。

第三，孵化投资。小米公司通过设立小米生态链投资基金，孵化并投资了一系列智能硬件初创公司，如华米科技、九号机器人等。这些公司在小米公司的支持下，快速成长并成功推出了一系列广受市场受欢迎的产品。

第四，非控股投资的赋能交易模式。小米公司通过对外投资，并提供技术支持和市场渠道，赋能其生态链中的非控股企业。这种模式不仅降低了小米公司的投资风险，还通过赋能的方式帮助其他企业快速成长，形成了良性的生态系统。

（二）设计步骤

第一，识别资源能力。小米公司首先识别了其自身的核心资源能力，如品牌影响力、强大的线上渠道、研发能力等。之后，小米公司识别了可利用的外部资源，如供应链伙伴、合作企业、外部研发力量等。

第二，择优交易主体。在识别资源能力后，小米公司通过严格的筛选标准，选择了具备战略意义的交易主体，主要包括其内部的研发团队、合作伙伴，以及被孵化和投资的初创企业。

第三，设计交易方式。小米公司通过兼并收购、股权投资、技术合作等多种方式，与其生态链中的企业进行交易。同时，小米公司通过其强大的线上渠道，帮助这些企业的产品快速进入市场，实现共赢。

第四，设计盈利模式。小米公司的盈利模式主要基于其智能硬件的销售、互联网服务，以及通过赋能生态链企业获得的投资回报。通过打造一个开放的生态系统，小米公司不仅可以从硬件销售中获利，还可以通过互联网服务和生态链企业的成长获得持续的收入来源。

第五，管控交易风险。在交易过程中，小米公司注重风险管理，尤其是在投资和合作领域。通过严格的审查机制和分散投资策略，小米公司有效地降低了投资风险，同时通过加强对生态链企业的管理和支持，确保了整个生态系统的健康发展。

通过对交易要素的优化设计，企业可以实现资源的高效配置和利用，从而提升竞争力和市场地位。小米智能生态链的成功案例表明，优化路径的选择和设计步骤的执行对于交易要素的优化至关重要。企业在交易要素优化的过程中应充分识别和利用自身和外部的资源能力，设计出符合战略需求的交易方式，并通过有效的风险管理确保交易活动的顺利进行。

交易要素优化不仅仅是一种操作手段，更是企业战略管理的重要组成部分。企业只有不断地进行交易要素优化，才能在激烈的市场竞争中立于不败之地，从而实现长远的利润增长和可持续发展。

第三节 交易主体优化

一、交易主体优化的内涵和意义

在现代商业环境中，企业要想在竞争激烈的市场中取得成功，必须不断优化其商业模式的各个方面，而交易主体优化是其中一个关键环节。交易主体优化的内涵是指企业通过对交易伙伴、供应商、客户等交易主体的选择、评估和管理，来实现资源的最佳配置，从而提高企业的竞争力和盈利能力。这一过程不仅仅是对交易伙伴的简单选择，而是基于企业战略、市场环境、资源能力等多方面因素进行的系统化决策。

交易主体优化的意义在于通过选择最适合的交易主体，企业可以在多个层面上获得竞争优势。

第一，资源配置优化。通过与最佳交易主体进行合作，企业可以有效配置资源，减少浪费，提高生产和运营效率。

第二，成本降低。通过选择合适的交易主体，企业可以降低采购、生产、物流等环节的成本，提高利润率。

第三，风险控制。通过对交易主体的精心选择和管理，企业可以降低市场、供应链、法律等方面的风险，保障业务的长期稳定。

第五，市场扩展。通过与优质客户和合作伙伴进行合作，企业可以快速扩展市场，增强市场渗透力和品牌影响力。

二、交易主体优化的原则

在进行交易主体优化时，企业通常遵循四个原则，即收益最大原则、成本最低原则、风险最小原则和性价比最高原则。这四个原则相互补充，共同指导企业在复杂的市场环境中做出最优决策。

（一）收益最大原则

收益最大原则强调企业在选择交易主体时应优先考虑那些能够为企业带来最大收益的合作伙伴或客户。这一原则要求企业评估交易主体的市场潜力、与其进行合作所带来的增值效应、长期收益等因素，从而确保选择的交易主体能够为企业的利润增长做出最大的贡献。

案例 7-10：苹果公司与富士康的合作

苹果公司在全球范围内拥有广泛的供应链和合作伙伴，而富士康作为苹果公司最大的代工厂商，是苹果公司交易主体优化的成功案例之一。富士康不仅能够大规模、高效率地生产苹果公司所需的设备，还可以提供快速的交付和高标准的质量控制。通过与富士康进行合作，苹果公司能够在全球范围内快速满足市场需求，同时保持高质量的产品输出。这种合作为苹果公司带来了巨大的市场收益，确保了苹果公司在全球智能手机市场中的领先地位。

（二）成本最低原则

成本最低原则要求企业在选择交易主体时应优先考虑那些能够帮助企业降低运营成本的合作伙伴或供应商。通过选择能够提供低成本、高质量产品或服务的交易主体，企业可以在竞争激烈的市场中保持价格优势，提高市场占有率。

案例 7-11：沃尔玛与全球供应商的合作

沃尔玛作为全球最大的零售商之一，以其“天天低价”的经营策略闻名于世。为了实现这一策略，沃尔玛在选择交易主体时严格遵循成本最低原则。沃尔玛与全球各地的供应商建立了密切的合作关系，通过大规模采购、精准的库存管理和高效的物流系统，极大地降低了商品采购和运营的成本。这种低成本、高效率的运营模式使得沃尔玛能够持续为消费者提供低价商品，同时保持较高的利润率。

（三）风险最小原则

风险最小原则强调企业在选择交易主体时应优先选择那些能够帮助企业降低市场风险、供应链风险和法律风险的合作伙伴或客户。通过与低风险交易主体进行合作，企业可以减少不确定性，保障业务的长期稳定性和可持续发展。

案例 7-12：丰田汽车的供应链风险管理

丰田汽车在全球汽车市场中占据着重要地位，其取得成功的一大关键在于其卓越的供应链管理。在选择供应商时，丰田汽车严格遵循风险最小原则，优先选择那些在质量控制、交付能力、财务稳定性等方面表现优异的供应商。丰田汽车还通过多元化供应链布局，减少对单一供应商的依赖，从而降低了供应链中断的风险。即使在自然灾害或市场波动的情况下，丰田汽车的供应链依然能够保持相对稳定，确保了生产的连续性和市场的供应稳定性。

（四）性价比最高原则

性价比最高原则要求企业在选择交易主体时应综合考虑成本、收益和风险，以选择最具性价比的合作伙伴或客户。性价比最高的交易主体不仅能够提供合理的价格，还能保证优质的产品或服务，并在风险控制方面具有优势。

案例 7-13：小米与生态链企业的合作

小米通过构建智能生态链，与多家创新型企业建立了合作关系，这些企业在各自的领域中拥有出色的技术和产品开发能力。小米在选择这些生态链企业时不仅考虑了成本，还注重这些企业的创新能力、市场潜力和与其合作所带来的长期增值效应。例如，在性价比最高原则的指导下，小米选择了华米科技作为其智能穿戴设备的主要合作伙伴。华米科技不仅能够提供高质量的产品，还能够快速响应市场需求，帮助小米在全球智能硬件市场中取得了显著的成功。

三、案例分析

阿里巴巴作为全球领先的电子商务公司，通过对交易主体进行优化，成功地构建了一个庞大的商业生态系统。阿里巴巴在选择交易主体时综合运用了收益最大、成本最低、风险最小和性价比最高等四个原则。

（一）收益最大原则

阿里巴巴在选择入驻商家和合作伙伴时，优先选择那些具有市场潜力和创新能力的企业。例如，阿里巴巴通过与天猫和淘宝平台上的优质品牌合作，提升了平台的整体竞争力和吸引力。这些优质商家不仅能够为阿里巴巴带来稳定的收入，还能够通过品牌效应吸引更多的消费者，从而实现收益最大化。

（二）成本最低原则

阿里巴巴通过大数据分析和智能物流系统，优化了其供应链管理，降低了运营成本。通过与菜鸟网络等物流合作伙伴进行合作，阿里巴巴能够实现高效的配送和库存管理，大大降低了物流成本。同时，阿里巴巴通过大规模采购和供应商管理，确保了商品的低成本供应，从而可以在激烈的市场竞争中保持价格优势。

（三）风险最小原则

在选择合作伙伴时，阿里巴巴严格遵循风险最小原则。阿里巴巴非常注重合作伙伴的信用评级、法律合规性和财务稳定性，确保合作伙伴具备足够的能力应对市场波动和法律风险。此外，阿里巴巴通过建立严格的入驻审核机制和风险控制体系，有效降低了平台运营中的潜在风险，保障了业务的长期稳定发展。

（四）性价比最高原则

阿里巴巴在选择供应商和服务提供商时会注重综合考虑成本、质量和服务。通过与具有性价比优势的合作伙伴进行合作，阿里巴巴能够在保证产品和服务质量的同时，降低运营成本，提升市场竞争力。例如，阿里巴巴通过与支付宝、蚂蚁金服等金融服务平台进行合作，提供了高效、安全的支付解决方案，不仅降低了交易成本，还提升了用户体验。

交易主体优化是企业在现代商业环境中保持竞争优势和实现可持续发展的重要手段。通过遵循收益最大、成本最低、风险最小和性价比最高等原则，企业能够在复杂的市场环境中做出明智的决策，选择最适合的交易主体，从而提升运营效率，降低成本，控制风险，增强市场竞争力。

通过苹果公司、沃尔玛、丰田汽车、小米和阿里巴巴等企业的案例分析可以发现，这些成功企业在选择交易主体时都充分运用了交易主体优化原则，并取得了显著的成效。无论是在供应链管理、客户选择还是合作伙伴的选择上，这些企业都展现了卓越的战略眼光和执行能力，为其他企业进行交易主体优化提供了宝贵的参考和借鉴。

在未来的发展中，企业应继续关注市场环境的变化，灵活运用交易主体优化原则，以确保在不断变化的市场中保持竞争优势，并实现长期稳定的发展目标。

第四节　交易方式优化

在现代商业环境中，企业要想在竞争激烈的市场中取得成功，必须不断优化其商业模式中的各个要素，而交易方式优化便是其中一个至关重要的方面。通过选择合适的交易方式，企业不仅可以为合作伙伴和客户带来更大的价值，还能够弥补自身资源能力的不足，实现收益最大化。下面我们将探讨交易方式优化的两大途径，并结合施乐公司等经典案例进行详细讲解。

一、为交易对方带来价值

交易方式优化首先要考虑能否为交易对方带来实质性的价值，这种价值可以表现在多个方面，如减少对方的资源能力约束、提高对方的收益、降低对方的成本、减少对方的风险等。通过为交易对方创造价值，企业可以建立起更加稳固的合作关系，从而在竞争中获得优势。

（一）减少资源能力的约束

企业在选择交易方式时应考虑如何通过交易帮助对方减少资源能力的约

束，可以通过提供资金、技术支持、市场渠道或管理经验等方式实现，从而使对方能够更好地利用其现有的资源，提高运营效率。

案例 7-14：施乐公司的复印机租赁模式

施乐公司在 20 世纪 50 年代推出了复印机租赁模式，这一交易方式极大地减少了客户的资源能力约束。当时，购买一台施乐公司的复印机需要花费数千美元，这对于许多中小企业而言是一个巨大的财务负担。施乐公司敏锐地意识到了这一问题，随后通过租赁模式为客户提供了一个经济实惠的解决方案。客户只需按月支付租赁费用，即可使用施乐公司的高端复印机，而无需承担高昂的购置成本。通过这一创新的交易方式，施乐公司不仅解决了客户的资源约束问题，还成功地扩大了市场份额，并在复印机市场中确立了领导地位。

（二）提高对方的收益

交易方式优化还应考虑如何帮助对方提高收益，可以通过提供更高价值的产品或服务、优化对方的销售渠道或改进产品性能等方式来实现。通过提高对方的收益，企业可以加强合作关系，并从中获得更多的回报。

案例 7-15：亚马逊的合作伙伴计划

亚马逊的合作伙伴计划（Amazon Associates）是一个典型的通过交易方式优化来帮助合作伙伴提高收益的案例。通过合作伙伴计划，网站和博客主可以在其内容中嵌入亚马逊产品的链接，并在用户通过这些链接购买产品时获得佣金。亚马逊通过这一交易方式，为合作伙伴提供了一个无须任何库存或物流管理的盈利途径，极大地提高了合作伙伴的收入潜力。与此同时，亚马逊也通过这种方式增加了产品销售量，实现了双赢的效果。

（三）降低对方的成本

通过选择合适的交易方式，企业可以帮助对方降低成本，从而为其创造更大的价值。降低成本的方式可以包括简化交易流程、提供更具性价比的产品或服务，或者通过规模效应降低采购价格。

案例 7-16：沃尔玛的供应链优化

沃尔玛以其高效的供应链管理闻名全球。通过与供应商建立紧密的合作关系，沃尔玛通过规模效应和先进的物流系统，帮助供应商降低了运营成本。沃尔玛的大规模采购和集约化的物流系统，使得供应商能够减少库存压力和运输成本，从而以更低的价格为沃尔玛供货。这种交易方式不仅帮助供应商降低了成本，还使沃尔玛能够以更具竞争力的价格吸引消费者，增强了其市场竞争力。

（四）减少对方的风险

在商业交易中，风险控制至关重要。通过优化交易方式，企业可以帮助对方减少市场、法律或运营等方面的风险，从而为合作关系提供更稳固的基础。

案例 7-17：保险公司与企业的风险分担

许多保险公司与企业进行合作，通过制定定制化的保险方案，帮助企业分担和降低运营风险。例如，一些保险公司为企业提供供应链中断保险，以应对自然灾害、政治动荡或供应商破产等突发事件导致的业务中断风险。这种交易方式不仅帮助企业减少了不可预见的运营风险，还增强了企业的抗风险能力，保障了业务的持续运营。

二、缓解自身资源能力不足，实现收益最大化

交易方式优化不仅可以为对方带来价值，还可以帮助企业自身缓解资源能力的不足，从而实现收益最大化。通过选择适当的交易方式，企业可以快速增加营业收入，拓展收益来源，实现业务的快速增长。

（一）快速增加营业收入

企业在资源能力不足的情况下，可以通过选择能够快速带来收入的交易方式，弥补资源短缺，实现业务增长，常见的方式包括租赁、预售、合作开发等。

案例 7-18：特斯拉的预售模式

特斯拉在推出新车型时，常常采用预售的方式来快速增加营业收入。通过预售模式，特斯拉不仅能够在产品正式推出前获得大量现金流，还能测试市场需求，从而更好地规划生产和销售策略。预售模式帮助特斯拉缓解了在新车研发和生产阶段的资金压力，同时为其业务扩展提供了有力的支持。

（二）拓展收益来源

通过优化交易方式，企业能够拓展新的收益来源，增加利润空间，这可以通过引入新的商业模式、扩展服务范围或增加附加值产品来实现。

案例 7-19：苹果公司的服务业务拓展

苹果公司最初只是一家硬件制造商，但随着市场的变化和竞争的加剧，苹果公司逐渐将业务重心从单纯的硬件销售扩展到服务领域。通过推出 Apple Music、iCloud、Apple TV＋等服务，苹果公司不仅拓展了新的收益来源，还增强了用户黏性，提升了整体利润率。这种交易方式的优化使得苹果公司能够在硬件市场饱和的情况下继续保持强劲的增长势头。

（三）补充资源能力不足

企业在资源能力不足时可以通过选择合作、外包、联合开发等交易方式，弥补自身资源的短缺，快速提升业务能力，实现收益最大化。

案例 7-20：华为与第三方软件公司的合作

华为在进入全球市场时，面临着软件生态系统建设的挑战。为了弥补自身在软件开发领域的不足，华为选择与全球范围内的第三方软件公司合作，进行联合开发。通过这种交易方式，华为不仅弥补了软件资源的不足，还迅速建立起了覆盖全球的应用生态系统，不仅增强了其智能设备的市场竞争力，还实现了业务的快速增长。

三、交易方式优化的整体意义

交易方式优化在商业模式中具有重要的战略意义。通过为交易对方带来价值，企业能够增强合作关系，建立长久的商业伙伴关系。通过缓解自身资源能力的不足，企业可以快速响应市场变化，提升运营效率，实现收益最大化。交易方式的优化不仅是企业运营的手段，更是企业实现长期发展目标的重要策略。

通过分析施乐公司、亚马逊、沃尔玛、特斯拉、苹果公司和华为等企业的案例我们可以发现，这些成功企业在不同的发展阶段都灵活地选择并优化了交易方式，从而在竞争中脱颖而出。这些企业的成功经验为其他企业进行交易方式优化提供了宝贵的参考和借鉴。

交易方式优化是商业模式优化的重要组成部分。企业在进行交易方式优化时必须综合考虑为交易对方带来的价值和自身资源能力的不足，并通过适当的交易方式实现双赢。无论是通过帮助对方减少资源约束、提高收益、降低成本，还是通过快速增加营业收入、拓展收益来源，企业都可以通过交易方式的优化提升市场竞争力，实现业务的可持续发展。

成功的企业往往在交易方式的选择和优化上具有敏锐的洞察力和战略眼光。未来，随着市场环境的变化和技术的进步，企业应继续关注交易方式的创新和优化，以确保在全球市场中保持竞争优势，实现利润的长期稳健增长。

第五节　交易收支优化

在现代商业模式中，交易收支优化是企业提高运营效率、控制风险、实现收益最大化的关键策略之一。交易收支优化不仅仅涉及资金的流动，更包括对收支方式、时间和标准的优化管理。通过合理的收支定向、收支定式和收支定纲，企业可以在复杂的市场环境中实现稳定的财务回报和可持续发展。下面我们将详细探讨交易收支优化的三个核心方面，并结合具体案例进行讲解。

一、收支定向

收支定向是交易收支优化的基础，指的是企业在设计收支策略时应明确向谁收费和向谁付费。通常企业会向受益者收费，向贡献者付费，以确保收支流程的合理性和公平性。

（一）向受益者收费

企业在提供产品或服务时，应当向直接受益者收取费用，这种收费模式可以确保企业在为客户创造价值的同时获得相应的经济回报。向受益者收费的模式包括按次收费、订阅收费、按使用量收费等。

案例 7-21：软件即服务模式

以微软的 Office 365 为例，微软采用了订阅模式来向受益者收费。用户通过支付订阅费用，获取微软 Office 套件的使用权，并享受云端存储和定期更新等增值服务。微软通过这种收费模式，将传统的单次销售转变为持续的订阅收入，从而提高了客户的长期价值，并增强了收入的稳定性。这一模式不仅保证了微软的现金流，还提升了用户黏性，形成了良性的商业循环。

（二）向贡献者付费

企业在生产或服务过程中，往往依赖多个贡献者的投入，这些贡献者可能是供应商、员工、合作伙伴等。企业需要向这些贡献者支付报酬，以确保生产或服务的顺利进行。合理的付费机制可以激励贡献者的积极性，并保证供应链的稳定性。

案例 7-22：星巴克的供应链激励机制

星巴克在全球范围内建立了广泛的咖啡豆供应链，为了保证咖啡豆的质量和稳定供应，星巴克与供应商建立了长期合作关系，并通过优厚的价格和合理的激励机制，确保了供应商的忠诚度。星巴克不仅向咖啡豆供应商支付高于市场平均水平的价格，还为他们提供技术支持和培训，帮助他们提高产量和质量。通过这种向贡献者付费的机制，星巴克成功地维护了其供应链的稳定性和高质量标准，从而保证了其产品的竞争优势。

二、收支定式

收支定式是交易收支优化的核心，涉及企业如何定型、定时和定制其收支方式，以实现风险控制、激励产出和有效监督。

（一）收支定型

收支定型指的是企业在交易过程中，对收支方式进行标准化和模式化管理，常见的收支定型方式包括固定价格、可变价格、按结果付费等。这种标准化的收支方式可以帮助企业控制成本、提高效率，并简化财务管理流程。

案例 7-23：保险公司的按结果付费模式

保险公司在设计健康保险产品时，通常会采用按结果付费的模式。以美国健康保险公司安泰（Aetna）为例，该公司推出了一种基于健康结果的保险计划，客户的保费与其健康状况直接挂钩。如果客户在保险期间保持良好的健康状况，其保费将会减少。反之，则保费将会增加。通过这种收支定型的方式，安泰不仅鼓励客户保持健康，还有效控制了理赔成本，提升了保险业务的盈利能力。

（二）收支定时

收支定时指的是企业在交易过程中，对收支的时间进行优化安排。通过合理安排收支时间，企业可以有效管理现金流，降低财务风险，并确保业务的连续性。常见的收支定时方式包括预付、分期付款、后付等。

案例 7-24：房地产开发商的分期付款模式

房地产开发商通常会在项目建设过程中采用分期付款的收支定时模式。购房者在签订购房合同后，按项目建设进度分阶段支付房款，而开发商则按进度支付建筑材料和施工费用。通过这种分期付款的收支定时方式，开发商能够平衡资金需求，减少项目建设中的财务压力，确保项目顺利完成。此外，分期付款还可以降低购房者的资金压力，促进销售。

（三）收支定制

收支定制指的是企业根据客户需求或项目特点，设计个性化的收支方案。这种灵活的收支方式可以帮助企业适应市场变化，提高客户满意度，并创造更多的市场机会。

案例 7-25：思爱普的企业管理软件定制方案

思爱普（System Applications and Products，SAP）作为全球领先的企业管理软件提供商，为不同规模和行业的企业提供定制化的解决方案。在与客户签订合同时，思爱普会根据客户的业务需求和预算，设计个性化的收支方案。例如，针对中小企业，思爱普会提供按使用量收费的模式，客户可以根据实际使用的模块和服务支付费用，而无须一次性购买全部软件许可。这种收支定制方式不仅降低了客户的初期投入，还增强了思爱普产品的市场适应性和竞争力。

三、收支定纲

收支定纲是交易收支优化的指导原则，涉及企业在收支管理中的财务和行业量纲的设定。通过明确的量纲设定，企业可以更好地衡量和评估交易的经济效益和风险，从而制定合理的收支策略。

（一）财务量纲

财务量纲指的是企业在收支管理中，对财务指标的设定和控制，常见的财务量纲包括利润率、回报率、现金流量、投资回收期等。通过合理设定财务量纲，企业可以在交易过程中实现财务目标，以确保盈利和资金的稳健运作。

案例 7-26：亚马逊的利润率管理

亚马逊在其庞大的电子商务业务中始终注重利润率的管理。虽然亚马逊在早期以低利润甚至亏损换取了市场份额，但随着市场地位的巩固，亚马逊逐步通过提高产品附加值和优化运营成本，提升了整体利润率。例如，通过引入Prime 会员服务、增加自有品牌商品、提升物流效率等手段，亚马逊实现了更高的利润率和现金流量，确保了其在全球市场的长期竞争力。

（二）行业量纲

行业量纲指的是企业在收支管理中，根据行业特性设定的指标和标准，通常包括行业平均利润率、市场占有率、产品生命周期、技术更新周期等。通过参考行业量纲，企业可以更准确地评估市场机会和风险，从而制定出符合行业规律的收支策略。

案例 7-27：特斯拉的技术更新与市场定价策略

特斯拉在电动汽车行业中的成功离不开其对行业量纲的精准把握。作为技术驱动型企业，特斯拉在设计交易收支方案时充分考虑了技术更新周期和产品生命周期等行业量纲。例如，特斯拉在推出新车型时，会根据技术的成熟度和市场需求，设定合理的价格区间，并通过不断优化电池技术和自动驾驶功能，延长产品生命周期，提高市场占有率。这种基于行业量纲的收支优化策略，帮助特斯拉始终在电动汽车市场中保持领先地位，并获得了可观的经济回报。

四、案例分析

施乐公司作为全球领先的办公设备制造商，通过卓越的交易收支优化策略，实现了业务的持续增长和市场地位的巩固。以下是施乐公司在收支定向、收支定式和收支定纲等方面的优化实践分析。

（一）收支定向

施乐公司在 20 世纪 50 年代首次推出了复印机租赁模式，这一创新的收支定向策略帮助施乐公司在全球办公设备市场中取得了巨大成功。通过向受益者（企业用户）收取租赁费用，施乐公司不仅降低了客户的购买门槛，还确保了持续的现金流。此外，施乐公司还通过向设备维护和技术支持的贡献者（服务供应商）支付费用，确保了设备的正常运行和客户满意度。这种双向的收支定向策略为施乐公司的业务增长奠定了坚实的基础。

（二）收支定式

施乐公司在推行其租赁模式的同时，充分利用了收支定型、收支定时和收支定制相结合的策略，进一步优化了其交易收支。

第一，收支定型。施乐公司在复印机租赁业务中采用了标准化的租赁价格和服务收费模式，这种标准化的收支定型方式使得施乐公司能够在全球范围内实现统一的业务运作，不仅简化了财务管理流程，还降低了运营成本。例如，施乐公司设定了固定的月租费用，涵盖了设备的使用权、维护和定期检查服务。这种模式为客户提供了透明、可预测的成本结构，也为施乐公司带来了稳定的收入来源。

第二，收支定时。施乐公司通过灵活的收支定时策略，进一步优化了现金流管理。租赁合同通常分为一年期、三年期或五年期，客户可以选择一次性支付全部租金，或按月分期付款。这种分期付款的收支定时方式不仅降低了客户的初始费用负担，还确保了施乐公司能够在合同期内获得持续的现金流。此外，施乐公司还提供了提前终止租赁合同的选项，但需支付相应的提前终止费用，这在一定程度上保障了施乐公司的财务利益。

第三，收支定制。针对不同规模和需求的客户，施乐公司提供了定制化的租赁方案。例如，大型企业可以选择包括设备升级、额外的技术支持和更高的打印量等在内的高级套餐，而中小企业则可以选择更为经济的基础套餐。这种灵活的定制化收支方式，使得施乐公司能够更好地满足客户的多样化需求，提升客户满意度，并扩大市场覆盖面。

（三）收支定纲

施乐公司在制定其交易收支策略时充分考虑了财务量纲和行业量纲的要求，通过合理设定关键指标，实现了企业的长期稳健发展。

第一，财务量纲。施乐公司在推行租赁模式时，密切关注其利润率、投资回报率和现金流量等关键财务指标。施乐公司通过精准的成本控制和有效的价格策略，确保其租赁业务能够在扩大市场份额的同时维持健康的利润率。例如，施乐公司通过自动化和数字化技术的应用，优化了设备维护和支持服务的效率，从而降低了运营成本，提高了整体投资回报率。此外，施乐公司的租赁模式为其提供了持续的现金流，使其能够更灵活地进行研发投资和市场拓展。

第二，行业量纲。在办公设备行业，技术更新周期和市场竞争格局是决定企业成功与否的重要因素。施乐公司在制定其交易收支策略时充分考虑了这些行业量纲。例如，施乐公司会定期对其设备进行技术升级，并在租赁合同中提供设备升级服务，以确保客户始终能够使用最先进的技术。这种基于行业量纲的收支优化，不仅延长了设备的使用寿命，还增强了客户的忠诚度。同时，施乐公司通过监控行业内的价格动向和竞争对手的策略，及时调整其租赁价格和服务内容，以确保在激烈的市场竞争中保持优势地位。

五、交易收支优化的整体意义

通过施乐公司的案例分析可以发现，交易收支优化在企业的商业模式中扮演着至关重要的角色。合理的收支定向可以确保企业在为客户和合作伙伴创造价值的同时，实现自身的经济利益。标准化、定时化和定制化的收支定式管理，可以帮助企业优化财务流程、提高运营效率，并增强市场适应性。财务量纲和行业量纲的合理设定，则为企业的长期稳健发展提供了重要保障。

交易收支优化不仅是一种技术手段，更是企业战略管理的重要组成部分。通过科学的收支管理，企业可以在复杂多变的市场环境中保持竞争力，实现利润的可持续增长。

交易收支优化作为商业模式优化的重要环节，涵盖了从策略制定到实际操作的多个层面。在实际操作中，企业应根据自身的市场定位、资源能力、行业特性和财务目标，综合运用收支定向、收支定式和收支定纲等原则，制定符合自身需求的交易收支策略。

通过施乐公司的案例分析可以发现，科学的交易收支优化不仅能够帮助企业实现短期的财务目标，还能够为企业的长期发展奠定坚实的基础。在未来的发展中，企业应继续关注交易收支优化的最新趋势和技术进步，以确保在全球竞争中保持领先地位。

第六节　交易风险优化

在现代商业活动中，风险无处不在。企业为了在竞争激烈的市场中站稳脚跟，不仅需要精心设计和优化其交易模式，还必须有效管理和分配交易风险。交易风险优化的核心在于如何识别、分配和控制风险，从而最大限度保护企业利益，并促进长期合作关系的建立。下面我们将深入探讨交易风险优化的两大方面，并结合具体案例进行详细分析。

一、经营风险管理优化

经营风险管理优化的目标在于通过合理的风险分配和控制，减少企业在交易中的不确定性，从而保护企业的资产和收益。在交易中，经营风险可以通过不同的方式分配给合适的交易主体，以确保交易的顺利进行。

（一）谁制造的风险谁承担

谁制造的风险谁承担这一原则是经营风险管理优化的基础。该原则强调风险应该由最直接的责任人或最有能力管理风险的一方来承担，从而减少因风险分配不当而导致的纠纷或损失。

案例 7-28：海澜之家的风险承担模式

海澜之家作为我国知名的男装品牌，其独特的供应链模式就是谁制造的风险谁承担这一原则的典范。海澜之家采用类直营的模式，即品牌方不直接参与服装的生产和销售，而是将生产环节外包给加工厂，并将销售环节外包给各地的加盟商。在这一模式下，加工厂负责生产环节，因生产质量或原材料问题导致的风险由加工厂承担。而加盟商负责终端销售，销售不佳的风险则由加盟商承担。通过将风险与责任合理匹配，海澜之家不仅降低了自身的经营风险，还提高了供应链各环节的效率和合作伙伴的积极性。品牌方专注于产品设计和品牌管理，不仅在市场竞争中保持了优势，还实现了低成本扩张。

（二）按照交易主体的风险承受意愿和能力来分配经营风险

在某些交易中，不同的交易主体对于风险的承受能力和意愿各不相同。企业应根据各方的风险承受能力和意愿，将风险合理分配给最适合的一方。

案例 7-29：温氏集团的养殖业风险分配模式

温氏集团是我国最大的畜牧企业之一，其在养殖业中的风险分配模式值得借鉴。温氏集团采用"公司＋农户"的合作模式，公司提供仔猪、饲料、疫苗和技术指导，而农户则负责饲养管理。温氏集团与农户签订协议，明确规定了双方的权利和义务。在这一模式下，温氏集团承担了市场风险和技术风险，而农户则主要承担生产管理风险。温氏集团通过控制养殖技术和市场销售，保障了产品质量和销售渠道的稳定性。农户则通过提供劳动和管理，获得了相对稳定的收益。通过合理分配风险，温氏集团不仅降低了企业自身的经营风险，还激发了农户的积极性，实现了企业和农户的双赢。

二、行为风险管理优化

行为风险管理优化侧重于控制交易主体在交易过程中可能出现的机会主义行为。这类风险通常是由于交易主体出于自身利益最大化的考虑，选择不守约或采取其他损害交易对手利益的行为。为了优化行为风险管理，企业需要通过各种机制确保交易主体的行为符合预期，并减少机会主义行为带来的损失。

（一）使交易主体因机会主义行为遭受的损失显著超过获得的收益

企业在设计交易机制时，应通过设置明确的惩罚机制，使得交易主体在采取机会主义行为时，其潜在的损失远大于可能获得的收益，从而降低机会主义行为发生的可能性。

案例 7-30：大型超市的供应链惩罚机制

以沃尔玛为例，作为全球最大的零售商之一，沃尔玛对供应商的行为有严格的要求。供应商一旦未能按时交付或交付质量不合格的产品，将面临严厉的惩罚，如罚款、取消订单，甚至终止合作。这种惩罚机制的存在，使得供应商在履行合同时必须更加谨慎，从而大幅度减少了供应链中机会主义行为的发生。

（二）使交易主体因守约获得的收益显著超过机会成本

通过设计激励机制，企业可以确保交易主体在遵守合同和合作规则时，获得的收益显著高于采取机会主义行为的机会成本，这样交易主体便会更倾向于遵守合同条款，从而减少交易风险。

案例 7-31：永辉超市的供应链合作机制

永辉超市作为我国领先的连锁超市，在供应链管理中非常注重与供应商的长期合作关系。永辉超市通过给予守约供应商更多的订单、优先结算、营销支持等方式，激励供应商守约并持续提升服务质量。通过这种机制，供应商的收益远高于因违反合同而带来的短期利益，从而使供应商更倾向于长期合作，减少了机会主义行为的发生。

（三）控制关键资源能力或交易环节

企业可以通过对交易中关键资源能力或交易环节的控制，减少交易主体的机会主义行为，这一方法通常借助技术手段、合同安排或市场力量实现。

案例 7-32：华为对供应链的控制

华为作为全球领先的通信设备供应商，极为重视供应链管理中的风险控制。华为通过对关键元器件的设计和生产能力的掌握，确保了供应链的稳定性和产品的核心竞争力。对于供应商而言，由于华为掌握了关键技术，他们无法轻易采取机会主义行为来影响供应链的稳定性。这种对关键资源能力的控制，极大地降低了供应链中的行为风险，确保了华为产品的高质量和市场竞争力。

（四）建立有效的机会主义行为发现与监督机制

企业可以通过建立严密的监督机制，及时发现和遏制机会主义行为。这一机制可以包括内部审计、第三方监督、合同约定的定期检查等，通过透明的监督和及时的纠正措施，确保交易的顺利进行。

案例 7-33：京东的供应链审计机制

京东在其庞大的供应链体系中建立了完善的审计和监督机制。京东会定期对供应商进行审计，以确保他们遵守合同条款，并提供符合要求的产品和服务。对于发现的机会主义行为，京东会立即采取措施，如取消订单、减少合作，甚至诉诸法律。这种严格的监督机制，有效地防止了供应链中的机会主义行为，维护了供应链的稳定性和可靠性。

三、交易风险优化的整体意义

交易风险优化是企业在现代市场中实现可持续发展的重要保障。通过有效的经营风险管理和行为风险管理，企业可以减少不确定性，提高交易的稳定性，增强市场竞争力。在经营风险管理优化方面，合理分配风险和明确责任主体是关键。在行为风险管理优化方面，通过惩罚机制、激励机制和监督机制，企业可以有效控制机会主义行为，确保交易的顺利进行。

通过分析海澜之家、温氏集团、永辉超市、华为、京东等企业的成功案例可以发现，这些企业在交易风险优化方面的实践不仅帮助它们降低了经营和行为风险，还提升了市场竞争力，实现了利润可持续增长。

交易风险优化作为企业管理的重要组成部分，涵盖了从风险识别、分配到控制的多个方面。在实际操作中，企业应根据自身的行业特点、市场环境和交易对象，灵活运用经营风险管理优化和行为风险管理优化等策略。

通过合理的风险分配、明确的责任承担机制、有效的激励和惩罚措施，以及严密的监督机制，企业可以最大限度降低交易中的不确定性，减少机会主义行为的发生，从而确保交易的顺利进行和企业的长期发展。在未来的竞争中，企业只有不断优化其交易风险管理策略，才能在瞬息万变的市场中立于不败之地。

案例七："凯叔讲故事"

2020 年 2 月 26 日，儿童内容教育品牌"凯叔讲故事"宣布完成由挚信资本领投，新加坡投资公司淡马锡和正心谷跟投的 C+轮 6600 万美元融资。2014 年创立之初，"凯叔讲故事"只是一个给孩子讲故事的自媒体平台，6 年后已成长为儿童产业中排名靠前的公司。除了坚持原创、不断创新产品外，重视管控产品品质的风险也是其成功的原因之一。"凯叔讲故事"的创始人从一开始就建立了从提出创意项目到最终形成产品的多轮高淘汰率的评审制度。

"凯叔讲故事"在内容供给和儿童需求这两方面精心选择交易主体。首先，"凯叔讲故事"聘请了多个领域的高水平专家，如诗词、成语、历史等领域，这些专家每周到公司上两天班，参与项目的内容审查，确保内容的科学性和权威性。其次，"凯叔讲故事"从热心的儿童听众中选择了数百名产品体验官，不仅会给他们颁发聘书，还会给予奖励。这种严格的品控机制，使"凯叔讲故事"的产品在大规模上线推广前就已经经过了用户验证。最终，几乎每个产品一经播出就大受欢迎，使得企业的经营风险大大降低。此外，将专家的专业知识赋能在公司的产品内容和品牌上，这样就不用担心产品火爆后专家会被其他平台挖走，大大降低了企业的经营风险。

讨论以下问题：

(1)"凯叔讲故事"是如何通过选择合适的专家和用户体验官来优化内容评审和产品质量的?

(2) 在产品开发的过程中，如何平衡内容的专业性与儿童受众的喜好?

(3)"凯叔讲故事"如何利用专家赋能的方式来降低企业的经营风险，并确保长期的品牌竞争力?

实训七

选择一个你感兴趣的公司，描述如何对其进行商业模式优化。

第八章 商业模式的重构

第一节 重构的契机

商业模式研究专家“魏朱”认为在企业的六个成长阶段中，重构商业模式的契机主要有三个，即起步阶段、规模收益递减阶段、垄断收益递减阶段。如果能够抓住这三个重构契机，企业就有可能探索出与竞争对手不同的发展道路。

一、起步阶段

不是每个企业在起步阶段都能选择正确的发展道路，当遭遇市场困境时，如果发现是商业模式出现了问题，就必须适时重构商业模式。企业刚起步时，资产和人力资源规模较小，组织架构也相对简单，因此重构遇到的阻力也会相对较小。

案例 8-1：携程重构商业模式

从 1999 年创立到 2003 年底纳斯达克上市，短短 5 年间，携程成就了一段让人津津乐道的资本市场神话。然而，携程在起步阶段重构过商业模式的往事却并不为大多数人所知。

1999 年刚起步时，携程就获得了美国国际数据集团（IDG）、软银等风险投资家的 500 多万美元投资。最开始时，携程定位于旅游网上的百科全书，其商业模式大致可以描述为收集各个国家和地区旅游景点的详细情况，并将其编辑成百科全书，放在携程网上供网友们查阅，携程则通过广告获得收益。虽然旅游已经成为现代人的主流生活方式，上网查阅旅游信息也逐渐成为一种生活习惯，但是携程的盈利模式并没有得到合作伙伴的配合，因此网站迟迟没有盈利。

在重新比较了携程网与传统旅行社的优劣势之后，以梁建章为首的创始人团队决定重构商业模式，给携程网注入传统旅行社的盈利模式，即旅游资源的分销业务。携程一方面到机场等人流密集的地方发放携程卡，另一方面派人与酒店、机场等进行谈判，争取旅游资源。随着合作伙伴的增多和携程网点击率的提升，客户的爆炸性增长和合作伙伴给的高折扣形成相互支持的盈利循环。几个月后，通过携程预订酒店的订单数一路增长到 15 万单。2002 年，携程的营业额已经高达 10 亿元人民币，超过了新浪网站 2003 年的全年收入。2003 年 12 月 9 日，携程成功登陆纳斯达克，创造了世人瞩目的资本神话。

在起步阶段重构商业模式不用去打破已经形成的整体架构，不用去纠正企业文化，不用去改变对之前资源能力的依赖，且内部阻力较小。不过在这个阶段，企业的很多资源能力还没有成长起来，很难借助外部的客户资源、供应商资源等渡过难关，外部借力很微薄，因此此时重构商业模式跟创业没什么两样，不过是换种方式创业而已。所以，最好在创业前就设计好商业模式，如果创业刚起步时发现商业模式不对，就要及时重构商业模式，这才是正确的创业态度。

二、规模收益递减阶段

对于规模收益递减阶段的企业来说，面临的问题又有所不同。这时的企业已经具备了一定的资源能力，只是由于市场环境或者内部资产结构等原因才导致运营效率不高。此时，企业可以通过重构商业模式，如转换成本形态和成本结构、降低资产占销售收入的比例和固定成本等手段增加组织的灵活性。此外，企业还可以借助成熟的资源能力去发展一些新的盈利点，以增加收益来源，最终重新实现规模收益递增。

案例 8-2：万豪酒店集团重构商业模式

万豪酒店集团虽然控制着 2700 多家酒店，但其固定资产只有 23 亿美元，仅占公司总资产的 27%，其秘诀就是在正确的时间重构了商业模式，转换了成本结构。

1993 年，万豪酒店集团一分为二，即万豪服务和万豪国际，前者专营酒店地产业务，后者专营酒店管理业务。万豪服务对名下地产进行证券化包装，为投资者提供投资工具，帮助万豪享受税收减免，并释放作为固定资产形式的地产业务中蕴藏的巨大现金流。万豪国际则几乎不直接拥有任何酒店资产，只是以委托管理的方式赚取管理费。通过做减法，将万豪服务分离出去，万豪酒店集团大大降低了固定资产比率，同时也降低了经营风险。两家公司分离之后，合作仍然紧密。万豪服务为万豪酒店集团融资新建或改建酒店，然后与万豪国际签订长期委托经营合同，而万豪酒店集团的品牌效应则保证了万豪服务的证券化收益。分离之后，万豪国际在直营的同时开发了特许业务，而经营地产业务的万豪服务则将业务延伸到万豪品牌以外，开始为其他酒店品牌处置固定资产。减法之后再做加法，重构商业模式后的万豪酒店集团规模进一步扩大，并最终实现了规模收益递增。

规模收益递减阶段的企业一般仍然专注于本行业，并且已经在某些环节具备了竞争优势，假如可以在此时重构商业模式，把不具备竞争优势的环节转为合作或者卖掉，为优势环节重新搭配交易结构，继而寻求以优势环节为中心的市场扩张，这样往往可以在竞争对手陷入困境时自己实现逆势增长，继续保持强劲的增长势头。

三、垄断收益递减阶段

进入垄断收益递减阶段的企业要不然就是已经具备了丰富的产品线，要不然就是已经通过横向并购等方式消灭了主要竞争对手，形成了专业化寡头公司。前者会面临因产品线宽广而造成的人员规模过大、管理复杂的困境，后者则可能面临单个专业化市场经营风险过大的问题，两者面临的共同问题是收益递减。这时优秀的企业就会选择重构商业模式或已有的资源能力，追求新的利润增长点，让企业焕发新的生机。

案例 8-3：国际商业机器公司重构商业模式

国际商业机器公司拥有互联网行业最完备的“武器库”和最丰富的运营经验。通过对已有“武器库”中各种互联网“兵器”的重新组装构造，国际商业机器公司从最开始的单纯卖设备，升级为提供硬件整体解决方案。之后又通过中间件的布局，升级为软件整体解决方案，并通过软件的销售拉动整个硬件的销售。最后，以多年的互联网运营经验为基础，以并购普华永道获得的咨询业务为支撑，国际商业机器公司实现了在硬件集成和软件集成基础上的知识集成。既源于已有的资源能力，又不拘泥于已有的资源能力，有扬弃，有创造，这就是国际商业机器公司成功背后的秘诀。

目前，很多企业开始追求不相关多元化运营，这是很多中国企业喜欢走的路子，也是最近十几年杰克·韦尔奇备受中国企业家推崇的重要原因。然而，除了通用电气，全世界做不相关多元化运营取得成功的例子委实乏善可陈，在中国更是鲜见成功的例子，像万科之类的从多元化运营走向专业化运营的成功例子反而更多，其原因是多方面的，其中很重要的一个就是对通用电气的解读不够。事实上，通用电气的多元化组合都是明星业务，即卖出非行业排名前三的业务，买入行业排名前三且现金流为正的明星业务，这种组合的稳定业绩为通用电气赢得了 3A 信用评级，因而使得通用电气金融的银行、融资租赁等业务获得了低成本的资金来源。在 3A 信用评级的支持下，通用电气的产业和金融形成了金融协同，一起享受了高速成长和丰厚盈利，这才是通用电气做不相关多元化运营取得成功的根本原因。

还有一些企业做内部风险投资，以英特尔为例。英特尔对相关事业群，包括供应商、销售体系、互补产品、技术创新者进行风险投资，为公司发掘新的成长事业、新技术和新市场的机会，同时为现有的核心技术和核心产品寻求可以运用的外部资源，以扩大市场竞争力。这样做的主要目的是改善公司的产业链生态环境和寻找创新事业机会，为公司的整体战略服务。截至 2008 年第一季度，英特尔在45个国家和地区共投资了75亿美元，约1000家科技公司。其中，150家以上的创新公司获得上市，160家创新公司被并购。英特尔投资已经成为公司风险投资成功的典范。

与规模收益递减阶段相比，垄断收益递减阶段的企业拥有的资源能力更强。同时，多年发展形成的桎梏也更为严重，是老树发新芽，还是积重难返，完全取决于企业家的魄力和重构商业模式的想象力。

第二节　重构的要素

商业模式的调整、优化和重构可以从定位、业务系统、盈利模式、关键资源能力和现金流结构等五个方面的任何一个或者多个方面着手。当然，每个方面的调整都会引起或者需要其他方面相应地进行必要的调整和优化。

一、重构定位

定位是企业满足客户需求的一种方式，需要注意的是，这一定义的关键词不是客户（客户可以改变），也不是需求（需求可以不同），而是方式。企业会选择什么样的方式与客户交易，其决定因素是价值空间与交易成本。寻求两者的差值，即价值创造最大化，是企业选择哪种定位的动因。

复印机行业的商业模式设计为不同定位的交易价值提供了很好的佐证。新式复印机和老式复印机针对的是同一个需求，即复印资料。按照老式复印机的定位，其满足客户需求的方式是直销复印机，其交易价值就是复印机的市场容量。如果采取另一种定位，其满足方式变成复印机租赁，复印张数另外计费，其交易价值则是客户持续复印活动的市场容量，这既包括老式复印机的基础复印需求，也包括新定位所带来的额外频繁复印活动。施乐公司正是这样重新审视和主动转变了满足客户复印需求的方式，因此创造了历史上最伟大的企业之一。

在交易价值一样的情况下，应选择使交易成本最小化的定位。一个交易的成本由三部分组成，即搜寻成本、讨价还价成本和执行成本，好的定位能够降低其中的某一个或某几个交易成本。例如，连锁模式增加了与客户的触点，降低了客户的搜寻成本；中介模式为交易两边的客户缩小了谈判对象的规模，降低了讨价还价成本；网上支付突破了时间和地点的限制，为客户降低了执行成本；整体解决方案模式不仅为客户减少了交易商家的数量，还降低了搜寻成本、讨价还价成本和执行成本。

案例 8-4：通用电气从制造转向服务

1981 年，杰克·韦尔奇接任总裁时，通用电气的股票市值为 131 亿美元，是一个涵盖了工业制造和消费品生产的多元化制造型企业集团。20 世纪 80 年代初期，通用电气成功获得超额收益的关键在于以质量和价格赢得了领先的市场份额地位。因此，杰克·韦尔奇要求下属业务部门的市场份额必须位居全球同行中的第一或第二，否则将退出该业务领域。20 世纪 80 年代中期，杰克·韦尔奇在频繁与其客户企业总裁沟通的过程中深刻意识到，制造能力的扩张和过剩使客户的选择权利增强，形成了买方市场，价格下降的压力日益增强，利润区正在发生转移。如果通用电气继续把自己定位为制造商，要想保持竞争优势和利润及股东价值增长将面临严峻挑战。产品好仍然是保持竞争力与保持客户关系和市场份额的基本前提条件，但即使产品好、市场份额地位处于全球第一或第二，也不能保证企业获得应有的利润水平。杰克·韦尔奇认识到，新的利润区正从产品本身转移到产品出售后的业务活动，好的产品只是客户服务需求中的一个成分，非产品或后产品及其相关金融服务比产品直接销售的收入和利润高数倍。因此，杰克·韦尔奇转换了通用电气的定位，使其从产品制造企业集团转换为向客户提供服务导向的整体解决方案，主要包括“产品＋系统设计”、融资服务、维护与技术升级服务等，客户服务解决方案所需的产品、技术等资源可以从外部获得，而不是完全由自己制造。重构定位后，通用电气的股东价值业绩突出，股东价值占销售收入的比重从 1981 年的 0.5 倍增加到 1997 年的 2.7 倍。与另一家竞争对手联合技术公司（United Technologies）相比，1981 至 1996 年，通用电气的股东价值年增长率为 19.9%，而联合技术公司只有 13.5%。

案例 8-5：陕西鼓风机集团重构商业模式定位

近年来，国内的一些企业也开始重构商业模式定位。例如，陕西鼓风机集团的第一次商业模式调整首先从定位入手，从单纯主机设备制造商转变为整体解决方案及售后技术服务提供商，帮助用户降低管理及维护成本，给客户提供更多的价值。同时，陕西鼓风机集团还相应地重构了业务系统，创设了技术服务、供应链管理等新的业务环节，培育了新的关键资源能力，即供应链管理和技术服务，并形成了“制造＋供应链管理”的商业模式。陕西鼓风机集团的第二次商业模式调整主要着眼于充实定位，增加了为客户提供融资服务，形成了“制造＋供应链管理＋供应链金融服务”的商业模式，同时还培育了新商业模式所需要的关键资源能力，即信用风险控制能力。通过上述措施，陕西鼓风机集团缓解甚至解除了客户的资本约束，增加了客户的购买能力，并支持其进行投资。对于陕西鼓风机集团来说，重构商业模式定位提高了营销效率，稳固了商业关系，降低了直接营销成本，与主业形成了经营协同效应，拉动了需求，提升了产能利用率，扩大了自身业务增长，并且增加了企业自身的收益来源，最终实现了规模收益递增。

二、重构业务系统

商业模式的本质是利益相关者的交易结构，其集中体现就是业务系统。企业的利益相关者可以是产业价值链上的合作伙伴和竞争对手，如研发机构、制造商、供应商（又分为零部件、元器件、组件、设备等不同层级的供应商）、渠道力量等，还可以是企业内部的员工、金融力量、地产资源提供者等。如何设计与这些利益相关者的交易内容与交易方式，是企业运营的第一要务。业务系统直接决定了企业竞争力所在的层级，因此当现有业务系统已经不足以建立或者保持竞争优势的时候，企业就要及时重构业务系统，提升竞争力层级，获取结构性竞争优势。

三、重构盈利模式

盈利模式是以利益相关者划分的收入结构和成本结构，是企业利益相关者之间利益分配格局中企业利益的表现。

盈利模式包括盈利来源和计价方式。以纺纱机为例，盈利来源包括：直接让渡产品的所有权，即把纺纱机卖掉，这是传统的销售；只让渡产品的使用权，企业仍然保有产品的所有权，即把纺纱机租出去，收取租金；销售产品生产出来的产品，如为纺纱机构建生产线，销售生产出来的纱线；将纺纱机作为投资工具，如在生产纱线的同时，把纺纱机打包卖给固定收益基金，这样企业可以得到流动资金，基金公司可以获得一个有固定收益的证券化资产包。仍以纺纱机为例，计价方式包括：销售时以台为计价方式；租赁时以时间为计价方式；投资时将整个收益分为固定和剩余两部分，以价值为计价方式。

案例 8-6：远大空调——从卖空调到卖“冷”和“热”

非电空调，即溴化锂空调，主要通过天然气对溴化锂进行燃烧加热和冷却，以获得空调的制冷和供暖效用。有数据表明，非电空调相比电空调可以节约三分之一的能耗。在定价上，国内非电空调比电空调的设备价格高出一倍。虽然总运营成本会因为节能而相对便宜许多，但用户往往因为现金流问题，不愿在设备的一次性投入上花费太多。为此，2005 年，远大空调开始调整盈利模式。远大空调为用户提供能源管理合同（Energy Managerment Contract，EMC），用户在选用远大的空调产品时可以不做先期投资，所有铺装和改造工程由远大空调完成，日常运营也由远大空调派专人管理。双方针对每平方米的耗电量进行估价，假如一幢大楼改造前的用电费是 200 元/平方米，远大空调测算自己的空调设备、日常管理、设备折旧费，如果可以将费用控制在 130 元/平方米，双方即达成价格协议，如签约 150 元/平方米，超支或节支都与用户没有关系。这样，用户既没有设备购置费，也没有日常管理费，只需向远大空调支出日常运营费。根据远大空调的估算，这样的设备投入可在 5 年后实现回收（设备寿命周期为 20 年左右）。回收期过后，远大空调会向用户承诺再次让利，只保持赚取 10％至 15％的利润。假如合同期满后用户因确实感受到节能效果，愿意购买并自行运营，远大空调也可以接受。远大空调的盈利模式从卖空调机转变为销售“冷”和“热”，这样用户就可以将楼宇“冷”和“热”的需求外包给远大空调，无须再雇用和管理维修人员。远大空调按照用户享受冷热服务的使用面积收费，以这种更为合理的效用模式代替了过去定额的月度收费模式。由于新的服务合同一般持续 5 至 10 年，因此能够保证远大空调获取长期且稳定的现金流。

四、重构关键资源能力

关键资源能力是商业模式运转所需要的有形或无形的、重要的资源和能力，商业模式不同，其背后支撑的关键资源能力也不同。每个企业的成长都有一定路径，也因此积累了各种各样的关键资源能力。重构商业模式时，原有关键资源能力是否还能适应新商业模式的发展要求，促进企业的运营，需要企业做一个全面、透彻的审视。对不适应的关键资源能力要及时舍弃，而对还不具备但却有需要的关键资源能力则要重新构建或者培养。

案例 8-7：波音公司——角色转型，构筑与供应商的协作能力

飞机制造业是一个技术含量较高的行业，且涉及的零部件较多，以波音公司为例，仅供应商就有 100 多个，并且来自六七个不同的国家。如何管理与供应商的合作关系，提升研发水平和研发效率，这是波音公司关键资源能力需要面对的命题。

波音公司和达索系统公司共同创造了一个名为“全球协作环境”的实时协作系统。通过这个系统，所有合作伙伴在任何时间、任何地点都可以访问、检阅和修订同一张设计图，并通过软件追踪修订来进行模拟，实时合作，分担风险，共享知识，波音公司因此与供应商一起创造了更高的绩效。由于解放了供应商，波音公司需要制定的条条框框大幅度简化。波音 787 给电子部件供应商的规则说明书仅有 20 页，对比波音 777 的 2500 页，无疑是一个质的飞跃。全球协作环境系统为波音公司的模块化生产提供了条件。供应商通过一个由波音公司维护的计算机模型（在波音公司内部防火墙之外）进行虚拟装配，波音公

司的专业工程人员对这个模型有专门的数据支持。利用这些数据，各个部件的组装和校验工作得以实时进行，这部分组装的成品是被称为“次总机”的模块化机体部分。最后，各个模块被放入三架波音 747 专机，运送至波音公司在华盛顿西北部的埃弗雷特工厂。在那里，波音公司的员工完成最后一道工序，即组装成总机。采用模块化生产后，波音 787 的组装周期仅为 3 天，比波音 777 的 13 至 17 天足足缩短了将近两周。

重构的效果显而易见，以前一个一般的工程项目需要 6 个月才能完成，现在却只需 6 周。2005 年，波音公司获得了 354 份订单，并且近年来首次在新飞机的订单数上超过空中客车。波音公司将自己从一开始的集权管理者的角色中释放出来，让供应商在一个平台上相互交流和协作，自己则承担起平台的维护者、监督者、推动者和支持者的角色。通过构筑与供应商的协作能力，波音公司成功地把供应商变成了一个介于外部利益相关者和内部利益相关者之间的拟内部利益相关者，使得波音公司的硬性控制力越来越弱，软性控制力却越来越强，效率也越来越高。

五、重构现金流结构

现金流结构是在时间序列上以利益相关者划分的企业现金流入、流出的结构，现金流结构表示现金流交易的流量谱。同一个盈利模式可以对应不同的现金流结构，如同样是手机卡充值，既可预存话费，也可月结，前者首先使用的是用户的资金，运营商可以提前获得充沛的现金流以投入用户服务，后者则是先服务后收费，运营商需要先将自身的现金流投入运营服务。

在用户初期投入较大的情况下，借助金融工具，或分期付款，或融资租赁，可以降低用户的一次性购买门槛，这无疑可以吸引更多的用户。在用户每次投入不大又重复消费的情况下，采用预收款搭配高质量服务的方式，能够在保持甚至提高用户满意度的同时释放企业的现金流压力。因此，现金流结构是可以设计的。值得注意的是，在设计与用户交易的现金流结构的同时，企业应时刻关注不同现金流结构对自己资金压力的影响，并借助不同的金融工具化解现金流压力。

案例 8-8：立思辰——融资租赁，化重为轻

立思辰是一家为政府及大中型企事业单位提供办公信息系统外包服务，包括文件外包服务、视音频外包服务等方面的解决方案和服务的创业板上市公司。依靠强大的技术研发能力和良好的供应商合作关系，立思辰购买各个供应商的软硬件资源，根据客户需求，提供办公信息系统的外包服务。基于更为专业的技术和多年的服务经验，立思辰能够延长设备的使用年限，提高客户的办公效率，并为客户管理各种信息资源提供翔实可信的分析数据，帮助客户进一步改进管理。但是由于办公设备（特别是打印设备）的一次性投入较大，让客户一次性购买不大现实，而如果由立思辰购买，则存在挤压现金流的问题，作为中小企业起步的立思辰来说，也必然是不堪重负。为此，立思辰重构了传统的现金流结构，由立思辰通过融资租赁公司租用设备，立思辰只需支付固定的小额租金。这样一来，立思辰的净资产负担大大降低。随着立思辰商业模式的成熟，其现金流更加稳定、充沛，立思辰将考虑引入专业金融公司做项目融资，其净资产负担将有可能进一步减轻。

2009 年，在金融危机背景下，立思辰逆势增长，营业利润比上一年同期增加了 35.77%，利润总额比上一年同期增加了 44.54%，净利润比上一年同期增加了 33.89%。而同期竞争对手施乐的总收入下降了 14%，利润下降了 39.7%。立思辰的另一竞争对手佳能，2009 年的净收益（等同于净利润）同比下滑 57.4%，营收下滑 21.6%。

第三节　重构的方法

重构商业模式的终极目标是更高的企业价值，具体表现为交易成本更低、客户价值更大、经营效率更高、经营风险更低、适应环境变化的反应更快、成长性更好。为了达成这个终极目标，企业可以有很多努力的方向。

一、从固定成本结构到可变成本结构

很多企业不理解固定成本和可变成本的区别，或者认为行业特征决定成本结构。其实不论是什么行业、什么职能，都有可能实现从固定成本结构变成可变成本结构。

案例 8-9：苏威集团

苏威集团是一家总部设在比利时首都布鲁塞尔的知名制药公司，在全球 50 个国家拥有近两万名员工，2009 年的全球销售额达到 85 亿欧元。昆泰跨国公司是一家世界领先的制药服务机构，向世界 20 家顶级药物公司中的 19 家提供服务。2001 年，苏威集团将研究任务外包给昆泰跨国公司，约定苏威集团按照昆泰跨国公司的研究给自己带来的实际效益支付研究费用。合同公布时，两家公司的股价都开始上涨。双方 5 年的合作成绩斐然，苏威集团完成了 3 个第三阶段临床试验计划，提前完成了两种成分药从第二阶段到第三阶段的试验计划，并为其他两个项目提供了第二阶段结论性数据并终止项目，提前释放了研究资源。苏威集团的首席执行官认为，和昆泰跨国公司的合作，与苏威集团独立进行研究相比，项目推进得更为快速，灵活性也更高。因此，2006 年 10 月 24 日，双方决定将合作期延长 5 年。

案例 8-10：宝洁公司

2000 年，雷富礼被任命为宝洁公司新首席执行官，他上任的第一件事就是大刀阔斧地整顿研发部门。雷富礼提出了开放式创新的概念，将研发改名为联发，创立了一家类似创意集市的网站，并在上面发布解决办法的需求信息。雷富礼预计到 2010 年引入 50％以上的外部创新，事实上，这个目标在 2006 年就提前实现了。2007 年，宝洁公司建立了“C＋D”网站，遍布全球的研发人员可以提交方案，并会在 8 周内得到回复。网站上线一年半就收到来自全球各地的 3700 多个创新方案。2004 至 2008 年，宝洁公司的研发投入不断增加，但其投入占销售额的比例却从 3.1％下降到 2.6％，开放式创新取得了巨大的成功。宝洁公司曾做过一项内部调查，发现公司投入了巨额的研发资金，但其专利却只有10%用在企业的产品上。因此，“C+D”网站还负责出售宝洁公司自己的专利，获利不菲。

对于现代企业而言，产业链条上各种利益相关者种类齐全、数目繁多，任何一个需求都有可能通过合作伙伴得到解决，没必要对所有环节都大包大揽。

把固定成本结构变成可变成本结构有两个操作指向，即指向企业本身和指向企业的客户。

指向企业本身指的是企业通过合作，把原本企业需要大规模投入的固定成本变成可变成本，从而节约成本，提高增长率，降低运营风险，这种方式多见于租赁和加盟。例如，如家的成功有多方面因素，但是其把握市场方向，适时地和合作伙伴签订物业租赁而不是购买物业却是最重要的一步棋。从固定成本结构变成可变成本结构，如家节约了大量资金，从而支持其实现更快速的扩张。再说加盟。连锁经营已成为一种常见的企业运营业态，采取加盟模式，由加盟商提供大部分固定成本（如店铺装修、机器投资等），将自身的固定成本变为可变成本，异地扩张的速度就不会受到资金的制约。

固定成本结构变成可变成本结构同样可以应用于客户，如房地产按揭、施乐公司复印机的按张收费等都是这种方式。把一次性大额资金购买分成多次资金购买，降低了客户一次性支付的门槛，客户因此有可能选择更高级的设备或者更加频繁地使用机器，这都能为企业带来更高的收益。当然，采取这种方式时企业要注意运用金融工具化解自己面临的高固定成本结构。

国外的一些著名投资银行设立的PE投资公司开始与众多有人脉的VC公司合作，形成发现和提供投资机会的加盟渠道，与自身的声誉和全球大规模融资能力、交易服务能力等方面的优势互补，而这些著名投资银行的PE投资公司不需要大规模雇用人手和管理。

计划经济时期，国内的影视制作模式是成立很多电影制片厂，这些制片厂往往拥有自己的演员剧团，需要负担固定成本。市场化后，电影制片厂和演员剧团纷纷解散，代之以经纪人制度。影视制作由制片人和导演负责，按照剧本需要和创造最大票房收入的目标招募演员，无须负担演员的固定成本。

有些行业甚至把固定成本转变为收益。例如，旅行社以往雇用导游，支付工资，按业绩奖励。实际上，导游还可以从门票、餐饮、购物等旅游活动中获取回扣。现在，很多地方旅行社演变为管理公司，它们只有一个资质，重点是联系客源，导游考取旅游资格后成为个体户，不再是旅行社的固定员工。旅行社不但不支付导游薪资，不花费管理成本，反而要向导游收取带团费。

通过把固定成本结构变成可变成本结构，企业有效地打破了扩张的关键资源能力约束，彼此互为平台，互搭便车，降低了企业的投资及管理成本，增加了彼此的收益。

二、从重资产到轻资产

轻资产的概念起源于2001年麦肯锡为光明乳业做咨询时提出的战略思维，迄今已有20多年的历史。随着企业竞争能力和软实力的增强，资产从重变轻是必由之路。近年来，很多传统企业已经尝试重构商业模式，实践轻资产运营，并且取得了不错的效果。

那么什么才是轻资产呢，学界和业界对此莫衷一是。一般而言，轻资产有两种主流的说法。第一种说法是固定资产少，可变资产多，这与前文提到的固定成本结构和可变成本结构有相通之处。不同的是，前文提到的是企业整体成本结构中的固定成本变成可变成本，但轻资产却着眼于整体交易结构中由固定资产产生的固定成本转变为可变成本。第二种说法是企业着重于构建企业产品设计、品牌建设、营销渠道、客户管理等方面的软实力资产，而把自己缺乏或不具备优势，或难以管理的业务环节及其运营尽可能交给合作伙伴，减少自身的投资和管理成本。

实现轻资产主要有两种策略，一个是最开始就设计轻资产商业模式，另一个是随着企业发展重构商业模式，从重转轻，化重为轻。

案例 8-11：戴尔

戴尔（Dell）是一个很好的关于轻资产运营的实例。很多人都讲戴尔是直销的模板，但事实上，没有多少人真正理解戴尔商业模式的内涵。传统意义上的直销，其面向的客户主要是个人。然而事实上，美国国际数据集团的调查显示，商用市场占戴尔总销量的70%以上，25%左右卖到中小企业，家用市场在5%左右。

戴尔最值钱的资产有两个，即营销队伍和组装工厂，其中又以营销队伍更为重要。戴尔的营销队伍分为两部分，外部营销人员和内部营销人员，前者跟踪维持客户，后者开发客户，后者主要服务于前者。目前，戴尔的外部营销人员在中国有200多人，分布在华东、华南、华北和西南等四个区域，主要负责行业和重要客户的营销工作。每4至7名外部营销人员负责一个行业的销售，向行业销售总监负责。行业和重要客户对戴尔公司意义重大，为其贡献了超过80%的营业收入。经过短短几年的发展，戴尔在中国大企业市场的份额是20%，政府市场是8%，教育市场是1%至2%。内部营销人员利用各种渠道搜寻潜在行业或重要客户的通信方式，以电话销售的形式与客户进行沟通，在确定意向后便将客户资料递交其所属的外部营销人员。每天每个内部营销人员平均拨打100至200个电话，有时还会接听一些客户主动打来的需求电话，在初步确认客户需求后，他们会将有效需求转给外部营销人员处理。

尽管个人和家庭市场的占比还不到戴尔全部市场份额的10%，但在个人和家庭市场塑造的直销、低成本、高性价比的口碑有助于戴尔树立良好的形象，并提升影响力。对于这部分客户，戴尔主要通过广告、网站宣传以低配置、低价格吸引客户。

戴尔营销人员的工作效率惊人，营销人员的平均劳动生产率约为2000万美元/人/年。每个外部营销人员的季度任务为100万美元，若连续两个季度没有完成任务就会被辞退。内部营销人员每天要完成100至200个电话沟通，10个内部营销人员组成的团队，一个季度的任务是2000万至3000万美元，平均每人每天要完成两三万美元的销售额。

戴尔通过营销队伍的建设，建立起了一套高效的客户甄别分类体系，从而使其资源能够集中于高价值的客户，为其提供性价比高的产品和个性化的服务，而这部分客户为戴尔贡献了超过80%的营业额。全球500强企业中，超过400家都是戴尔的客户，壳牌平均每周从戴尔订购1000台计算机；戴尔专门成立了一个六人的服务团队为通用公司使用的14万台戴尔电脑提供服务支持。

由于有了大量客户资源作为基础，才有了与之配套的供应链管理。戴尔通过管理系统核算，确认库存，然后按照数量要求向零部件厂商订货，必要的部件会被运到生产据点，每两小时进行一次这样的过程，工厂内的部件大体上每两小时就会追加一次。因此，戴尔各工厂的平均库存维持在4天左右。根据工厂的不同，甚至存在2小时的库存。而其他竞争对手的库存甚至有多达45天的。戴尔的成品物流进行外包，95%的产品可以在7天内送达客户。

有了营销队伍和供应链管理的支持，戴尔才有了与上游供应商谈合作的本钱。戴尔最大的40家供应商为其提供了相当于总成本75%的物料，再加上另外20家供应商，这60家供应商可以满足戴尔95%的物料需求。

通常，外国公司在中国的运营成本是本土公司的两倍，本土PC企业的运营成本平均占总成本的8.5%，而外国公司则在20%至22%，但是戴尔在中国的运营成本是9%，所以它敢于提出“本土价格、国际品牌”的口号。

没有营销队伍带来的大量客户需求，戴尔就不可能建立大规模的信息化供应链，即使建立起来也无法发挥规模效应。逻辑紧密，环环相扣，这才是戴尔轻资产运营成功的秘诀所在。

重资产企业往往面临着规模收益递减、规模风险递增的困扰，此时可以通过分拆公司的软实力（如品牌、管理能力等）和重资产，做到举重若轻，化重为轻。

案例8-12：AMD的轻资产模式

2008年10月，AMD宣布正式分拆制造业务，与阿布扎比的Advanced Technology Investment Company（ATIC）携手建立一家领先的半导体生产公司——GLOBAL FOUNDRIES。重组后，AMD专注于半导体设计，而GLOBAL FOUNDRIES则成为半导体生产的大鳄。美国国际数据集团的数据显示，AMD的全球PCCPU市场份额从2009年第四季度的17%提升到2010年第一季度的20.9%。而竞争对手英特尔的市场份额则从82.1%下降至78.2%。同时，其股价在不到3个月的时间内整整翻了一倍。AMD的轻资产模式初战告捷。

三、盈利来源多样化

传统的盈利模式往往盈利来源单一，企业卖出产品或提供服务，依赖主营业务获得直接收入，并且主要由企业支付成本，承担费用。随着企业资产和销售收入规模的增加，以及竞争的加剧，企业的主业利润会越来越少，甚至亏本，销售利润率、净资产收益率和投资价值会随企业资产和销售收入规模递增而递减。

具备优秀商业模式的企业，其盈利模式可以转向专业化经营，实现多样化盈利。随着企业销售规模扩大，可以不断开辟新的收益来源。虽然主营业务的利润率可能下降，但是净资产收益率和投资价值却可以持续递增。

案例 8-13：麦当劳

1974 年，麦当劳的创始人雷蒙·克罗克做客得克萨斯州立大学。期间，雷蒙·克罗克问一群 MBA 学生："你们谁能说出我是做什么的?"哄堂一笑之后，有个学生大笑着说道："我们都知道，你是做汉堡包的。"雷蒙·克罗克却正色说道："不，我的真正生意其实是商业地产。"的确，麦当劳的房地产开发和店面租金回报占其利润总额的 90%。靠卖汉堡包运营，靠产品、商业地产等盈利，正是麦当劳成功的秘诀。

案例 8-14：赫兹租车

赫兹租车是全球最大的汽车租赁公司，但是观察它的成本分摊却很有意思。首先，由于赫兹租车的采购量较大（在 150 多个国家拥有 8100 家营业门店，能提供 55 万辆来自福特、通用和丰田等厂家的多种车型），因此汽车厂商会给它高折扣的优惠。赫兹租车 70%的车有回购协议，剩余 30%可通过其二手车销售部门卖出。赫兹租车的车辆一般只使用一年，可以保证八九成新，一年后不管是被汽车厂商回购，还是在二手市场销售，都能够以和购买时差不多的价格处理。赫兹租车用新车的价格做租赁生意，却让汽车厂商分摊了最大的一笔固定成本，等于让汽车厂商免费提供新车。其次，由于赫兹租车的广告经常出现汽车形象，因此汽车厂商要为其分担一半的广告费用。最后，赫兹租车和航空、铁路、酒店、银行、信用卡、旅行社、邮政快递、传媒业等进行合作，不但获得了很多的渠道资源，而且让合作伙伴分摊了部分营销成本。

分析赫兹租车的企业角色，有租赁商的成分，有经销商的成分，有广告商的成分，等等。多元化的企业角色为赫兹租车带来了多元化的盈利来源。近二十年间，赫兹租车的收入年均增长率达到7.7%，是全球100个最有价值品牌。

自2004年起，中共中央连续七年出台一号文件聚焦“三农”问题，这一方面反映了国家对“三农”问题的关注，另一方面也映射出解决“三农”问题的难度和复杂性，其主要原因是农村产业结构的单一和农民在产业中所扮演角色的单纯。

案例8-15：“五朵金花”

成都市锦江区三圣花乡倾力打造“五朵金花”，赋予了农民多元化的角色，通过重构农村商业模式破解“三农”难题，取得了喜人的成果。三圣花乡的农民至少有五种角色，即土地出租人、工人、老板、股东、参保人。这五种角色对应五种收入来源：出租土地，获得租金；到企业打工，获得工资；开办服务业，获得投资收益，包括农家乐、景区的车辆服务、零售服务、艺术品的相关服务等；宅基地入股，获得企业和艺术馆等外来投资实体的股份分红；参与社会保障，获得福利收入，据了解，农户达到社会保障条件后，每月可领取364元的养老金、210元的低保金，并可以报销住院费。虽然不是每个农民都会同时扮演五种角色，但同时扮演三四种角色，获得多种收入来源，这对三圣花乡的农民来说是再普通不过的事情。2007年，三圣花乡农民的人均收入突破1万元，老百姓对政府的满意度为100%。

每个利益相关者都是一个复杂个体，有着各种不同属性。如果企业家能够充分挖掘每个利益相关者各种属性之间的关系，在设计和重构商业模式的过程中适当演绎，往往会收到意想不到的效果。

四、从刚硬到柔软

当企业做到一定程度后，企业家总会问自己和企业一个问题：怎样才能更快地扩张，实现规模收益递增、规模风险递减，不给后来者追赶的机会？其中的一个答案就是构建更柔软的企业。更柔软的企业可以通过信息流去撬动产品流、服务流和现金流的交易，通过信息系统去整合所有业务活动，最终通过对信息流的掌控去管理整个业务流程，实现信息系统下的软一体化，并完成全部交易活动。

案例 8-16：国际商业机器公司

国际商业机器公司的业务组件建模（Component Based Modeling，CBM）给我们提供了一个可供借鉴的思路。

按照国际商业机器公司的设想，企业的任何人、技术、资源、业务流程等都可以通过两个维度，即业务能力和责任级别，进行原子级别的解构，每个原子级别的单元称为业务组件（Business Component）。业务组件是一组人、技术和资源的集合，能够提供特定的商业价值，并具备独立运作的潜在能力。业务组件具备独立性，组件内部的业务活动之间相互依赖性很大，而不同组件的业务活动之间的相互依赖性则相对较小。因此，业务组件本身已经具备成为一个小企业的基本要素。

把企业分解成业务组件只是完成了对企业商业模式的解构，想要重构商业模式，就要把这些已经被打散的业务组件重新组装起来。根据业务的复杂程度，一般的企业会有 100 至 200 个业务组件，它们涵盖了企业所有的业务活动。组件和组件之间可以通过标准化的接口相互引用和通信，组件和组件的不同搭建方式可以形成不同的企业。组件的界面标准化使得组件之间的通信和结合很方便，因此企业大可不必拥有所有的组件。组件本身可以成为一个独立的小企业；聚合力强的若干个组件可以组装成组件类，成为中型企业；组件类可以继续聚合成组件群，成为大型企业。

国际商业机器公司的业务组件建模只是形形色色业务组件解构和重构方式中的一种。不同形式的组件分解方式、不同规模的聚合方式，最终造就了缤纷多彩的商业模式，重新定义了企业之间的交易结构，所有的企业将因这种重构而获得新生。

未来，企业之间将因为价值观趋同、利益统一和关键资源能力互补而咬合在一起，并为客户提供高消费价值，每个参与重构的企业因而得到高企业价值。企业之间既相互依赖，又彼此平等。这种依赖并非绝对的不可替代，其竞合是一种“合则两利，分则两伤”的局面。商业模式重构将使企业群呈现出一番生态圈的景象，企业“物种”（商业模式）虽然分工不同，却又彼此依存，相生相克。在这个生态圈中，并没有绝对强势的企业，而是很多各有擅长的企业在一起生存、生长和进化。

案例八：普洛斯——分拆软实力和重资产

普洛斯（Prologis）是全球最大的仓储地产公司，从事物流园与标准物流设施开发、定制开发、收购与回租，于1991年创立，1994年在纽约证券交易所上市，是《财富》500强企业，是标准普尔500指数成分股。普洛斯在全球的机场、港口等交通枢纽拥有2500处仓库，总面积4400万平方米。目前，普洛斯为4500多家世界知名企业提供通用仓库租赁，服务设施遍及北美、欧亚。世界1000强中，超过半数的企业都是普洛斯的核心客户。

普洛斯的发展壮大得益于其利用金融工具和举重若轻的扩张模式。普洛斯通过向机构投资者（如退休金、保险公司等）私募，合作建立区域性的仓储投资基金，支持其在相关区域的大规模扩张。普洛斯一方面直接拥有一些仓储资产，另一方面将开发好的仓储设施及长期收益权出售给旗下合资及管理的投资基金，为客户提供高质量仓储服务、仓储资产和基金管理，减少自身的资本支出，提高资本收益率。基金持有普洛斯仓储资产的大多数权益（80%左右），从而获得稳定的仓储租金收入。1999年，普洛斯建立了第一个仓储投资基金，即普洛斯加州基金，资本规模5.56亿美元。2002年，普洛斯与新加坡政府投资公司（GIC）合作建立了10亿美元的普洛斯日本仓储投资基金。如今，普洛斯在亚洲、欧洲和北美等地共管理了17个基金。

讨论以下问题：

（1）普洛斯的轻资产与重资产策略如何平衡风险和收益？

（2）普洛斯在选择合作伙伴时应考虑哪些关键因素？

（3）普洛斯的全球扩张战略对其长期发展有何影响？

实训八

选择一个你感兴趣的公司，描述如何对其进行商业模式重构。

第九章　商业模式创新设计

第一节　商业模式创新的意义与内涵

一、商业模式创新的意义

通常企业会做出大量努力进行流程或产品创新，这会增加收入，并保持或提高利润率。然而，改善产品或流程的创新通常是成本高昂且费时的，它们需要进行大量的前期投入，涉及从研发到专业资源、新工厂和设备，甚至还需要创立全新的业务部门，但是这些投资的未来回报是不确定的。越来越多的企业不愿意下如此大的赌注，正纷纷转向进行商业模式创新，并将其作为低成本、低风险的替代选择，它们或补充产品或进行流程创新。

国际商业机器公司在对2000多名首席执行官进行的一项全球性调查（国际商业机器公司第十九次全球高管调查的一部分）中发现，半数受访首席执行官认为，那些利用技术“创造出更吸引人的价值主张”的竞争对手威胁了现有的商业模式，只有18%的首席执行官认为现有的商业模式未受到威胁。在由毕马威（KPMG）进行的全球调查中，研究者采访了530名高管，发现大多数受访者（约58%）“正在开发新商业模式或重新考虑现有的商业模式”。

目前，除了通过银行或非正式系统（如向父母或朋友求助），几乎没有其他方式可以得到利率可控的小额个人贷款（不包括掠夺性贷款渠道），对于自由职业者和其他没有稳定收入来源的人来说更是如此。

案例 9-1：网络借贷平台 Zopa

2005 年，理查德・杜瓦尔（Richard・Duvall）、詹姆斯・亚历山大（James・Alexander）、大卫・尼克尔森（David・Nicholson）和贾尔斯・安德鲁斯（Giles・Andrews）四人创造了一种替代方案。那一年，第一家 P2P 网络借贷平台 Zopa 在英国诞生，它吸收并扩展了长期存在的个人对个人贷款的理念，创建了一个金融科技平台，将需要贷款优惠条件的人（特别是那些认为银行等机构提供的服务较差的人）与有资金可以放贷的人匹配起来。与传统银行不同，Zopa 本身并不放贷。尽管如此，在 Zopa 上交易的金融产品看起来非常像标准的贷款。申请贷款的人必须进行在线信用评分检查，然后向 Zopa 提交证明他们具备偿还能力的附件。因此，金融产品本身没有进行根本性创新。然而，这种商业模式与传统银行的模式大不相同，传统银行是通过面向消费者的分支机构运营的。有了 Zopa，一切业务都可以在网上进行，这就是商业模式创新。

若个人投资者想要获得比传统储蓄账户更高的利率，就可以将资金分散到多个借款人手中。同时作为降低风险的一种方式，单个借款人的贷款额度不会超过投资者总额的 1%。此外，投资者直接与借款人签订合同，而不是与 Zopa 签订合同。

Zopa 及紧随其后的 P2P 借贷企业的发展势头强劲。2012 年，Zopa 拥有约 70 万名会员。2018 年 1 月，Zopa 的借贷规模达到 30 亿英镑。截至 2019 年，对于不同种类的产品，Zopa 为投资者（通过集合贷款放贷的个人）设定的目标回报率为 4.5%至 5.2%。相比之下，2018 年 6 月，英国一年期定期个人存款的平均利率为 1.22%

二、商业模式创新的内涵

商业模式是由相互依赖的活动组成的跨界系统，这些活动以中心企业为核心，包括价值创造和价值获取过程中合作伙伴、供应商和顾客进行的活动，商业模式包括内容、结构、治理、价值逻辑等方面，企业可以在任意方面进行商业模式创新。例如，可以新增或消除活动，从而创造行业内的新活动系统（新的内容）；引入新主体来执行特定活动（新的治理）；以新方式关联活动（新的结构）；采用一种新的收入模式（新的价值逻辑）。

案例 9-2：奈飞的商业模式创新

20 世纪 90 年代末，奈飞采用了一种与现有电影租赁企业（如百事达）截然不同的商业模式。奈飞和电影制片厂合作，通过网站而非出租店租赁刻录在光盘而非录像带里的电影。为了运送光盘，奈飞与美国邮政服务合作，将带有预付回执的光盘送至顾客家中。奈飞通过新增刻录和邮寄光盘的方式，引入有关商业模式的新内容。奈飞还通过与美国邮政服务合作，完成运送活动，进行有关商业模式的新治理。此外，通过允许顾客在线订购，奈飞引入有关商业模式的新结构。最后，奈飞采用订阅定价模式（该模式允许顾客在任何时间选择并租赁三部电影），改变了电影租赁行业的主导价值逻辑。所有这些选择使奈飞的商业模式不仅在美国电影租赁领域是最新的，在全球范围内也是最新的。

这就带给我们一个问题，即什么情况下可以将商业模式的变化定义为是最新的。这个问题的答案取决于你问的人，因为新颖性因人而异。对于新创公司而言，商业模式创新通常指在存在竞争的产品市场空间内引入新颖的商业模式。例如，奈飞大概是世界上第一家无实体店的定制光盘租赁公司，其采用的商业模式确实是最新的。然而，像福特或国际商业机器公司这样的老牌公司可能无法进行如此大幅度的创新，它们通常把商业模式的改变称为创新，即便这个改变只是对它们自身来说是最新的，对世界甚至是其所在行业来说都不一定是最新的。因此，在本书中，我们将针对现有企业商业模式进行的创新界定为企业改变了活动系统，新系统对于企业是新颖的，且可能在所在的竞争市场也是新颖的。

确定一个商业模式是否具有创新性，需要解决两个问题，一个是活动系统的任何关键维度（如内容、方式、主体、原因等）是否进行了创新，另一个是活动系统对谁而言具有创新性。下面我们将通过两个案例进行详细的讲解。

首先，我们对 Zopa 进行考察，从四个重要维度思考它所引入的商业模式是否具有创新性。Zopa 所引入的商业模式在治理（主体）上是新颖的，顾客取代银行执行，如借款等活动。Zopa 支持无零售银行网点下的贷款（传统贷款需要零售银行网点），并且改变了执行的活动（没有零售）。另外，信贷分配机制使贷款者将风险分摊到几个借款者身上，这是一种新颖的交易机制（方式）。总之，Zopa 设计了一个在产品市场空间内（决定初创企业商业模式创新性的相关标准）具有新颖性的商业模式。

其次，我们再来看看喜利得，这是一家总部位于列支敦士登的电动工具制造商。喜利得引入了一种新的商业模式，它允许选定的顾客进行所谓的车队管理。这意味着它不再售卖电动工具，而是提供租赁服务（一种新活动和收入模式），并且负责对顾客的电动工具进行维修与保养（以前这通常由顾客自己负责）。从自身角度来看，喜利得进行的商业模式变革是一种创新，但对于大型电动工具制造商来说这只是一种创新方法。

第二节 商业模式创新与设计思维

一、商业模式创新与设计思维之间的关系

商业模式创新是指通过系统化的方法，定义企业如何创造、传递和获取价值。一个成功的商业模式需要清晰描述目标客户、价值主张、渠道、客户关系、收入来源、关键资源、关键活动、关键伙伴及成本结构等要素。

设计思维为商业模式创新提供了一种全新的视角和方法，通过设计思维，企业可以更好地理解用户需求，制定更加贴近市场和用户的商业模式。设计思维在商业模式创新中的作用主要体现在以下几个方面。

（一）用户导向

设计思维的核心是理解和满足用户需求，这与商业模式创新的目标一致。通过深入理解用户，企业能够创造出更具吸引力的价值主张。

（二）创新性

设计思维鼓励发散思维和跨学科合作，推动商业模式的创新。通过头脑风

暴和原型设计，企业可以探索新的商业机会和盈利模式。

（三）灵活性

设计思维强调迭代和快速原型，有助于企业在商业模式创新的过程中不断验证和调整，最终找到最优方案。

（四）协作性

设计思维注重团队协作，鼓励不同背景的团队成员共同参与商业模式创新，带来更多元的视角和创意。

二、如何利用设计思维进行商业模式创新

利用设计思维进行商业模式创新可以通过以下步骤来实现。

（一）同理心

在进行商业模式创新时，首先要深入理解目标客户群体的需求和痛点，这可以通过用户访谈、观察、问卷调查等方式进行。例如，Zopa 在初期通过大量的用户研究，发现传统银行借贷流程复杂且效率低下，很多用户对现有的金融服务感到不满。

（二）定义问题

在收集到足够多的用户反馈后，企业需要明确问题和机会点，这一步需要将用户需求转化为明确的商业问题。例如，对于 Zopa 而言，问题在于如何通过技术创新来提供一种更简单、更高效的借贷方式，以满足用户对便捷性和透明度的需求。

（三）头脑风暴

在明确了问题之后，企业团队可以进行头脑风暴，探索不同的商业模式。设计思维强调多元化的创意生成过程，在这一阶段，企业可以考虑不同的收入模式、渠道策略和价值主张。例如，Zopa 的创新之处在于提出了 P2P 借贷模式，通过技术平台直接连接借款人和投资人，省去了中间的金融机构，简化了流程并降低了成本。

（四）原型设计

通过构建低成本的商业模式原型，企业可以测试不同的设计概念。这一步骤可以通过商业模式画布等工具进行，将各种可能的商业模式可视化，并逐步

细化和优化。例如，Zopa在初期进行了多次商业模式的尝试和迭代，最终确定了可行的P2P借贷平台模式。

（五）测试和迭代

商业模式创新是一个持续优化的过程，通过用户测试和市场反馈，企业可以验证其商业模式的可行性和市场适应性。在这一过程中，设计思维的快速迭代和反馈机制起到了关键作用。例如，在运营过程中，Zopa不断调整其平台策略、风控机制和用户体验设计，以适应不断变化的市场需求和竞争环境。

三、案例分析

Zopa是世界上首个P2P借贷平台，它的成功在很大程度上得益于设计思维在商业模式创新中的应用。

（一）理解用户需求

Zopa成立于2005年，其创始团队意识到传统金融机构的借贷流程烦琐且效率低下，同时用户在贷款和投资方面的选择有限。Zopa的创始团队通过用户研究发现，许多人希望有一种更直接、透明的借贷方式。基于这些洞察，Zopa确定了其P2P借贷平台的核心价值主张，即让借款人能够以更低的利率借款，同时让投资人获得更高的回报。

（二）创新商业模式

Zopa的创新之处在于其去中心化的P2P借贷模式。通过P2P借贷平台，借款人和投资人可以直接交易，省去了银行等中介机构，降低了成本。Zopa通过技术手段确保交易的安全性和透明度，并通过风险分散机制降低投资人的风险。这一商业模式不仅独具创新性，而且高度贴合用户的实际需求。

（三）原型设计和测试

在平台开发初期，Zopa团队进行了多次商业模式原型测试，逐步确定了平台的运营机制和盈利模式。Zopa团队采用了灵活的技术架构，能够快速调整平台功能和用户体验，以适应不断变化的市场需求。通过不断的测试和迭代，Zopa的商业模式逐渐成熟，并成功吸引了大量用户。

（四）持续优化

在运营过程中，Zopa不断收集用户反馈，优化平台服务。例如，Zopa推出了更加灵活的投资选项和风险管理工具，以满足不同用户的需求。同时，Zopa也面临着市场竞争的挑战，但是它们通过持续创新和用户体验的优化，保持了竞争优势。

设计思维为商业模式创新提供了一种全新的、用户导向的方法。通过理解用户需求、探索创意解决方案并进行快速迭代，企业可以设计出更具竞争力和可持续性的商业模式。Zopa作为P2P借贷平台的先驱，其成功正是设计思维在商业模式创新中成功应用的典范。通过持续的创新和利润的优化，Zopa不仅满足了用户的核心需求，还在激烈的市场竞争中脱颖而出，成为金融科技领域的重要一员。

设计思维与商业模式创新的结合，不仅能够帮助企业更好地理解和满足市场需求，还能够推动企业的创新和持续增长。未来，随着市场环境的变化和技术的进步，设计思维在商业模式创新中的作用将会更加显著。

第三节　商业模式创新与系统思维

一、系统思维的含义

系统思维（Systems Thinking）是一种理解和分析复杂问题的思维方式，强调将事物视为一个整体系统来看待，而不是仅仅关注其单独的某一部分。系统思维认为，系统的各个部分是相互联系和相互影响的，任何一个部分的变化都可能对整体产生影响。因此，系统思维不仅关注个体的表现，还关注这些个体之间的关系、反馈回路，以及整个系统的动态行为。

系统思维的核心思想包括：第一，整体观念，关注系统的整体特性，而不仅仅是个别部分的特性；第二，相互依赖性，系统中的各个元素之间是相互依赖和相互影响的；第三，反馈回路，系统中的变化通过反馈回路影响系统的未来行为；第四，动态复杂性，系统的行为可能随时间的变化而变化，存在非线性和延迟效应；第五，边界识别，确定系统的边界，了解哪些因素是系统的一部分，哪些是外部环境。

系统思维特别适合用于解决复杂的、跨学科的问题，因为它能够帮助我们理解事物之间的复杂关系，并找出可能的系统性解决方案。

二、系统思维的工具和方法

在实际操作中，系统思维通常使用一些具体的工具和方法来分析和理解系统。这些工具和方法主要包括：第一，因果回路图（Causal Loop Diagrams），用来描述系统中各个变量之间的因果关系，显示正反馈和负反馈回路；第二，系统动力学模型（System Dynamics Models），通过计算机模拟系统的动态行为，帮助理解系统的长期行为和变化趋势；第三，冰山模型（Iceberg Model），用于区分系统的表面现象和深层次结构，识别根本原因和系统模式；第四，模式识别（Pattern Recognition），识别系统中的重复模式，以预测未来的系统行为；第五，敏感性分析（Sensitivity Analysis），评估系统对不同变量的敏感性，以确定哪些因素对系统的影响最大。

上述工具和方法使得系统思维能够帮助我们更好地理解复杂系统，并开发出更有效的解决方案。

三、商业模式创新与系统思维之间的关系

（一）商业模式的复杂性

商业模式是企业创造、传递和获取价值的方式，一个商业模式通常包括多个相互关联的要素，如价值主张、客户细分、渠道、收入来源、关键资源、关键活动、合作伙伴和成本结构等。这些要素之间的关系非常复杂，任何一个要素的变化都可能对整个商业模式产生重大影响。

商业模式的创新是一个复杂的系统问题，企业在创新商业模式时，必须考虑到市场需求、竞争环境、技术进步、客户行为、供应链管理等多方面的因素。这些因素不是独立存在的，而是相互联系的。因此，传统的线性思维方法难以全面把握商业模式创新中的复杂性，而系统思维则能够提供更全面的视角，帮助企业更好地理解和应对这些复杂性。

（二）系统思维在商业模式创新中的作用

系统思维在商业模式创新中起着以下几个关键作用。

1. 全面分析

系统思维能够帮助企业全面分析商业模式的各个组成部分及其相互关系，避免出现只关注某一部分而忽视整体的错误。

2. 识别关键因素

通过系统思维，企业可以识别出对商业模式成功起到重要作用的关键因素，并集中资源进行优化。

3. 管理复杂性

系统思维能够帮助企业理解商业模式中的复杂性，并通过反馈回路和系统动力学模型来预测和管理复杂性。

4. 长期视角

系统思维强调动态复杂性，关注系统在时间维度上的演变。因此，系统思维有助于企业在创新商业模式时考虑长期影响和潜在风险。

5. 优化决策

通过系统思维，企业可以更好地理解决策的全局影响，从而做出更明智的决策，减少意外后果。

（三）系统思维与设计思维的互补性

在商业模式创新的过程中，系统思维和设计思维可以互为补充。设计思维侧重于以用户为中心的创新过程，通过快速原型和迭代来探索和解决问题。而系统思维则关注整个商业模式的系统性和复杂性，帮助企业理解和优化其商业模式的整体架构和长期影响。例如，设计思维可以帮助企业通过用户研究和原型设计来定义和验证价值主张，而系统思维则可以帮助企业分析该价值主张如何影响其他商业模式要素及如何被其他商业模式要素影响，如收入模型和渠道策略。

四、如何利用系统思维进行商业模式创新

（一）明确商业模式的系统边界

在进行商业模式创新时，首先要明确系统的边界。企业需要确定哪些因素是商业模式的一部分，哪些是外部环境的一部分。这包括识别商业模式的关键要素，如客户细分、价值主张、渠道、收入来源等，以及这些要素之间的相互

关系和相互依赖性。明确系统边界后，企业可以使用因果回路图或系统动力学模型来描述这些要素之间的关系，分析如何通过优化某些要素来改善整个商业模式。

（二）分析反馈回路

商业模式中的反馈回路是系统行为的核心驱动力。正反馈回路可以带来增长和加速，而负反馈回路则可以稳定和调节系统。在商业模式创新的过程中，企业需要识别并分析这些反馈回路，以便理解商业模式如何随着时间的推移而演变。例如，在一个以订阅模式为基础的商业模式中，用户增长（正反馈回路）和用户流失（负反馈回路）是两个关键的反馈回路。通过系统思维，企业可以识别这些反馈回路，并采取措施增强正反馈回路（如通过增加客户满意度来提高用户留存率）和减弱负反馈回路（如降低用户流失率）。

（三）识别系统的杠杆点

系统的杠杆点是指那些对系统整体行为有着重大影响的关键要素。在商业模式创新的过程中，识别和利用杠杆点可以帮助企业在不增加大量资源投入的情况下，显著改善其商业模式的绩效。通过系统思维，企业可以更好地识别出重要的杠杆点。例如，对于一个在线平台型企业来说，用户网络效应可能是一个重要的杠杆点。通过促进用户增长和活跃度，平台可以吸引更多的合作伙伴和资源，从而进一步提升平台的价值。

（四）进行系统动态模拟

系统动态模拟是一种强大的工具，用于预测商业模式在不同情境下的表现。通过构建系统动力学模型，企业可以模拟不同的策略和决策对商业模式的长期影响。这种方法可以帮助企业预见潜在的挑战和机遇，并制定相应的应对策略。例如，一家零售公司可以使用系统动态模拟来预测不同定价策略、市场推广活动或供应链管理决策对其盈利能力和市场份额的影响。

（五）进行敏感性分析

敏感性分析用于评估系统对不同变量的敏感性，这种分析可以帮助企业识别出对商业模式影响最大的变量，并针对这些变量制定相应的管理和优化策略。通过系统思维，企业可以了解哪些因素对其商业模式的成功最为重要，从而集中资源进行优化。例如，对于一家物流公司来说，运输成本和交付时间可能是两个关键的敏感性因素。通过优化这些因素，公司可以显著提升其竞争力。

五、案例分析

特斯拉是一家电动汽车和能源解决方案公司，其商业模式不仅涉及电动汽车的生产和销售，还包括能源存储、能源生产和软件服务等多个领域。特斯拉的商业模式复杂而广泛，涉及多个相互依赖的系统，如供应链管理、研发、市场推广、用户体验和售后服务。

（一）系统思维在特斯拉商业模式中的应用

特斯拉的生产系统和供应链是其商业模式的关键组成部分。通过系统思维，特斯拉能够识别其生产系统中的反馈回路，如生产效率与成本之间的关系。通过优化生产线和供应链管理，特斯拉实现了规模经济，并降低了生产成本。同时，特斯拉还通过垂直整合供应链，确保了关键零部件的供应稳定性，从而提高了整体生产系统的韧性。

特斯拉的商业模式还依赖于用户网络效应和品牌价值的提升。通过系统思维，特斯拉识别出正反馈回路，即随着用户数量的增加，品牌知名度和市场认可度也随之提高，从而进一步推动了销售增长。特斯拉通过口碑营销、用户社区建设和持续的创新，增强了这一正反馈回路。

特斯拉的商业模式不仅限于电动汽车，还包括可持续能源解决方案，如太阳能面板和家庭能源存储设备。通过系统思维，特斯拉将这些产品和服务整合成一个可持续能源生态系统。这个系统中的各个部分相互支持，形成了一个强大的商业模式。例如，电动汽车的用户可以使用太阳能面板为其车辆充电，而多余的能源可以存储在家庭能源存储设备中，这不仅降低了用户的能源成本，还增加了特斯拉产品的吸引力。

（二）系统动力学模拟与战略规划

特斯拉使用系统动力学模型来预测不同战略决策的长期影响。例如，在扩展生产能力时，特斯拉会模拟不同市场需求、供应链能力和技术进步对其未来增长的影响。这种模拟可以帮助特斯拉做出更加明智的决策，并减少市场波动和供应链中断的风险。

（三）识别和利用杠杆点

通过系统思维，特斯拉识别出其商业模式中的几个关键杠杆点。例如，研发投入和技术创新是特斯拉维持竞争优势的核心杠杆点。通过不断投资新技术和创新，特斯拉能够保持其在电动汽车和能源领域的领先地位。另一个杠杆点是充电网络的建设，特斯拉通过建立全球性的超级充电站网络，解决了用户对充电便利性的担忧，从而提高了电动汽车的市场接受度。

（四）系统思维的长期视角

特斯拉的成功还在于其长期视角。通过系统思维，特斯拉能够预见未来能源市场的变化趋势，并制定相应的战略。例如，特斯拉早在多年前就开始投资太阳能和能源存储领域，这使得其在能源转型的大趋势中处于有利地位。通过系统思维，特斯拉不仅关注短期盈利，还致力于构建一个可持续发展的未来。

系统思维为商业模式创新提供了一种全新的视角，可以帮助企业理解和应对商业模式的复杂性、动态性和不确定性。在商业模式创新的过程中，系统思维不仅关注各个要素的优化，还注重它们之间的相互关系和整体系统的行为。通过系统思维，企业可以识别关键杠杆点，优化决策，管理复杂性，从而设计出更加稳健和可持续的商业模式。

特斯拉的成功案例表明，系统思维在商业模式创新中的应用是至关重要的。通过全面分析、反馈回路识别、系统动态模拟和识别杠杆点，特斯拉不仅在电动汽车市场中取得了领先地位，还成功构建了一个可持续发展的能源生态系统。这种系统性思维方式为其他企业在设计和优化商业模式时提供了宝贵的借鉴和启示。

未来，随着市场环境的变化和技术的进步，系统思维在商业模式创新中的作用将愈发重要。企业需要不断提升其系统思维能力，以应对复杂多变的商业环境，抓住新的机遇，实现长期可持续发展。

第四节　商业模式创新设计的方法与过程

商业模式创新设计的方法与过程可以分为三个关键步骤，即构想商业模式创新、迭代商业模式创新和实施商业模式创新，如图 9-1 所示。

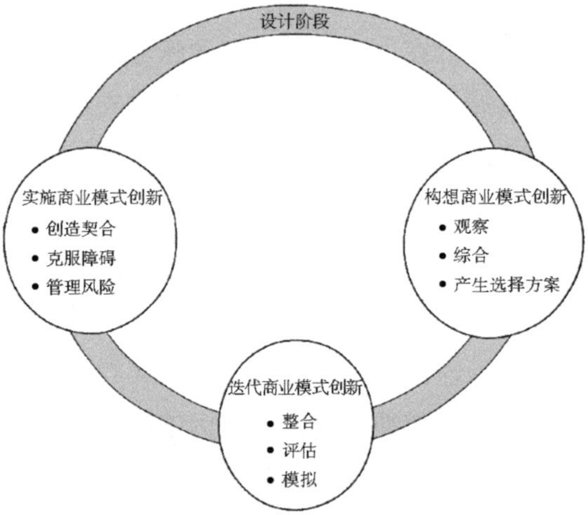

图 9-1　商业模式创新设计的方法与过程

构想商业模式创新，这一阶段的核心是通过观察、综合和产生选择方案来形成新的商业模式。首先，通过观察，企业深入了解市场趋势、用户需求和竞争态势，发现市场中的痛点和机会。然后，企业将这些观察结果与自身的核心能力和资源相结合，综合形成初步的商业模式框架。最后，通过头脑风暴和创意发散，企业产生多个商业模式选择方案，并根据市场潜力和技术可行性等标准进行初步筛选和验证。

迭代商业模式创新。在构想阶段确定了初步方案后，企业进入迭代阶段，重点在于整合、评估和模拟。企业需要将各个商业模式要素整合成一个协调一致的整体，并通过财务分析、市场测试和风险评估等方式验证其可行性。接着，通过系统动力学模拟和敏感性分析，企业可以预测商业模式在长期中的表现，识别可能的挑战和优化机会，从而进行进一步的调整和优化。

实施商业模式创新。经过多轮迭代后，企业开始实施商业模式创新，这一阶段的重点是创造契合、克服障碍和管理风险。企业需要确保商业模式与市场需求、用户期望和企业战略紧密对接，找到合适的市场定位。同时，企业应通过组织调整、资源配置和文化变革来克服实施过程中的内部障碍，并通过有效的风险管理策略应对市场、运营和财务方面的不确定性，确保商业模式的成功落地和持续发展。

通过上述三个步骤，企业能够系统性地设计、优化，并成功实施创新的商业模式，在竞争激烈的市场中保持领先地位。

一、构想商业模式创新

在商业模式创新的过程中，第一步是构想商业模式创新。这一阶段的主要任务是通过观察、综合和产生选择方案，形成一系列潜在的商业模式，这些商业模式应能够满足市场需求，解决用户痛点，并具备可行性和竞争力。

（一）观察

构想商业模式创新的第一步是观察。观察不仅仅是看表面现象，更是深入理解市场环境、行业动态和用户需求。这一步骤涉及大量的市场调研、用户访谈、竞争对手分析和趋势研究。

1. 市场调研与趋势分析

市场调研的目的是了解市场规模、增长潜力、主要用户及其竞争优势。在这个过程中，企业需要关注宏观经济因素、行业政策变化、技术进步、消费者行为变化等。趋势分析可以帮助企业识别潜在的市场机会和威胁，为商业模式创新奠定基础。

案例 9-3：爱彼迎的市场观察

在创立初期，爱彼迎的创始团队深入观察了旅游和住宿行业的市场变化。他们发现，传统酒店市场存在价格高昂、个性化不足等问题，而许多城市的住房资源却存在闲置的现象。与此同时，越来越多的年轻人倾向于寻找个性化、价格合理且富有当地特色的住宿体验。这些观察结果使爱彼迎团队意识到，共享经济模式在旅游住宿领域具有巨大潜力。

2. 用户研究与需求分析

理解用户需求是商业模式创新的关键。通过用户访谈、焦点小组、问卷调查和行为观察，企业可以深入了解用户的痛点、期望和未被满足的需求。用户研究可以帮助企业在创新商业模式时确保其价值主张能够真正解决用户的核心问题。

案例 9-4：奈飞的用户需求理解

奈飞最初作为提供光盘租赁服务的公司，通过深入研究用户的观影习惯和需求，发现用户在选择和观看电影时面临诸多不便，如实体店的租赁时间限制、库存限制和归还的不便性。基于这些观察结果，奈飞决定转型为在线流媒体服务，满足用户随时随地观看电影和电视剧的需求，彻底改变了人们的观影方式。

3. 竞争对手分析

在观察阶段，企业还需要详细分析竞争对手的商业模式，了解其优势和劣势。通过对竞争对手的研究，企业可以识别市场上的空白点，找到差异化竞争的机会。

案例 9-5：优步的竞争对手分析

优步在构想其商业模式时，深入分析了传统出租车行业的不足之处，如服务质量参差不齐、叫车难度大、价格不透明等。通过这些分析，优步意识到可以借助一个打车应用程序来解决这些问题，直接连接乘客和司机，提供更便捷、透明的服务体验，从而迅速占领市场。

（二）综合

在观察阶段收集到大量数据之后，下一步是将这些信息综合，构建商业模式的基本框架。这一步涉及将市场机会与企业的核心能力相结合，形成初步的商业模式概念。

1. 核心能力与资源分析

企业在构想商业模式时，必须考虑其核心能力和资源，主要包括技术优势、品牌影响力、客户关系、渠道资源等。通过识别企业的核心竞争力，商业模式创新可以建立在企业最擅长的领域，从而提高成功的可能性。

案例 9-6：苹果公司的核心能力与商业模式创新

苹果公司在推出 iPhone 时，充分利用了其在硬件设计、软件开发和品牌建设等方面的核心能力。苹果公司不仅创造了一个革命性的产品，还构建了一个完整的生态系统，包括 App Store、iCloud 等服务，将硬件、软件和内容无缝集成，形成了独特的商业模式，牢牢锁定了用户。

2. 价值主张的确定

价值主张是商业模式的核心，它定义了企业为客户提供的独特价值。在这一阶段，企业需要明确其产品或服务如何解决用户的关键问题，满足用户的核心需求，并在竞争中脱颖而出。

案例 9-7：特斯拉的价值主张

特斯拉在电动汽车市场上的价值主张不仅仅是环保和高效的交通工具，更是通过高性能、智能科技和充电网络，提供一种全新的驾驶体验。特斯拉的价值主张吸引了大量有强烈环保意识的消费者，同时也满足了高端市场对性能和科技的追求。

3. 商业模式画布的应用

商业模式画布是一种非常有效的工具，可以帮助企业在综合阶段理清商业模式的各个要素。通过商业模式画布，企业可以直观地看到其客户群体、价值主张、渠道、客户关系、收入来源、关键资源、关键活动、合作伙伴和成本结构等要素是如何互相关联的。

案例 9-8：飒拉的商业模式画布

飒拉（Zara）是快时尚品牌的领导者，其商业模式画布（如图 9-2 所示）显示出飒拉是如何通过快速反应的供应链、优越的地理位置、独特的产品设计和高效的库存管理来实现其价值主张的。飒拉能够在短时间内将最新的时尚趋势推向市场，并通过其零售网络快速售罄库存，这使得其商业模式在竞争激烈的时尚行业中脱颖而出。

<table>
<tr>
<td rowspan="2">重要合作
1. 供应商：面料供应商、制造商。
2. 物流合作伙伴：全球配送支持。
3. 零售物业业主。</td>
<td>关键业务
1. 产品设计与开发。
2. 供应链管理。
3. 库存管理。
4. 市场营销与品牌传播。</td>
<td rowspan="2">价值主张
1. 快速更新的时尚产品，紧跟潮流。
2. 高性价比的时尚服饰。
3. 独特设计、限量供应，增强购买紧迫感。</td>
<td>客户关系
1. 自助服务：门店和线上平台自助购买。
2. 会员和忠诚度计划。
3. 数据驱动的个性化推荐。</td>
<td rowspan="2">客户细分
1. 时尚消费者：年轻、时尚追随者，对价格敏感。
2. 全球消费者：男女、儿童服装。</td>
</tr>
<tr>
<td>核心资源
1. 设计与研发团队。
2. 快速反应的供应链。
3. 全球零售网络。
4. 先进的技术和数据系统。</td>
<td>渠道通路
1. 全球门店：主要位于热门商业区。
2. 在线销售：官方网站和移动应用。</td>
</tr>
<tr>
<td colspan="3">成本结构
1. 生产和制造成本。
2. 零售运营成本。
3. 研发与技术投资。</td>
<td colspan="2">收入来源
1. 服装、鞋类、配饰的销售收入（线下与线上）。
2. 季节性折扣促进销售。</td>
</tr>
</table>

图 9-2　飒拉的商业模式画布

（三）产生选择方案

在综合阶段之后，下一步是产生选择方案。这一步的目标是探索多种可能的商业模式创新，并选择最具潜力的方案进行深入研究和验证。

1. 创意发散与头脑风暴

在产生选择方案阶段，企业应鼓励创意发散，通过头脑风暴等方法生成多种商业模式概念。参与头脑风暴的团队应具备多样性，来自不同背景的成员能够带来不同的视角和创意，帮助企业发现意想不到的商业机会。

案例 9-9：谷歌的头脑风暴与 AdSense 的诞生

谷歌在发展初期，通过内部头脑风暴产生了众多创意，其中之一就是 Ad-

Sense。这一商业模式通过自动化广告匹配，将广告与网站内容相结合，实现精准投放，极大地提高了广告效果和用户体验。AdSense不仅成为谷歌的重要收入来源，也彻底改变了互联网广告的商业模式。

2. 多重商业模式的探索

企业在产生选择方案时，应考虑多种商业模式的可能性，而不是局限于单一模式。例如，可以同时探索基于订阅的收入模式、基于广告的收入模式或基于交易佣金的收入模式。不同的商业模式可能适用于不同的市场或客户群体。

案例9-10：亚马逊的多重商业模式

亚马逊从在线书店起步，逐步扩展到多种商业模式，包括电子商务平台、云计算服务、电子书和媒体内容销售、广告业务等。通过多重商业模式的探索，亚马逊不仅在零售领域取得了成功，还在云计算和数字内容领域建立了强大的竞争优势。

3. 商业模式选择的标准

在产生了多个商业模式选择方案之后，企业需要根据一定的标准对这些方案进行筛选。选择标准通常包括市场潜力、技术可行性、财务可行性、与企业核心能力的契合度、竞争优势等。通过这些标准，企业可以评估每个方案的优缺点，并选择最有可能成功的方案进行下一步的验证和迭代。

案例9-11：声田的商业模式选择

声田在选择其商业模式时面临多个选择，包括传统的数字音乐销售、广告支持的免费模式和订阅模式。经过深入分析，声田选择了订阅模式作为其主要收入来源，同时保留了免费用户广告支持模式。这个双重商业模式的选择帮助声田迅速扩大了用户基础，同时建立了稳定的收入流，成功在激烈的音乐流媒体市场中占据了领先地位。

4. 原型设计与快速验证

在确定了最有潜力的商业模式方案后，企业应尽快进入原型设计和快速验证阶段。通过构建低成本的原型，企业可以在实际市场环境中测试其商业模式的可行性，并收集用户反馈，从而进一步优化和调整方案。

案例 9-12：Dropbox 的原型设计与市场验证

Dropbox 在推出其云存储服务之前，创建了一个简单的原型视频，向用户展示其服务的基本功能。这个原型视频帮助 Dropbox 在产品正式推出之前就获得了大量用户的兴趣和反馈，为商业模式的进一步发展提供了重要的验证数据。通过快速验证，Dropbox 能够在早期阶段识别并解决潜在的问题，确保了商业模式的成功实施。

构想商业模式创新是商业模式创新过程中至关重要的一步。在这一阶段，通过深入观察市场和用户、综合分析企业能力与资源、产生多种选择方案并进行初步验证，企业可以发现新的商业机会，并为商业模式创新奠定坚实的基础。这一过程不仅需要创意和创新思维，还需要系统性和结构化的分析方法。通过结合多种工具和方法，如市场调研、用户研究、竞争对手分析、商业模式画布和头脑风暴等，企业可以在构想阶段充分发掘潜在的商业模式，并为后续的迭代和实施做好准备。

未来，随着市场环境和技术的不断变化，企业需要保持敏锐的观察力和创新精神，持续探索和开发新的商业模式，以应对不断变化的市场需求和竞争压力。通过构想阶段的深入分析和精心设计，企业可以在商业模式创新的道路上迈出坚实的第一步。

二、迭代商业模式创新

在商业模式创新的过程中，第二步是迭代商业模式创新。这一阶段的核心任务是通过整合、评估和模拟，反复优化商业模式，以确保其可行性和市场适应性。迭代过程不仅可以帮助企业完善其商业模式，还能够通过持续反馈和调整，发现并解决潜在的问题，最终形成一个经得起市场考验的商业模式。

（一）整合

迭代的第一步是整合，即将之前构思阶段产生的多个商业模式要素结合起来，形成一个初步的、整体的商业模式方案。整合阶段要求企业将市场观察、用户需求、技术能力、核心资源等多个方面的信息进行有机结合，确保商业模式的各个部分能够协调运作，并为企业创造持续的价值。

1. 关键要素的组合

在整合过程中，企业需要将商业模式的九大要素（客户细分、价值主张、渠道、客户关系、收入来源、关键资源、关键活动、关键伙伴和成本结构）进行有效组合。通过这种方式，企业可以形成一个完整的、可执行的商业模式框架。

案例 9-13：Uber Eats 的要素整合

Uber Eats 作为优步的子业务，整合了母公司的技术能力（如 GPS 定位和支付系统）、市场资源（已有的司机网络）和用户基础（现有的优步用户）。Uber Eats 通过将这些要素与新的食品配送服务相结合，形成了一个新的商业模式，并迅速扩展到全球多个市场。在整合过程中，Uber Eats 确保了配送效率、食品质量和用户体验的协同发展，从而增强了其市场竞争力。

2. 商业模式的整合与一致性

在整合阶段，商业模式的一致性非常重要。企业需要确保其价值主张与客户细分之间的匹配，收入来源与成本结构之间的平衡，以及关键资源、关键活动和关键伙伴之间的协调。通过保持商业模式内部的一致性，企业可以降低运营风险，提高整体效率。

案例 9-14：苹果公司的硬件、软件和服务整合

苹果公司的成功很大程度上归功于其商业模式的一致性和整合能力。苹果公司通过将硬件（iPhone、iPad）、软件（iOS 操作系统）和服务（App Store、iCloud）紧密结合，创造了一个封闭的生态系统。这个生态系统不仅确保了用户的忠诚度，还通过各个部分的相互配合，创造了持续的收入流。这种整合和一致性是苹果公司在激烈的科技市场中保持领先地位的关键。

3. 考虑外部因素的影响

在整合商业模式时，企业还需要考虑外部因素的影响，如市场竞争、技术变化、政策法规等。这些外部因素可能对商业模式的可行性产生重大影响，因此在整合阶段，企业必须进行充分的情境分析，确保商业模式能够在不同的外部环境中保持稳定。

案例 9-15：特斯拉对政策和市场环境的适应

特斯拉在整合其商业模式时，充分考虑了全球各地的环保政策和电动车市场的成熟度。例如，在欧洲和中国市场，政府对电动车的补贴和政策支持力度较大，特斯拉通过调整其定价策略、充电网络布局和生产计划，成功适应了这些市场环境。这种对外部因素的敏锐反应，使得特斯拉在全球市场中获得了利润快速增长的机会。

（二）评估

在整合阶段之后，企业需要对商业模式进行评估。评估阶段的目的是验证商业模式的可行性，确保其在实际市场中能够运行并产生预期的效果。评估通常通过定量和定性的方式进行，包括财务可行性分析、市场测试与验证、风险评估与管理等。

1. 财务可行性分析

财务可行性分析是评估阶段的重要部分。企业需要通过财务模型，预测商业模式的成本结构、收入来源、利润空间，以及投资回报率等关键指标。财务可行性分析不仅可以帮助企业了解商业模式的经济可行性，还能够识别潜在的财务风险。

案例 9-16：奈飞的财务模型评估

奈飞在推出流媒体服务之前，进行了详细的财务分析。通过对订阅收入、内容成本、服务器和带宽成本、用户获取成本等关键因素进行分析，奈飞确定了其商业模式的财务可行性。这种深入的财务评估帮助奈飞在迅速扩展用户基础的同时，保持了健康的现金流和盈利能力，为后续的全球扩张奠定了基础。

2. 市场测试与验证

除了财务可行性分析之外，企业还需要进行市场测试，以验证商业模式在真实市场中的表现。市场测试可以通过小规模试点、A/B 测试、用户体验调查等方式进行，目的是收集用户反馈，验证商业模式的市场接受度和用户满意度。

案例 9-17：爱彼迎的市场测试

在早期阶段，爱彼迎通过在特定城市的小规模试点，测试其共享住宿模式的市场接受度。在这些测试中，爱彼迎收集了大量的用户反馈，验证了用户对个性化住宿体验的需求，并根据反馈不断优化平台功能和服务标准。通过市场测试，爱彼迎不仅验证了其商业模式的可行性，还积累了宝贵的用户数据，为后续的全球扩展做好了准备。

3. 风险评估与管理

评估阶段还需要识别和评估商业模式可能面临的风险。风险评估包括市场风险、运营风险、技术风险、法律风险等。企业需要制定相应的风险管理策略，以应对潜在的挑战，确保商业模式的可持续性。

案例 9-18：优步的风险管理

优步在全球扩展的过程中面临着多种风险，包括法律风险、竞争风险和运营风险等。为了应对这些风险，优步在不同国家和地区采取了灵活的本地化策略，如调整定价模式、与当地政府和监管机构合作、适应不同的市场需求等。这种全面的风险评估和管理策略，帮助优步在复杂多变的全球市场中保持了业务的稳定增长。

（三）模拟

在评估阶段之后，企业需要通过模拟来预测商业模式在长期中的表现。模拟阶段的目的是通过系统动力学模型或其他模拟工具，预测商业模式在不同情境下的表现，帮助企业预见潜在的问题和机会。

1. 系统动力学模拟

系统动力学模拟是一种用于预测复杂系统行为的工具。通过构建商业模式的系统动力学模型，企业可以模拟不同策略、市场变化和外部冲击对商业模式的长期影响。系统动力学模拟可以帮助企业理解商业模式的动态行为，并识别关键的杠杆点，以便进行有效的管理和优化。

案例 9-19：亚马逊的系统动力学模拟

亚马逊在扩展其电商平台时，通过系统动力学模拟来预测不同市场扩展策略的效果。例如，亚马逊模拟了不同配送网络布局、物流自动化技术应用和市场推广策略对成本和用户增长的长期影响。这种模拟帮助亚马逊优化了其全球供应链和运营模式，确保了平台的高效运行和用户体验的持续提升。

2. 敏感性分析

敏感性分析是评估商业模式对不同变量敏感性的重要工具。通过改变模型中的关键参数，企业可以了解这些变量对商业模式整体表现的影响，从而识别出商业模式的薄弱环节和优化机会。

案例 9-20：声田的敏感性分析

声田在商业模式模拟过程中，通过敏感性分析评估了用户获取成本、版权费用和用户留存率等关键因素对整体业务表现的影响。通过敏感性分析，声田能够精确定位其成本结构中的主要风险，并采取相关措施优化用户获取策略和版权谈判，以提高盈利能力和市场竞争力。

3. 场景分析与情境规划

场景分析和情境规划可以帮助企业预测商业模式在未来不同情境下的表

现。通过构建多个可能的未来场景，企业可以测试商业模式在不同市场条件、技术进步、政策变化等情境下的适应性，从而制定相应的战略规划。

案例 9-21：特斯拉的情境规划

特斯拉在规划其未来发展时，通过情境规划分析了多个可能的市场和技术情境。例如，特斯拉分析了在不同的电池技术进步、全球油价变化和政府政策支持力度下，其电动车业务的增长前景和挑战。这种情境规划帮助特斯拉制定了灵活的战略计划，能够在不同的市场环境中快速调整，从而保持竞争优势。

迭代商业模式创新是商业模式创新过程中的关键步骤，通过整合、评估和模拟，企业可以反复优化其商业模式，以确保其在市场中的可行性和可持续性。在这个阶段，企业不仅要关注商业模式的内部一致性，还需要通过市场测试、财务分析和系统模拟等手段，验证其商业模式在实际运营中的表现。迭代过程是一个持续改进的过程，通过不断的反馈和调整，企业可以发现并解决商业模式中的潜在问题，最终形成一个能够在竞争激烈的市场中立足并发展的商业模式。通过整合、评估和模拟，企业能够更加深入地理解商业模式的动态行为和长期影响，从而做出更明智的战略决策。

未来，随着市场环境的不断变化，企业需要保持灵活性和适应性，通过迭代持续优化其商业模式，以应对新的挑战并抓住新的机会。

三、实施商业模式创新

在商业模式创新的过程中，第三步是实施商业模式创新。这个阶段的重点是将经过迭代优化的商业模式付诸实践，以确保其在市场中成功运行。实施过程涉及创造契合、克服障碍和管理风险等多个方面。企业需要在这一过程中精心管理，以确保商业模式能够顺利落地，并在实际运营中达到预期效果。

（一）创造契合

实施商业模式的第一步是创造契合，即确保商业模式与市场需求、用户需求和企业的战略目标紧密对接。这个阶段的关键在于将企业的价值主张、客户群体和市场环境有机结合，确保商业模式在市场中能够找到合适的定位和机会。

1. 市场契合度的测试

在实施商业模式时，企业需要通过市场测试来确保其商业模式与目标市场的契合度，这可以通过试点项目、A/B 测试或小规模的市场推广来实现。市场契合度的测试有助于企业验证其价值主张是否真正满足了用户的需求，并为大规模推广提供数据支持。

案例 9-22：星巴克的市场契合测试

星巴克在进入新市场时，通常会通过小规模的试点测试来评估其商业模式与当地市场的契合度。例如，星巴克在进入中国市场时，首先在北京等大城市进行试点，观察中国消费者对咖啡文化的接受程度。通过这些测试，星巴克发现中国消费者对咖啡的需求逐渐增加，同时也对店内环境和社交体验有较高的期待。基于这些观察结果，星巴克调整了其商业模式，包括产品种类和门店设计，成功在中国市场找到了契合点。

2. 渠道与客户关系的建立

渠道与客户关系的建立是创造契合的重要部分。在实施商业模式时，企业需要选择最合适的销售和分销渠道，并建立有效的客户关系管理体系。通过正确的渠道，企业能够更高效地接触到目标客户群体，并通过良好的客户关系管理提高用户的忠诚度和满意度。

案例 9-23：耐克的渠道与客户关系管理

耐克在实施其“直接面向消费者”（Direct to Consumer，DTC）商业模式时，专注于建立自己的线上销售渠道和品牌门店网络。通过这些渠道，耐克不仅减少了对第三方零售商的依赖，还能直接与消费者建立更紧密的关系。耐克利用其线上平台提供个性化产品推荐和用户体验，增强了用户的品牌忠诚度，并通过数据分析优化客户关系管理，提升了整体销售表现。

3. 与企业战略的对接

在实施商业模式时，企业需要确保其新的商业模式与整体战略保持一致。企业战略为商业模式的实施提供了方向和框架，而商业模式则是实现战略目标的具体路径。因此，在实施商业模式的过程中，企业必须协调商业模式与战略目标、资源配置、组织结构等方面的关系，以确保商业模式的成功落地。

案例 9-24：特斯拉的商业模式与战略对接

特斯拉商业模式的成功实施，一个重要因素是其与公司长期战略的紧密对接。特斯拉的战略目标是加速世界向可持续能源的转变，而其商业模式便围绕着这一目标展开，包括电动汽车的设计、生产和销售，以及能源解决方案（如太阳能和能源存储等）。通过将商业模式与战略目标有机结合，特斯拉不仅成功实施了其商业模式，还在全球范围内推动了电动汽车和可再生能源的普及。

（二）克服障碍

在实施商业模式时，企业往往会面临着多种障碍或挑战，这些障碍或挑战可能来自内部（如组织结构和文化、资源限制等）或外部（如市场竞争、法规政策、技术变化等）。企业需要识别并克服这些障碍或挑战，以确保商业模式的顺利运行。

1. 组织结构和文化的调整

新的商业模式通常需要企业在组织结构和文化上进行调整，以适应新的运营方式和市场需求。组织结构调整包括设立新的部门、重组业务流程、调整职责分配等，文化调整则涉及改变员工的工作方式、管理风格和企业价值观。

案例 9-25：国际商业机器公司的组织变革

国际商业机器公司在向服务型公司转型的过程中，实施了新的商业模式，开始专注于互联网咨询和云计算服务。这一转型要求国际商业机器公司在组织结构上进行重大调整，从原先的以硬件制造为主的结构转向服务导向的结构。同时，国际商业机器公司还推动了企业文化的转变，鼓励员工创新和客户导向。这些组织和文化方面的调整，使国际商业机器公司成功克服了转型中的阻力，确保了新的商业模式得以实施和发展。

2. 资源配置与能力建设

实施新的商业模式往往需要企业在资源配置上进行重新调整，以确保关键资源能够支持商业模式的运行。同时，企业还需要通过培训和发展，提升员工的能力，以适应新的工作要求。

案例 9-26：亚马逊的资源配置与能力建设

亚马逊在发展网络服务业务时，面临着资源和能力的挑战。为了确保网络服务商业模式的成功，亚马逊投入了大量资源进行数据中心的建设，同时大力招募和培养云计算领域的技术人才。通过这些资源配置和能力建设的举措，亚马逊成功克服了实施网络服务过程中遇到的挑战，使网络服务成为其最重要的业务增长引擎之一。

3. 法规与市场环境的应对

外部环境中的法规政策变化、市场竞争加剧和技术更新换代，可能会对商业模式的实施构成威胁。企业需要保持对外部环境的敏锐度，及时调整其商业模式，以应对这些挑战。

案例 9-27：优步对法规变化的应对

在全球扩展的过程中，优步常常面临着当地法规和政策的挑战。为了应对这些挑战，优步采取了多种策略，如与当地政府合作、调整业务模式以符合监管要求、积极参与公共政策的制定等。通过灵活应对法规和市场环境的变化，优步成功在多个国家和地区推动了其商业模式的实施。

（三）管理风险

在实施商业模式的过程中，企业需要面对和管理各种风险，这些风险包括市场风险、运营风险、财务风险和战略风险等。有效的风险管理策略能够帮助企业在面对不确定性时保持韧性，确保商业模式的持续性和成功。

1. 市场风险管理

市场风险包括需求波动、竞争压力、消费者行为变化等。企业需要通过市场研究、情景分析和预测模型等手段，提前识别和管理这些风险，以确保商业模式能够适应市场变化。

案例 9-28：苹果公司的市场风险管理

苹果公司在实施其商业模式时，面对着激烈的市场竞争和消费者需求的不断变化。为了管理市场风险，苹果公司在产品设计、市场推广和供应链管理等方面进行了全面规划。例如，在推出新产品前，苹果公司通过广泛的市场调研和用户反馈，确保产品能够满足市场需求。此外，苹果公司的供应链管理也非常灵活，能够迅速应对市场需求的波动。这种有效的市场风险管理策略，帮助苹果公司在竞争激烈的科技市场中始终保持领先地位。

2. 运营风险管理

运营风险包括生产过程中的故障、供应链中断、质量控制问题等。企业需要通过加强内部控制、优化运营流程、建立冗余系统等措施，降低运营风险的影响。

案例 9-29：丰田汽车的运营风险管理

丰田汽车以其精益生产体系闻名，该体系在实施过程中通过严格的质量控制和流程优化，降低了生产过程中的运营风险。尽管如此，丰田汽车仍然为了应对供应链中断等不可控因素而建立了应急响应机制，如多源采购、建立战略库存等。这些措施帮助丰田汽车在应对自然灾害和供应链中断时能够迅速恢复生产，确保其商业模式的持续性。

3. 财务风险管理

财务风险包括资金短缺、投资回报率低、现金流不足等。企业需要通过财务规划、预算管理和风险投资组合等手段，确保商业模式在实施过程中保持财务稳定。

案例 9-30：奈飞的财务风险管理

奈飞在实施其流媒体订阅模式时，面临着巨大的内容投资压力和现金流风险。为了管理财务风险，奈飞采取了分期投资、利用债务融资和全球市场扩张等策略，确保其能够持续投入高质量内容的制作。同时，奈飞通过严格的预算管理和投资回报分析，优化了内容投资的回报率，确保了其商业模式的财务可持续性。

4. 战略风险管理

战略风险包括市场进入失败、技术路径选择错误等。企业需要通过长期战略规划、技术跟踪和竞争对手分析等手段，降低战略风险，确保商业模式的成功实施。

案例 9-31：谷歌的战略风险管理

谷歌在实施其广告商业模式时，通过战略风险管理确保了其全球市场的领导地位。谷歌不仅通过不断创新（如推出 AdSense、AdWords 等新产品）来保持技术领先，还通过并购和投资扩展其业务领域，降低单一市场或技术路径的风险。此外，谷歌积极跟踪技术趋势和竞争对手动向，及时调整战略，确保其商业模式在变化的市场环境中保持竞争力。

实施商业模式创新是商业模式创新过程的最后一步，也是将理论转化为实践的关键阶段。在这一阶段，企业需要通过创造契合、克服障碍和管理风险，确保商业模式能够顺利落地，并在实际运营中达到预期效果。实施商业模式创新的成功与否，直接关系到商业模式能否在市场中立足并持续发展。通过市场契合测试、组织结构调整、资源配置优化和有效的风险管理，企业可以在实施商业模式创新的过程中最大限度地减少不确定性，从而增强商业模式的抗风险能力。

未来，随着市场环境的不断变化，企业需要在实施商业模式时保持灵活性和敏捷性，通过持续的反馈和调整，确保商业模式能够应对新的挑战并抓住新的机会。成功的商业模式实施不仅要求对市场和技术有深刻的理解，还需要企业具备卓越的执行能力和风险管理能力。

案例九：传音控股的商业模式创新

传音控股（Transsion Holdings）成立于2006年，总部位于中国深圳。尽管在国内知名度较低，但是传音控股却被誉为“非洲之王”，其智能手机品牌，如Tecno、Infinix和Itel，在非洲市场占有主导地位。截至2020年，传音控股在非洲市场的占有率超过40%，远超三星和苹果等全球知名品牌。传音控股的成功并非偶然，而是通过对非洲市场的深入理解和独特的商业模式创新来实现的。

首先，市场观察与用户洞察。传音控股的成功始于对非洲市场的深刻观察与用户洞察。与西方市场不同，非洲市场的特点是经济不发达、基础设施落后、消费者购买力较低，以及文化多样性强。在这种背景下，消费者对手机的需求与其他市场有很大不同。传音控股通过广泛的市场调研，发现非洲用户对手机的需求具有以下特点。

第一，价格敏感。非洲用户的收入普遍较低，因此他们更倾向于购买价格相对低廉但功能齐全的手机。

第二，电池续航需求强烈。由于非洲很多地区电力供应不足，因此非洲用户更倾向于选择电池续航时间长的手机。

第三，多SIM卡需求。许多非洲用户为了节省通信费用，习惯使用多张SIM卡，以享受不同运营商的优惠。

第四，文化需求。非洲不同地区的用户对手机中的照相功能有着特殊的需求，如更好地捕捉深色肤色的拍照效果。

其次，产品与技术创新。根据上述市场观察，传音控股开发了针对非洲市场的产品和技术，在手机设计方面进行了多项创新。

第一，电池容量。传音控股的手机配置了大容量电池，以满足非洲用户对手机长时间使用的需求。

第二，多SIM卡功能。传音控股的手机大多支持双SIM卡甚至三张SIM

卡，以满足非洲用户多卡使用的需求。

第三，相机优化。传音控股开发了针对深色肤色优化的相机算法，使非洲用户能够拍出更清晰、更自然的照片。

第四，定制化系统。传音控股为非洲市场定制了更易用、更符合当地语言和文化习惯的手机操作系统。

再次，本地化营销与渠道管理。传音控股不仅在产品层面进行了创新，还在营销与渠道管理方面采取了独特的策略。传音控股深入非洲市场，与当地的经销商和零售商建立了紧密的合作关系，同时通过一系列本地化的营销活动，提高了品牌的知名度和认可度。

第一，本地化广告。传音控股与非洲当地的媒体合作，采用本地语言进行广告宣传，使其品牌更贴近当地消费者。

第二，渠道下沉。传音控股不仅依赖城市的销售网络，还将渠道深入乡村和偏远地区，确保产品能够覆盖到更多的用户群体。

第三，售后服务网络。传音控股建立了覆盖广泛的售后服务网络，提供维修和技术支持，提升了消费者的满意度和品牌忠诚度。

最后，成本控制和供应链管理。传音控股在成本控制和供应链管理方面也表现出色。通过与国内的制造商紧密合作，利用规模经济和低成本的供应链，传音控股生产出了具有高性价比的手机。同时，传音控股在非洲设立了多个生产和组装工厂，以减少物流成本和进口关税，从而进一步降低了产品的最终价格。

传音控股的这些商业模式创新使其在非洲市场上获得了巨大的成功。2020年，传音控股的手机销量在非洲市场排名第一，其品牌在非洲消费者中享有很高的声誉。传音控股的成功不仅体现在销量上，还反映在其盈利能力和市场份额的稳步增长上。通过精准的市场定位和深度的本地化策略，传音控股成为全球手机市场上一股不可忽视的力量。

讨论以下问题：

（1）传音控股的成功因素有哪些？这些因素是否可以复制到其他新兴市场？

（2）传音控股的商业模式创新有哪些风险？如何管理这些风险？

（3）在全球化背景下，传音控股应如何继续发展和创新？

实训九

选择一个你感兴趣的公司，对其进行商业模式创新设计。

第十章　典型的商业模式

第一节　免费模式

一、模式的形态

免费模式是一种商业策略，通过向用户提供免费的产品或服务来吸引大量用户，并通过其他手段实现盈利。免费模式有多种形态，主要包括以下几种。

（一）广告支持模式

用户可以免费使用产品或服务，企业通过向广告主出售广告位来实现盈利。这种模式的典型代表是谷歌的搜索引擎、脸书的社交平台等。

（二）增值服务模式（Freemium）

免费提供基础服务，用户可以选择付费购买高级功能或增值服务。这种模式常见于在线服务和软件行业，如声田、Dropbox 等。

（三）交叉补贴模式

企业通过低价甚至免费提供某一产品或服务，吸引用户购买其他相关产品或服务来实现盈利。例如，亚马逊通过低价销售 Kindle 设备，后续通过电子书销售获得收入。

（四）数据货币化模式

用户可以免费使用服务，企业收集和分析用户数据，通过将这些数据变现来获利。这种模式在互联网平台和科技公司中比较常见，如谷歌和脸书利用用户数据进行精准广告投放。

二、模式的起源

免费模式的起源可以追溯到 19 世纪末的报纸业。当时，报纸通过低价或免费发售来吸引大量读者，然后通过广告销售获取收入。这一模式在 20 世纪逐渐扩展到广播和电视行业。随着互联网的兴起，免费模式得到了进一步的发展和创新。

在互联网时代，免费模式成为许多科技公司迅速扩展用户基础的关键策略。谷歌是互联网时代免费模式的典型代表之一，它通过提供免费的搜索服务，迅速占领了市场，并通过广告实现盈利。其他如脸书、推特（Twitter）等社交媒体平台，也通过免费模式积累了海量用户，并以此为基础构建了庞大的广告收入体系。

三、模式的创新者

互联网时代的免费模式由多个创新者推动，但谷歌无疑是其中最具代表性的企业之一。谷歌在 1998 年推出了其搜索引擎，并迅速通过广告支持模式成为全球最受欢迎的搜索引擎。谷歌的创新在于其独特的广告投放系统（AdWords），通过精准匹配用户的搜索意图和广告，极大地提高了广告效果和广告主的投资回报率。

另外，Skype 和声田等公司在各自领域也对免费模式进行了创新。Skype 通过提供免费的互联网语音通话服务吸引用户，随后通过增值功能（如国际通话、视频会议等）实现盈利。声田则通过提供免费流媒体音乐服务积累用户，再通过高级会员服务和广告实现盈利。

四、应用该模式的时机和方式

免费模式的成功应用取决于以下几个关键时机和应用方式。

（一）市场扩展期

当企业需要迅速扩展用户基础时，免费模式是一种有效的策略。通过提供免费产品或服务，企业可以吸引大量用户，建立市场领导地位。这种模式特别适用于新兴市场或新产品的推广阶段。

（二）平台或生态系统构建期

对于平台型企业而言，免费模式可以帮助其快速吸引用户和合作伙伴，形成网络效应。平台的成功往往依赖于用户规模，因此通过免费模式吸引大量用户，再通过增值服务、广告或交易佣金实现盈利是常见的做法。

（三）数据收集期

在大数据驱动的商业环境中，免费模式有助于企业收集海量的用户数据，进而通过数据分析和货币化获取收入。这种模式在互联网平台和科技公司中广泛应用。

（四）品牌推广期

对于一些企业而言，免费模式可以作为品牌推广的手段，可以通过免费的产品或服务提高品牌知名度和用户忠诚度。例如，一些软件公司通过免费提供基础版本的软件来推广品牌，在用户熟悉和依赖后，再推动其升级到付费版本。

五、问题思考

（一）如何保障可持续性？

尽管免费模式能够迅速扩大用户基础，但其盈利模式往往依赖于广告、增值服务或数据货币化。企业如何在保证用户体验的同时，实现持续的收入增长？随着市场竞争加剧和用户期望的提高，企业应如何调整其免费模式，以维持可持续的商业发展？

（二）如何影响市场竞争？

免费模式可能导致市场中的其他企业陷入价格战或收入下降的困境，特别是在同一个行业内，当领军企业采用免费模式时，其他企业可能难以应对这种竞争压力。企业应如何应对竞争对手的免费模式？企业如何在保持盈利的同时，避免陷入恶性竞争？

（三）如何实现用户隐私与数据货币化的平衡？

在数据驱动的免费模式中，企业通常通过收集用户数据来实现盈利。然而，随着用户对隐私的关注日益增加，企业如何在实现数据货币化的同时，保护用户隐私，建立用户信任？在全球各国数据保护法规不断收紧的背景下，企业应如何调整其数据使用和隐私保护策略？

第二节　平台模式

一、模式的形态

平台模式是一种商业策略，旨在通过建立一个开放的生态系统，将多方参与者（通常是生产者和消费者）连接在一起，并通过促进这些参与者之间的互动和交易来创造价值。平台本身并不直接生产产品或服务，而是充当中介，提供基础设施、规则和工具，以便参与者能够轻松互动。平台模式有多种形态，主要包括以下几种。

（一）交易平台

如电子商务平台（如亚马逊、淘宝等），通过连接买家和卖家来促进商品和服务的交易，平台从中收取交易费用或佣金。

（二）内容平台

如 YouTube 和 Instagram，通过提供内容发布和分发渠道，吸引创作者上传内容，用户消费内容，平台通过广告和其他增值服务实现盈利。

（三）社交平台

如脸书和 LinkedIn，通过连接个人用户或专业人士，促成社交互动和信息交流，平台通过广告或高级会员服务实现盈利。

（四）开发平台

如 iOS 的 App Store 和安卓的 Google Play，向开发者开放 API 和开发工具，鼓励其创建应用程序，平台通过应用销售分成和开发者服务实现盈利。

二、模式的起源

平台模式并不是一个新概念，其起源可以追溯到早期的市场和交易所，甚至是 19 世纪的拍卖行。这些早期的平台通过提供一个公共场所，使得买卖双方能够进行交易。

然而，现代平台模式的真正兴起可以说是依赖于互联网的普及。互联网平台能够在全球范围内连接数百万用户，并允许他们以极低的成本进行互动和交易。20 世纪 90 年代末至 21 世纪初，随着互联网的发展，一批具有代表性的互联网平台应运而生，如亿贝（电子商务）、谷歌（搜索与广告）和脸书（社交网络）。这些互联网平台的崛起标志着平台模式进入了一个全新的发展阶段。通过数字技术和网络效应，平台能够实现大规模的用户聚合和多方互动，并通过数据分析、广告、交易佣金等多种方式实现盈利。

三、模式的创新者

许多公司在发展和推广平台模式的过程中起到了关键作用，以下是其中几个最具代表性的创新者。

（一）亿贝

作为最早的在线拍卖和电子商务平台之一，亿贝（eBay）开创了消费者对消费者交易模式，通过提供一个平台，使得个人用户能够轻松买卖物品。亿贝通过向卖家收取上市费和交易佣金来实现盈利，这一模式成为后来众多电子商务平台的范例。

（二）谷歌

谷歌通过其广告平台 AdWords 和 AdSense 将搜索引擎转变为一个广告平台。广告主通过谷歌的平台精准投放广告，而网站所有者可以通过展示广告获利。谷歌的模式不仅为用户提供了免费搜索服务，还为广告主和内容创作者创造了一个高效的营销和盈利平台。

（三）苹果公司

苹果公司通过 iOS 和 App Store 创建了一个开发者平台，允许第三方开发者为其设备开发应用程序。苹果公司从每个应用程序的销售中抽取一定比例的分成，构建了一个庞大的生态系统，吸引了数百万开发者和数十亿用户。

四、应用该模式的时机和方式

平台模式的成功应用取决于以下几个关键时机和应用方式。

（一）网络效应的形成

平台模式特别适合在网络效应明显的市场中应用。网络效应指的是平台用户数量增加时，平台对每个用户的价值也会增加。通过吸引早期用户和合作伙伴，平台能够迅速建立起网络效应，从而占据市场领先地位。

（二）双边或多边市场的存在

平台模式尤其适用于双边或多边市场，即有两类或多类用户群体相互需要连接和互动。例如，在电商平台中，买家和卖家需要彼此找到对方；在社交平台中，用户希望找到朋友或同事。平台通过连接这些群体，实现了价值创造和捕获。

（三）技术基础设施的成熟

平台模式通常依赖于强大的技术基础设施，如服务器、数据库、API和安全系统等。企业应在技术和数字基础设施足够成熟时实施平台模式，以确保平台的稳定运行和可扩展性。

（四）市场开放与政策支持

在一些市场或行业中，政策或法律环境的变化可能为平台模式的应用创造机会。例如，优步和爱彼迎利用政府对共享经济和互联网创新的开放态度，成功在全球范围内推广了它们的平台。

五、问题思考

（一）如何有效管理网络效应的“反向效应”？

网络效应是平台模式的核心优势，但它也可能带来“反向效应”，即当平台上的用户或内容过多时，可能会导致系统过载、用户体验下降或低质量内容增多。平台企业应如何平衡网络效应的正面和负面影响，确保平台的长期健康发展？

（二）如何处理平台方与平台内参与者之间的利益冲突？

在平台模式下，平台方与用户、内容创作者、商家等参与者之间可能会出现利益冲突。例如，平台方可能会因为政策或技术变化而影响参与者的收益。企业如何在利益冲突中找到平衡点，既保护平台生态系统的活力，又维护平台内各方的利益？

（三）如何在竞争激烈的市场中保持创新和用户黏性？

由于平台模式的开放性和可扩展性，市场竞争往往非常激烈，新进入者或技术颠覆者随时可能挑战现有平台的地位。平台企业应如何持续创新，保持用户黏性和市场竞争力，防止用户流失或被替代？

第三节 连锁模式

一、模式的形态

连锁模式是一种商业策略，同时也是一种企业通过在不同地点复制成功的业务模型，从而实现规模扩展和品牌统一的商业模式。连锁模式通常分为两种主要形态。

（一）直营连锁

由企业直接投资和管理多个门店或分支机构。这种模式下，所有门店或分支机构都由企业直接控制，确保了品牌、服务和管理的一致性。星巴克、宜家等企业就是直营连锁的典型代表。

（二）加盟连锁

企业授权第三方加盟商使用其品牌和商业模式，加盟商自行投资并负责日常运营，企业通过收取加盟费和管理费等方式获得收入。麦当劳、肯德基等快餐连锁品牌通常采用这种模式。这种模式下，企业能够快速扩展市场覆盖范围，但也需要面对品牌控制和质量管理的挑战。

二、模式的起源

连锁模式的起源可以追溯到19世纪末的美国。最早的连锁企业之一是太平洋和大西洋食品公司（Great Atlantic & Pacific Tea Company，A&P），成立于1859年。太平洋和大西洋食品公司通过在不同城市开设相似的杂货店，开创了现代连锁店模式的先河。太平洋和大西洋食品公司的成功启示了其他行业，推动了连锁模式在零售、餐饮、服务等领域的普及。

20 世纪初，连锁模式逐渐发展，并在快餐、超市和酒店等行业中得到广泛应用。1921 年，白城堡（White Castle）在美国开设了第一家连锁汉堡店，成为现代快餐连锁模式的开创者。随后，麦当劳、肯德基等品牌通过加盟连锁模式迅速扩展，成为全球知名的餐饮连锁品牌。

三、模式的创新者

连锁模式的创新者主要集中在零售和餐饮行业，以下是几个具有代表性的连锁模式创新者。

（一）麦当劳

麦当劳被誉为连锁模式的创新典范。通过标准化的运营流程、全球一致的品牌形象和卓越的供应链管理，麦当劳成功地在全球范围内扩展业务。麦当劳不仅在直营连锁上取得了成功，还通过加盟连锁迅速进入多个国家和地区，成为全球最大的快餐连锁品牌之一。

（二）星巴克

星巴克在全球范围内推广了咖啡文化，并通过直营连锁模式确保了品牌和服务的统一性。星巴克的创新不仅在于产品和服务，还在于其门店设计、位置选择和顾客体验管理，使其成为全球咖啡连锁市场的领导者。

（三）711 便利店

711 便利店（Seven-Eleven）是便利店连锁模式的成功代表。通过标准化的门店管理、灵活的供应链，以及 24 小时营业的服务特色，711 便利店在全球范围内成功复制了其业务模式，并成为全球门店数量最多的零售连锁品牌之一。

四、应用该模式的时机和方式

连锁模式的成功应用取决于以下几个关键时机和应用方式。

（一）品牌成熟与市场认可

连锁模式通常适用于企业已经在某一市场或行业建立了成熟的品牌形象和业务模式，品牌知名度和市场认可度为连锁扩展提供了坚实的基础。当品牌足够成熟时，企业开始推行连锁模式，可以迅速复制成功经验，扩大市场份额。

（二）标准化与可复制性

连锁模式要求企业的产品、服务、管理流程和客户体验能够高度标准化，并具有可复制性。无论是直营还是加盟，标准化的运营是确保所有门店或分支机构保持一致性的关键。因此，企业在实施连锁模式前，应确保其业务模型能够在不同的地域和文化中被复制和实施。

（三）规模经济与成本效益

连锁模式的优势在于通过规模经济降低成本。随着连锁门店的增加，企业在采购、生产、物流、市场推广等方面可以实现规模效益，从而降低单店运营成本，提高整体盈利能力。因此，当企业具备扩大规模的资源和能力时，连锁模式是实现业务扩展和利润增长的有效途径。

（四）市场扩展与风险分散

连锁模式能够帮助企业迅速扩展市场覆盖范围，并通过分散经营风险来应对市场变化。当企业希望进入新的市场或国家时，通过连锁模式，可以减少单一市场带来的不确定性，并在全球范围内建立统一的品牌形象和市场影响力。

五、问题思考

（一）如何平衡标准化与本地化？

连锁模式强调标准化的运营和管理，但在不同的市场和文化环境中，单一标准化的模式可能无法完全满足当地消费者的需求。企业应如何在保持品牌一致性的同时，灵活应对不同市场的本地化需求，以确保连锁模式的成功落地？

（二）如何实现加盟连锁模式中的品牌控制与质量管理？

在加盟连锁模式下，加盟商对门店的实际运营和管理具有较大自主权，这可能导致品牌形象和服务质量的差异。企业应如何通过有效的管理机制、培训体系和监督措施，确保所有加盟店能够遵循品牌标准，提供一致的产品和服务体验？

（三）如何有效管理供应链和运营成本？

连锁模式的快速扩展依赖于高效的供应链管理和成本控制。随着门店数量的增加，供应链的复杂性和运营成本的压力也随之增加。企业应如何优化供应链网络、提高运营效率，并通过技术手段降低成本，以确保连锁模式的可持续发展?

第四节　订阅模式

一、模式的形态

订阅模式是一种商业模式，通过向用户提供持续性的产品或服务，并按周期（通常是月度或年度）收取订阅费用，从而获得稳定的收入流。这种模式适用于各种行业，尤其是在数字内容、软件服务、媒体和娱乐，以及消费品领域。订阅模式的形态主要包括以下几种。

（一）内容订阅

用户为持续获取内容（如新闻、杂志、视频、音乐等）而付费，如奈飞、声田等。这种模式通过定期向用户提供更新的内容，维持用户的长期订阅。

（二）软件订阅

企业收取软件使用权订阅费，而不是一次性购买费用。例如，奥多比（Adobe）的 Creative Cloud 和微软的 Office 365 通过按月或按年收取费用，使用户持续获得最新的软件版本和技术支持。

（三）产品订阅

用户定期收到某类产品或服务包，如 Dollar Shave Club 的剃须刀订阅服务、Birchbox 的美容产品订阅盒等。这种模式通过定期交付产品来满足用户的持续需求。

（四）服务订阅

订阅者支付固定费用，定期获得某项服务，如健身房会员、流媒体视频服务等。这种模式确保了用户的长期黏性和企业的稳定收入。

二、模式的起源

订阅模式并不是一个全新的概念，其历史可以追溯到 17 世纪的报纸和杂志订阅服务。当时，读者通过预付费的方式定期获得出版物的寄送，报社则通过订阅收入获得资金支持，从而维持持续的内容生产和发行。

进入 20 世纪后，订阅模式逐渐扩展到其他行业，尤其是在电信服务、付费电视和有线电视领域。然而，随着互联网的普及和数字化转型，订阅模式在 21 世纪得到了前所未有的发展。特别是在软件服务和数字内容领域，订阅模式成为许多企业的核心商业模式，为企业提供了稳定的现金流和长期的客户关系。

三、模式的创新者

许多公司在发展和推广订阅模式的过程中起到了关键作用，以下是其中几个最具代表性的创新者。

（一）奈飞

奈飞是订阅模式的典范。起初，奈飞通过光盘租赁业务引入了订阅模式，用户按月支付固定费用，享受不限量的光盘租赁。随着流媒体技术的发展，奈飞转型为流媒体服务商，通过提供大量的电影和电视剧集订阅服务，逐渐成为全球最大的流媒体平台之一。奈飞的创新在于其内容生产和数据驱动的个性化推荐系统，极大地提高了用户的留存率和满意度。

（二）奥多比

奥多比通过将其软件产品从一次性销售转向订阅模式，成功实现了业务转型。以前，奥多比的软件（如 Photoshop、Illustrator 等）都是以高价出售永久使用权，这限制了用户的更新频率。转型为订阅模式后，奥多比能够持续向用户提供最新的软件版本和功能，同时获得更稳定和可预测的收入流。

（三）Dollar Shave Club

Dollar Shave Club 是产品订阅模式的成功案例，它通过提供低价高质的剃须刀产品，以订阅形式按月配送给用户，简化了用户的购买流程，同时建立了与用户的长期关系。通过幽默风趣的广告和高效的供应链管理，Dollar Shave Club 迅速吸引了大量用户，并最终被联合利华以 10 亿美元收购。

四、应用该模式的时机和方式

订阅模式的成功应用取决于以下几个关键时机和应用方式。

（一）用户需求的持续性

订阅模式特别适用于用户有持续需求的产品或服务。例如，数字内容、软件服务和日常消费品等都符合这一特点。在这种模式下，用户愿意为定期获取产品或服务支付订阅费用。

（二）企业与用户的长期关系

订阅模式强调企业与用户之间的长期关系。通过提供持续的价值和良好的用户体验，企业可以提高用户的留存率和终身价值。因此，企业应在建立良好用户基础和满意度的前提下，推行订阅模式。

（三）可预测的收入流

订阅模式能够为企业带来可预测的收入流，这对于企业的财务规划和投资决策具有重要意义。当企业希望实现收入的稳定增长和风险分散时，订阅模式是一个理想的选择。

（四）内容或产品的定期更新

对于内容型和产品型企业而言，订阅模式能够确保用户持续获得最新的内容或产品。这不仅增加了用户黏性，还推动了企业的创新和产品迭代。

五、问题思考

（一）如何保持用户的长期留存？

订阅模式的成功在于用户的长期留存，但用户可能会因为产品或服务的质量问题、个人需求的变化等原因而取消订阅。企业应如何通过内容更新、个性化服务、客户支持等方式，提升用户满意度和忠诚度，从而减少用户流失？

（二）如何平衡价格策略与用户体验？

订阅价格是影响用户决定是否订阅的重要因素之一。过高的价格可能导致用户流失，过低的价格则可能影响企业的盈利能力。企业应如何设计合理的价格策略，同时确保提供的服务或产品能够超出用户的预期价值，进而吸引更多的用户长期订阅？

（三）如何应对订阅模式中的市场竞争？

随着越来越多的企业采用订阅模式，市场竞争变得更加激烈。企业应如何通过差异化策略、独特的产品或服务，以及创新的营销方式，在竞争中脱颖而出？此外，如何在竞争中保护自己的用户基础，防止用户转向竞争对手的服务？

第五节 团购模式

一、模式的形态

团购模式是一种商业策略，通过集结大量消费者以批量购买产品或服务，企业通常以较低的价格提供产品或服务，从而为买卖双方都创造价值。这种模式的核心在于“团”，即通过汇集大量消费者，形成购买规模，进而获得更优惠的价格。团购模式的形态主要包括以下几种。

（一）每日团购

这种模式的团购通常由团购网站提供，每日推出一款或几款折扣产品，用户需在限定时间内进行购买。Groupon 是这一模式的典型代表，通过每日推出大量的折扣产品或服务，吸引了大批消费者。

（二）拼团模式

这种模式允许消费者通过邀请朋友或家人一起购买，从而享受更大的折扣。这种模式通常在社交电商平台上运作，如拼多多，通过社交分享来扩大团购规模，降低成本。

（三）限时抢购

这是团购模式的变形，提供限量的低价产品或服务，用户需在限定时间内购买。这种模式通过时间和数量的限制，激发了用户的购买欲望，常见于一些电商平台的促销活动中。

（四）企业团购

企业团购是为公司或组织提供大宗采购的折扣服务，通常涉及办公用品、设备、培训等领域。企业通过团购能够降低采购成本，而供应商则可以通过一次性的大订单提高销售额。

二、模式的起源

团购模式起源于传统的批发和大宗采购理念，但其现代形式的团购模式是在互联网时代发展起来的。20 世纪 90 年代，随着电子商务的兴起，一些在线平台开始尝试将团购的理念应用到个人消费者市场中。

真正将团购模式推向全球的，是 2008 年在美国成立的 Groupon。Groupon 通过每日团购的形式，让商家能够以折扣价格吸引大量消费者，同时帮助消费者以较低的价格享受产品或服务。Groupon 的成功迅速引起全球模仿，团购模式在短时间内风靡全球，特别是在中国等新兴市场。

三、模式的创新者

许多公司在发展和推广团购模式的过程中起到了关键作用，以下是其中几个最具代表性的创新者。

（一）Groupon

Groupon 是现代团购模式的开创者之一。通过每日推出新的团购产品或服务，Groupon 吸引了大量消费者和商家，创造了庞大的团购市场。Groupon 的创新在于它将团购这一传统的商业概念与互联网相结合，通过邮件、网站和社交媒体的推广，迅速扩展其用户群体。

（二）美团

美团是中国团购市场的领导者之一。美团最初通过提供餐饮团购服务起家，随后扩展到电影票、旅游、酒店等多个领域。美团通过不断扩大服务范围，并整合本地生活服务，逐渐发展成为一个超级平台，不仅提供团购服务，还涵盖了外卖、打车等生活服务。

（三）拼多多

拼多多是团购模式与社交电商相结合的创新者。拼多多通过拼团模式，让用户邀请朋友或家人一起购买产品，以享受更低的价格。这种基于社交网络的团购方式迅速吸引了大量用户，尤其是在中国的三线及以下城市。拼多多通过这种团购模式迅速崛起，成为中国电商市场的重要企业之一。

四、应用该模式的时机和方式

团购模式的成功应用取决于以下几个关键时机和应用方式。

（一）市场渗透和用户获取期

在企业希望快速扩展市场覆盖范围和用户基础时，团购模式是一种有效的策略。通过提供大幅折扣，企业能够迅速吸引大量用户，并提高品牌的市场知名度。这在新市场开拓和新产品推广阶段尤其有效。

（二）库存清理和促销期

团购模式非常适合企业清理库存或进行季节性促销。当企业面临库存积压或希望通过促销刺激销售时，团购模式能够通过大规模销售快速解决库存问题，同时提供大量现金流。

（三）淡季营销和需求激活期

对于一些季节性产品或服务，团购模式可以帮助企业在销售淡季激活需求。例如，旅游团购在淡季可以吸引价格敏感的消费者，从而增加企业的收入。

（四）企业合作与品牌推广期

通过与团购平台合作，企业可以利用平台的庞大用户基础进行品牌推广，并通过团购活动提升市场影响力。这种模式在品牌初创期或品牌转型期尤为重要。

五、问题思考

（一）如何避免用户对折扣的依赖？

团购模式吸引用户的核心在于折扣，但这也可能导致用户习惯于只在折扣时购买，从而影响企业的利润率和品牌价值。企业应如何设计团购策略，在吸引用户的同时，避免用户对折扣的过度依赖，并维持品牌的长期价值？

（二）如何保障质量控制与品牌信任？

团购模式通常以低价吸引消费者，这可能导致用户对产品或服务质量的期望与实际体验不符，从而损害品牌信任。企业应如何在团购过程中，确保提供的产品或服务的质量达到用户期望，并通过良好的售后服务维持用户的品牌信任？

（三）如何在高竞争市场中保持差异化和持续性？

随着越来越多的企业和平台采用团购模式，市场竞争愈发激烈，价格战和同质化问题也随之而来。企业应如何在高竞争市场中，通过创新产品组合、独特的用户体验和精准的市场定位，保持团购模式的差异化和持续增长？

第六节　众筹模式

一、模式的形态

众筹模式是一种通过互联网平台向大众筹集资金的商业模式。众筹者通常是个人或小企业，他们通过发布项目或产品的详细计划，向公众寻求资金支持。这种模式使得项目发起人能够在没有传统融资渠道（如银行贷款、风险投资等）的情况下获得启动资金。众筹模式的形态主要包括以下几种。

（一）捐赠型众筹

支持者出于慈善或社会责任感，向项目发起人捐赠资金，没有任何回报期望。这种模式常见于非营利项目或公益活动，如 GoFundMe 平台上的众多公益项目。

（二）回报型众筹

支持者通过提供资金，获得项目成功后的实物或服务回报。例如，Kickstarter 上的许多创意项目，支持者可以提前预订产品或获得限量版奖励。

（三）股权型众筹

支持者通过投资获得项目的股份或股权回报。这种模式类似于小规模的股权融资，常见于初创企业，如 EquityNet 和 Seedrs 等平台。

（四）债务型众筹

支持者通过向项目提供贷款，在未来获得本息回报。这种模式多用于中小企业的融资需求，如 Lending Club 和 Funding Circle 等平台。

二、模式的起源

众筹模式的起源可以追溯到18世纪末，当时公众为修造自由女神像捐款，帮助完成了这一象征自由的雕像。然而，现代意义上的众筹模式是随着互联网和社交媒体的普及而发展起来的。

2006年，英国的艺术家分享平台ArtistShare被认为是最早的众筹网站之一，它通过让支持者资助音乐专辑的制作，开创了现代众筹的先河。随后，2009年Kickstarter的出现标志着众筹进入了一个新的发展阶段。Kickstarter为创意项目提供了一个全新的融资渠道，支持者可以通过平台资助项目，并获得相应的回报。随着互联网的普及，众筹模式逐渐发展，并扩展到各种领域，包括科技、艺术、电影、公益等。

三、模式的创新者

许多公司在发展和推广众筹模式的过程中起到了关键作用，以下是其中几个最具代表性的创新者。

（一）Kickstarter

Kickstarter是全球最大的众筹平台之一，专注于创意项目的融资。自成立以来，Kickstarter帮助成千上万的项目实现了融资目标，从科技产品到电影制作，再到艺术展览。Kickstarter的创新在于其回报型众筹模式，支持者可以根据不同的资助金额，获得项目的独特回报，如产品原型、限量版艺术品等。

（二）GoFundMe

GoFundMe是全球最大的捐赠型众筹平台之一，专注于公益、医疗和个人紧急情况的资金筹集。GoFundMe通过简化捐款流程，并利用社交媒体传播项目，使得个人和社区能够迅速筹集到所需资金。GoFundMe的创新在于将众筹与社交网络紧密结合，形成了强大的传播效应。

（三）Lending Club

Lending Club是一个债务型众筹平台，通过将借款人和投资者直接连接，摒弃了传统银行的中介作用。Lending Club的创新在于通过互联网平台降低了借贷成本，并为投资者提供了新的投资渠道。Lending Club 的成功推动了点对点借贷市场的发展。

四、应用该模式的时机和方式

众筹模式的成功应用取决于以下几个关键时机和应用方式。

（一）初创阶段的资金需求

众筹模式特别适用于初创企业或创意项目在初期阶段的资金需求。在传统融资渠道难以获得资金的情况下，众筹模式为这些项目提供了一个低门槛的融资途径。此外，众筹模式还能够帮助项目验证市场需求，积累早期的用户和支持者。

（二）公益或社会影响项目

对于公益或社会影响项目而言，众筹模式能够通过捐赠型众筹获得公众支持。这类项目往往依赖于广泛的社会共鸣，众筹平台通过传播项目理念，激发公众的参与热情，并迅速筹集到所需资金。

（三）产品预售和市场测试

众筹模式常用于产品的预售和市场测试。通过回报型众筹，项目发起人可以提前销售产品，并通过支持者的反馈调整产品设计或营销策略。这种模式不仅减少了库存压力，还降低了市场风险。

（四）小额投资和分散风险

在股权型和债务型众筹中，众筹模式为投资者提供了参与小额投资的机会，分散投资风险。同时，企业通过股权型众筹，可以在早期阶段吸引大量小额投资者，为未来的成长奠定基础。

五、问题思考

（一）如何应对项目失败的风险？

众筹模式虽然为项目发起人提供了融资渠道，但并不保证项目一定成功。一旦项目失败，支持者可能面临资金损失的风险。企业和众筹平台应如何设计保障机制，以确保支持者的利益？众筹项目应如何透明地沟通进展和风险，以维持支持者的信任？

（二）如何平衡项目发起人和支持者之间的关系？

众筹模式强调公众的参与，但这也意味着项目发起人需要承担更多的透明度和责任。企业应如何平衡与支持者之间的关系，既保证项目的独立性，又尊重支持者的意见和期望？在项目推进过程中，企业应如何有效管理支持者的反馈和期望？

（三）如何在高竞争的市场中保持创新和吸引力？

随着越来越多的企业和个人使用众筹平台，市场竞争愈发激烈。项目发起人应如何在众多众筹项目中脱颖而出，吸引更多的支持者？众筹平台应如何创新其服务和功能，以提高项目的成功率和用户的参与度？

第七节　众包模式

一、模式的形态

众包模式是一种通过外部大众力量（通常是互联网用户）来完成企业任务或项目的商业模式。企业将传统上由内部员工或专业团队执行的工作任务，通过互联网平台发布，吸引外部个人或团队参与并完成。众包模式的核心在于利用集体智慧和分布式劳动力，以更高效、更灵活、更低成本的方式解决问题。众包模式的形态主要包括以下几种。

（一）创新众包

企业通过众包平台向大众征集创意或创新方案，常用于产品设计、市场营销和技术研发等领域。例如，宝洁公司通过其“Connect＋Develop”平台，向外部创新者征集新产品创意和技术解决方案。

（二）任务众包

企业将特定任务分解为多个小任务，发布在众包平台上，由外部个体或团队竞标并完成。例如，亚马逊的 Mechanical Turk 平台就是一个典型的任务众包平台，用户可以通过完成微任务（如数据标注、内容审核等）获得报酬。

（三）内容众包

企业通过众包模式获取用户生成的内容，用于丰富平台的内容库或提升用户参与度。例如，维基百科（Wikipedia）就是一个内容众包平台，全球用户共同编辑和维护内容。

（四）微工作众包

这种众包模式常用于短期、低技能的工作任务，如数据录入、翻译、测试等。企业通过众包平台发布工作，个人用户可以灵活地选择任务并获得报酬。

二、模式的起源

众包模式的起源可以追溯到开放式创新和集体智慧的理念，这些理念强调通过集体的力量来解决问题和推动创新。众包模式作为一种系统性的商业模式，最早在2006年由《连线》杂志记者Jeff·Howe提出，他在文章中描述了"众包"这一概念，并指出互联网使得企业可以利用全球分布的"业余专家"完成任务。

随着互联网和社交媒体的发展，众包模式迅速普及。2001年推出的维基百科是最早成功应用众包模式的平台之一，通过集体智慧的力量，维基百科创建了全球最大的免费知识库。随后，越来越多的企业和平台开始采用众包模式，在产品设计、软件开发、市场营销、内容创作等领域取得了显著成功。

三、模式的创新者

许多公司在发展和推广众包模式的过程中起到了关键作用，以下是其中几个最具代表性的创新者。

（一）维基百科

维基百科是内容众包模式的典范。通过允许全球用户自由编辑和创建内容，维基百科建立了一个庞大的知识库，涵盖了几乎所有领域的知识。维基百科的成功在于其开放的编辑模式和全球化的用户参与，这使得其能够迅速扩展并保持内容的时效性和准确性。

（二）InnoCentive

InnoCentive是一个专注于创新众包的平台，企业可以通过该平台向全球的科学家和工程师发布研发挑战，并悬赏解决方案。InnoCentive 的创新在于将复杂的科学问题外包给全球的专家，利用集体智慧和分布式劳动力解决企业的研发难题。

（三）Threadless

Threadless 是一个 T 恤设计平台，采用了创新众包模式。设计师们可以将他们的设计上传到平台，用户投票决定哪些设计将被生产和销售。Threadless 通过众包获得了大量的创意设计，并通过用户投票机制确保了设计的市场需求，极大地降低了生产风险。

四、应用该模式的时机和方式

众包模式的成功应用取决于以下几个关键时机和应用方式。

（一）创新需求和资源限制

当企业面临创新需求但内部资源有限时，众包模式可以帮助企业突破内部限制，获取外部资源和智慧。例如，在研发或产品设计中，企业可以通过众包平台获取全球范围内的创意和解决方案，从而推动创新。

（二）任务分散和技能多样化

众包模式特别适用于那些可以分解为多个小任务的工作，尤其是需要多样化技能的任务。企业可以通过众包将任务分散给不同的外部个体或团队，以更高效的方式完成工作。例如，在内容审核、数据标注等领域，众包模式能够显著提高效率并降低成本。

（三）用户参与和内容生成

在社交媒体和内容平台中，众包模式可以有效激发用户的参与度，生成大量用户原创内容。这种模式不仅丰富了平台的内容，还增强了用户的归属感和参与感。例如，视频网站通过用户上传的视频内容扩大了其内容库，并通过互动和社群活动增强了用户黏性。

（四）复杂问题和全球智慧

在需要解决复杂问题或挑战时，众包模式能够利用全球范围内的专家智慧。企业通过发布挑战或问题，吸引全球的专家和专业团队参与竞争，从而获得最佳的解决方案。例如，制药公司通过众包平台解决科研难题，推动新药的研发进展。

五、问题思考

（一）如何确保任务完成的质量和一致性？

众包模式的优势在于能够快速动员大量外部力量，但这也可能导致任务完成质量的不一致性。企业应如何设计质量控制机制，确保通过众包完成的任务达到预期标准？在任务分配和结果审核过程中，应如何平衡效率与质量？

（二）如何激励外部参与者并保持长期合作关系？

众包模式依赖于外部个体或团队的参与，企业应如何设计激励机制，以确保参与者的积极性和持续性？在众包任务完成后，如何与优秀的外部参与者建立长期的合作关系，以便未来继续合作？

（三）如何处理知识产权和数据隐私问题？

在众包模式下，外部参与者可能会接触到企业的敏感信息或开发出有价值的创意和解决方案。企业应如何保护知识产权并确保数据隐私？在众包平台上，应如何明确各方的权利和义务，避免潜在的法律纠纷？

第八节　长尾模式

一、模式的形态

长尾模式是一种商业策略，通过提供大量的小众产品或服务，满足各种不同的市场需求，进而在整体上获得可观的市场份额和收入。这种模式背后的理论是虽然每个小众产品或服务的单一销售量较低，但由于种类繁多，累积起来的销售额可以达到甚至超过传统的主流畅销产品或服务的销售额。长尾模式的形态主要包括以下几种。

（一）数字内容分销

在数字内容领域，如音乐、电影、书籍等，长尾模式表现得尤为明显。平台通过提供海量的内容选择，满足不同用户的个性化需求，典型的例子包括亚马逊的电子书商店和声田的音乐流媒体服务。

（二）电商平台

电商平台通过长尾模式销售大量的小众商品，这些商品可能在传统的实体店中没有足够的市场，但通过互联网的长尾效应，便能够找到稳定的购买群体。亚马逊就是这一模式的代表，通过庞大的商品目录覆盖各类消费者。

（三）在线市场

在线市场通过汇集大量小卖家和小品牌，形成一个长尾市场。这些卖家虽然销售量较低，但总量巨大，可以在平台上实现显著的累积销售额。亿贝和 Etsy 等平台即是通过长尾模式成功运营的典型案例。

（四）内容创作与分发平台

一些平台允许用户上传和分发内容，如 YouTube 和 Medium。这些平台不仅推送主流热门内容，也提供大量的小众视频、文章等，以满足不同用户群体的需求。通过广告、订阅、捐赠等方式，这些小众内容也可以带来长期的收入。

二、模式的起源

长尾模式的起源与互联网的发展密不可分。传统商业模式下，受限于物理空间和库存成本，商家通常只能提供销量较高的畅销商品。但随着互联网的发展，尤其是在线平台和数字化分销的普及，商品展示和分销的边际成本几乎降为零，使得提供大量小众商品成为可能。

2004 年，《连线》杂志主编克里斯・安德森（Chris・Anderson）首次提出“长尾理论”，并在随后出版的书中深入探讨了这一概念。克里斯・安德森指出，在一个无限货架的网络世界里，小众市场的累积需求可以与主流市场相媲美，甚至更大。此后，长尾模式成为许多互联网企业的重要商业模式，特别是在电子商务和数字内容分发领域。

三、模式的创新者

许多公司在发展和推广长尾模式的过程中起到了关键作用，以下是其中几个最具代表性的创新者。

（一）亚马逊

亚马逊是长尾模式的典范。作为全球最大的在线零售商之一，亚马逊通过其庞大的商品目录，为各类消费者提供从畅销品到小众商品的广泛选择。亚马逊利用其强大的供应链管理和推荐系统，使得消费者不仅能找到热门商品，还能发现自己感兴趣的小众商品，从而实现了长尾市场的巨大累积销售额。

（二）奈飞

奈飞在转型为流媒体服务平台后，迅速采用了长尾模式。通过提供大量的电影和电视剧集，奈飞不仅吸引了主流观众，还通过小众影视内容吸引了特定的兴趣群体。奈飞的推荐算法进一步加强了长尾效应，使用户能够轻松发现小众内容，从而提高了内容消费的多样性和平台的用户黏性。

（三）声田

声田通过提供几乎无限的音乐选择，充分利用了长尾模式。平台上不仅有热门歌曲，还包括大量的独立音乐人和小众音乐作品。声田的算法推荐系统能够根据用户的听歌习惯推送个性化的音乐，从而满足各类用户的需求，进一步扩展了长尾市场的价值。

四、应用该模式的时机和方式

长尾模式的成功应用取决于以下几个关键时机和应用方式。

（一）市场数字化与低库存成本

长尾模式尤其适用于数字化产品或服务，因为这些产品或服务的复制和分发成本几乎为零。此外，电子商务的普及使得小众商品也能够在线上销售，摆脱了传统实体店对库存和货架空间的限制。因此，企业在数字化转型或拓展在线业务时，长尾模式是一个非常有效的策略。

（二）多样化需求与个性化消费

随着消费者需求的多样化和个性化趋势加剧，长尾模式能够通过提供广泛的产品或服务，满足不同用户群体的特定需求。企业可以利用数据分析和推荐算法，精准地为用户推送相关的小众产品或服务，进一步提升用户满意度和留存率。

（三）平台化经营与生态系统构建

在平台型企业中，长尾模式能够通过汇集大量的小供应商或内容创作者，形成一个丰富的生态系统。通过为这些供应商和创作者提供平台支持和流量资源，企业能够在不增加自身库存和生产成本的情况下，拓展产品或服务的种类，从而实现长尾市场的价值。

（四）用户生成内容与社区运营

对于内容平台和社交媒体而言，长尾模式通过用户生成内容来增强平台的多样性和活力。企业可以通过社区运营和激励机制，鼓励用户参与内容创作和分享，从而不断扩展平台的内容广度和深度，从而满足长尾市场的需求。

五、问题思考

（一）如何平衡小众产品或服务的质量与数量？

长尾模式的成功依赖于大量的小众产品或服务的累积效应，但这也可能导致出现质量参差不齐的问题。企业应如何在扩展长尾市场的同时，确保小众产品或服务的质量？如何在海量的信息中帮助用户发现高质量的小众产品或服务？

（二）如何利用数据分析和推荐系统优化用户体验？

长尾模式下，用户面临的选择极为广泛，如何让用户迅速找到符合其需求的产品或服务是一个挑战。企业应如何利用大数据和推荐算法，优化用户体验，提升用户黏性？在推荐系统的设计过程中，如何平衡主流内容和小众内容的推送比例？

（三）如何应对平台内的竞争与创新压力？

随着越来越多的企业和平台开始采用长尾模式，竞争变得更加激烈。企业应如何通过创新和差异化策略，维持长尾模式的竞争力？在平台的长尾市场中，如何支持小供应商和内容创作者，帮助他们在竞争中脱颖而出，保持平台的活力？

第九节　共享模式

一、模式的形态

共享模式是一种通过共享资源或资产来提高资源利用效率、降低成本并创造新的价值的商业模式。共享模式打破了传统的“拥有权”观念，强调资源的“使用权”或“访问权”，使得多个用户能够共享同一资源。共享模式的形态主要包括以下几种。

（一）共享经济

这是共享模式的典型形态，通过平台将闲置资源（如汽车、房屋、工具等）分享给有需求的用户。典型代表包括爱彼迎（共享住宿）和优步（共享出行），这些平台通过连接供需双方，促进了资源的高效利用。

（二）个人对个人共享

个人对个人共享模式允许个人用户直接共享资源或服务，而无须通过中介机构。例如，Turo 平台让个人车主将闲置车辆租给需要用车的人。

（三）按需服务

按需服务是共享模式的延伸，通过实时访问和支付，用户可以按需使用资源或服务，而无须长期拥有。例如，WeWork 通过共享办公空间的模式，允许企业或个人根据需求租用办公场所，而不必承担长期租赁或购买的成本。

（四）公共资源共享

公共资源共享模式主要由政府或非营利组织推动，鼓励公众共享和共同使用公共资源，如共享单车、图书馆资源等。这种模式不仅提高了资源的利用率，还推动了环保和可持续发展。

二、模式的起源

共享模式的起源可以追溯到资源有限、注重集体使用的社会时期。然而，现代意义上的共享模式的真正兴起是在互联网时代，尤其是 Web 2.0 的发展促成了共享经济的崛起。

2008 年，全球金融危机的爆发促使人们重新思考资源使用和成本效益。随着互联网和移动技术的发展，人们可以通过平台方便地共享闲置资源，这使得共享模式迅速流行起来。爱彼迎和优步是这一潮流的先驱，它们通过提供平台，将闲置资源与有需求的用户连接起来，从而大大提高了资源的利用效率。

爱彼迎的诞生尤其标志着共享模式的广泛应用。2008 年，爱彼迎创始人布莱恩·切斯基（Brian·Chesky）和乔·吉比亚（Joe·Gebbia）为了缓解房租压力，决定将自己的房间出租给参加会议的访客。这个简单的想法最终发展为一个全球性的共享住宿平台，彻底改变了传统的酒店业态。

三、模式的创新者

许多公司在发展和推广共享模式的过程中起到了关键作用，以下是其中几个最具代表性的创新者。

（一）爱彼迎

爱彼迎是共享经济的典范，通过其平台，个人房主可以将闲置的房间或房屋出租给旅行者。爱彼迎的创新在于打破了传统的酒店行业格局，提供了一种更个性化和经济实惠的住宿选择。通过共享住宿，爱彼迎为房主带来了额外收入，同时也为旅行者提供了多样化的住宿体验。

（二）优步

优步通过共享出行的模式，将个人车主与有出行需求的乘客连接起来。优步的创新不仅改变了人们的出行方式，还通过按需服务、动态定价等机制，大幅提高了交通资源的利用效率。优步的成功引发了全球范围内共享出行平台的兴起，改变了城市交通的格局。

（三）WeWork

WeWork 通过共享办公空间的模式，为企业和自由职业者提供了灵活的办公解决方案。WeWork 的创新在于打破了传统的办公租赁模式，提供按需租用的共享办公空间，使得企业和个人可以根据需求灵活选择办公的地点和时间。这种模式尤其受初创企业和自由职业者的欢迎，成为全球共享办公的领导品牌。

四、应用该模式的时机和方式

共享模式的成功应用取决于以下几个关键时机和应用方式。

（一）资源闲置与需求匹配

共享模式特别适用于资源存在闲置而需求未被充分满足的场景。当市场上存在大量未被有效利用的资源，如空置的房屋、闲置的车辆、未使用的办公空间等，共享模式可以通过平台将这些资源与有需求的用户连接起来，从而实现资源的高效利用。

（二）科技驱动与平台化

共享模式的成功离不开科技的支持，特别是互联网平台、移动应用和大数据分析等技术的发展。这些技术使得共享平台能够精准匹配供需双方，提供便捷的使用体验，并通过数据分析优化资源分配。因此，共享模式尤其适合在科技成熟、平台化经营成为可能的时机进行推广。

（三）经济压力与消费趋势变化

在经济压力增大或消费趋势变化的情况下，消费者更加倾向于以更低的成本获取资源或服务，而不是直接购买。这种趋势为共享模式的普及创造了有利条件。例如，在经济衰退期间，人们可能更愿意租用而不是购买，或通过共享来分担成本。企业在这种环境下推广共享模式，可以更好地满足市场需求。

（四）环境可持续性与社会责任

共享模式的另一个重要推动力是社会对环境可持续性和资源节约的关注。共享模式可以提高资源利用率，减少资源浪费，这符合可持续发展的理念。因此，当社会对环保和社会责任的意识增强时，企业可以通过共享模式获得市场认可，并提升品牌形象。

五、问题思考

（一）如何应对用户信任与安全挑战？

共享模式依赖于平台用户之间的信任，但这也可能带来安全和信任问题，如欺诈、服务质量不一致等。企业应如何建立并维护用户之间的信任？如何通过技术手段（如用户评价系统、身份验证、保险机制等）提高平台的安全性和可靠性？

（二）如何在不同市场和文化环境中实现本地化运营？

共享模式在不同市场和文化环境中可能面临着不同的挑战，如法规限制、文化差异、用户习惯等。企业应如何在全球扩展共享模式的同时，适应本地市场的需求和环境？如何平衡全球标准化运营与本地化服务之间的关系？

（三）如何应对市场饱和和竞争加剧的挑战？

随着越来越多的企业进入共享经济领域，市场竞争加剧，特别是在一些发达市场中，供给可能已经饱和。企业应如何在高竞争市场中保持差异化？如何通过创新服务、优化用户体验、扩展新市场等方式，确保共享模式的持续增长和市场领导地位？

在现代商业环境中，各种商业模式通过独特的机制推动企业创新和利润增长。免费模式、平台模式、连锁模式、订阅模式、团购模式、众筹模式、众包模式、长尾模式和共享模式，分别通过吸引用户、构建生态系统、扩大市场覆盖范围、满足个性化需求等方式，为企业创造了多样化的竞争优势。这些模式的成功应用，依赖于对市场需求的深刻理解、技术的有效利用，以及对创新的持续追求。随着时代的发展，还有更多新的商业模式需要我们通过对原有商业模式的改进、重组和创新来实现。

案例十：奈飞的订阅模式

奈飞成立于 1997 年，最初是一家在线光盘租赁服务公司。然而，随着互联网技术的发展和流媒体服务的兴起，奈飞在 2007 年开始转型为在线流媒体平台，并采用了订阅模式。这一模式的核心是通过按月或按年收取订阅费用，向用户提供不限量的电影、电视剧集和纪录片等视频内容。奈飞的订阅模式不仅改变了传统的内容消费方式，还重新定义了全球娱乐产业的商业模式。奈飞的订阅模式主要由以下几个关键要素构成。

第一，用户订阅。奈飞通过提供不同等级的订阅计划，满足不同用户的需求。用户可以根据自己的观看需求和预算选择合适的计划，这些计划通常按月或按年收费，并提供不限量的内容访问权限。

第二，内容库的丰富性和多样性。奈飞投入大量资金购买和制作原创内容，包括电视剧集、电影、纪录片等。通过不断扩充内容库，奈飞确保用户能够持续获得丰富的内容选择，这也是维持用户订阅和忠诚度的关键。

第三，个性化推荐系统。奈飞利用大数据和智能算法，根据用户的观看历史和偏好，提供个性化的内容推荐。这种推荐系统不仅提升了用户体验，还增强了用户留存率。

第四，全球扩展与本地化策略。奈飞通过全球扩展，将其服务推广到多个国家和地区，并根据不同市场的文化和语言特点，推出本地化的内容和服务。这种全球扩展和本地化策略帮助奈飞迅速增加了其国际用户数量。

第五，订阅的便捷性和灵活性。奈飞的订阅模式具备便捷性和灵活性，用户可以随时开始或取消订阅，没有长期合同的束缚。这种便捷性和灵活性大大降低了用户的进入门槛，同时也为奈飞吸引了大量不同需求的用户。

讨论以下问题：

（1）如何在竞争加剧的流媒体市场中保持用户的长期忠诚度？

（2）如何平衡内容成本与订阅收入以确保盈利能力？

（3）如何应对全球市场中的文化差异和本地化需求？

实训十

选择一个你感兴趣的公司，描述其商业模式的特点和类型（属于哪种或哪几种典型商业模式），并进行优化。

第十一章　商业模式设计的局限性与风险

第一节　商业模式设计的局限性

商业模式设计是一种重要的战略工具，通过设计和优化企业的商业模式，企业可以找到新的增长机会，提升市场竞争力，并在快速变化的市场环境中保持创新能力。然而，尽管商业模式设计在企业管理中扮演了重要角色，但它并非万能的解决方案。商业模式设计也存在着局限性，这些局限性可能限制其效果，甚至导致企业在实施过程中遇到困难。下面我们将详细探讨商业模式设计的局限性，并通过案例分析这些局限性在实际操作中的体现。

一、缺乏动态适应能力

商业模式设计往往基于当前的市场环境和企业状况，但市场环境和企业状况是动态变化的，尤其是在当今数字化和全球化背景下，技术进步、消费者需求变化、政策法规调整等因素都可能对企业的商业模式产生重大影响。如果企业在设计商业模式时未能充分考虑到未来的不确定性，或无法快速调整其商业模式以应对各种变化，那么商业模式设计的效果将大打折扣。

案例 11-1：诺基亚商业模式设计的失败

诺基亚（Nokia）曾是全球领先的手机制造商，但随着智能手机的兴起和消费者需求的变化，诺基亚未能及时调整其商业模式，而是继续依赖其传统的硬件销售模式，最终在市场竞争中败给了苹果和三星。诺基亚失败的部分原因是其商业模式设计缺乏动态适应能力，没有及时转向软件和生态系统的构建，错失了智能手机时代的发展机会。

二、过度依赖假设和预测

商业模式设计通常基于一系列假设和预测，这些假设和预测可能包括消费者行为、技术发展、竞争态势等。然而，现实中这些假设和预测常常存在不确定性和风险。如果企业在商业模式设计中过度依赖这些假设和预测，一旦市场环境与假设和预测不符，商业模式的有效性将受到严重影响。

案例 11-2：Quibi 商业模式设计的失败

Quibi 是一家专注于移动短视频的流媒体平台，起初筹集了 17.5 亿美元的投资，并基于以下假设设计了其商业模式——消费者希望通过移动设备观看高质量、短时长的视频内容。然而，Quibi 未能预见到 TikTok 等免费短视频平台的迅速崛起，以及用户消费行为的复杂性，导致其商业模式无法吸引足够的订阅用户，最终在不到一年的时间内倒闭。Quibi 的失败说明，过度依赖假设和预测，且未能灵活应对市场反馈，可能导致商业模式设计的失败。

三、忽视内部组织能力和文化

商业模式设计往往侧重于外部市场因素，如客户需求、竞争优势、技术趋势等，而忽视了企业内部的组织能力和文化。一个成功的商业模式不仅需要外部市场的支持，还需要内部组织能力的配合。如果企业内部的能力和文化与商业模式不匹配，那么在商业模式实施的过程中将面临巨大阻力，甚至可能导致商业模式的失败。

案例 11-3：通用电气的数字化转型

通用电气在 21 世纪初期尝试通过数字化转型给自己重新定位，推出了工业互联网平台 Predix，并试图将其转变为一家科技公司。然而，通用电气的传统工业文化与数字化转型所需的敏捷创新文化产生了冲突，公司内部缺乏实施这一转型所需的技术能力和组织支持。最终，通用电气在数字化转型的过程中遇到了重重困难，导致其业务表现不佳，甚至影响到了公司整体的财务健康。这表明，忽视内部组织能力和文化的商业模式设计难以成功实施。

四、高昂的实施成本和风险

设计一个创新的商业模式通常需要大量的资源投入，包括时间、资金、技术和人力等。尤其是在全新领域或需要显著转型的情况下，实施新的商业模式的成本和风险可能极高。如果企业在实施新的商业模式的过程中未能有效控制成本，或者市场反应未能达到预期，那么这些投入可能无法收回，从而给企业带来巨大的财务压力。

案例 11-4：特斯拉的电池生产

特斯拉在电动汽车商业模式设计中，将电池视为核心竞争力，决定在内华达州建立超级电池工厂（Gigafactory），以实现电池生产的规模化和成本控制。然而，这一项目的前期投入巨大，且实施过程中面临着技术挑战和产能爬坡的困难，这导致特斯拉在初期承受了巨大的财务压力。虽然最终特斯拉取得了成功，但如果不是有强大的资本支持和极高的市场预期，这种高昂的实施成本和风险可能会让大多数企业望而却步。

五、难以满足多元利益相关者的需求

企业在设计商业模式时，通常需要兼顾多方利益相关者的需求，包括客户、员工、投资者、供应商、政府等。然而，这些利益相关者的需求可能相互冲突，难以在一个商业模式中同时得到满足。例如，降低成本可能会影响产品质量，增加创新投资可能会减少短期利润。过度关注某一方的需求，可能会损害其他利益相关者的利益，最终影响商业模式的可持续性。

案例 11-5：优步的司机和监管问题

优步的商业模式设计基于共享出行，通过将司机和乘客连接在一起，以低廉的价格提供便捷的出行服务。然而，优步在快速扩展的过程中过度关注乘客体验和市场扩展，而忽视了司机的权益和政府的监管需求。随着司机待遇问题和法律合规问题的积累，优步在多个市场面临法律诉讼、司机罢工和政府限制等问题。这表明，难以平衡多元利益相关者的需求可能导致商业模式设计面临更大的挑战和风险。

六、创新商业模式的认知和文化障碍

在设计和实施创新商业模式时，企业可能会遇到认知和文化上的障碍。传统企业往往对现有的商业模式和市场定位感到舒适，面对新的、不确定的商业模式时，可能会产生抵触情绪。此外，创新商业模式往往涉及跨领域或跨学科的知识，这就要求企业具备多元化的视角和灵活的思维方式。缺乏开放性和跨领域的理解，可能导致商业模式创新失败。

案例 11-6：柯达的数码相机转型

柯达（Kodak）作为传统胶片巨头，在数码相机兴起时未能成功转型。尽管柯达本身发明了数码相机技术，但由于企业内部对传统胶片业务的过度依赖，以及对数码技术潜力的低估，柯达未能及时调整其商业模式。最终，柯达在数码摄影市场的竞争中败北，甚至申请破产。柯达的失败凸显了企业在面对创新商业模式时，认知和文化上的障碍可能导致其错失市场机遇。

商业模式设计是企业获取竞争优势和创新驱动的重要工具，但其局限性同样显著。如果企业忽视这些局限性，可能导致商业模式的失败，甚至给企业带来巨大的风险和损失。通过分析企业在实际操作中遇到的挑战我们可以发现，成功的商业模式设计不仅需要考虑外部市场和技术因素，还必须关注企业内部的组织能力和文化与利益相关者的需求之间的平衡，以及对未来不确定性的动态适应能力。

为了克服商业模式设计的局限性，企业需要在设计和实施的过程中保持灵活性和敏捷性，持续监测市场变化，快速调整商业模式。同时，企业还应培养内部的创新文化，提升组织的适应能力，确保商业模式能够在快速变化的市场环境中实现持续的成功。

综上所述，尽管商业模式设计在企业战略中具有重要地位，但其局限性提醒我们，企业在设计和实施商业模式时，需要全面、动态地考虑各种因素，只有这样才能真正实现商业模式的创新与成功。

第二节 商业模式设计的风险

商业模式设计是企业寻求创新和利润增长的重要手段，通过构建和优化商业模式，企业可以找到新的收入来源，提升市场竞争力，并在快速变化的市场环境中占据有利位置。然而，商业模式设计并非没有风险，它涉及一系列不确定性和潜在的挑战。这些风险可能影响商业模式的有效性，甚至危及企业的生存。

一、风险种类

（一）市场风险

市场风险是指商业模式在设计和实施的过程中，因市场需求不确定、消费者行为变化、市场规模不如预期等因素导致的风险。这类风险直接影响商业模式的盈利能力和可持续性。

案例 11-7：Google Glass

Google Glass 是一款具有增强现实功能的智能眼镜，最初被寄予厚望。然而，谷歌在设计这款产品的商业模式时，未能准确预测市场需求和消费者的接受程度。尽管技术先进，但产品定价高昂且实际应用场景有限，最终导致市场需求疲软，销售远低于预期。Google Glass 的失败显示了市场风险的重要性，即使技术领先，如果市场需求无法支撑商业模式，企业也将面临巨大的风险。

（二）技术风险

技术风险是指商业模式的实现依赖于某种尚未成熟或难以预期的技术，而这些技术可能面临开发难度、不可控因素或技术失败的风险。如果技术无法按预期发展或出现重大问题，商业模式可能难以成功落地。

案例 11-8：Theranos

Theranos 是一家声称通过一滴血液即可进行多项医学检测的生物技术公司，其商业模式依赖于这一革命性技术。然而，随着时间的推移，Theranos 的技术被证明无法按预期运作，导致检测结果不准确，甚至完全失败。最终，Theranos 因技术风险未能实现其商业模式，不仅遭遇了法律诉讼，还导致企业倒闭，创始人面临刑事指控。Theranos 的案例表明，过度依赖未成熟的技术可能会带来巨大的商业风险。

（三）财务风险

财务风险是指商业模式在实施的过程中，因资金不足、成本高于预期、收入低于预期等因素导致企业财务状况恶化，进而影响商业模式的持续推进。财务风险不仅涉及资本投入的有效性，还涉及现金流管理和成本控制。

案例 11-9：WeWork

WeWork 是一个共享办公空间的提供商，其商业模式依赖于通过长租办公空间并短租给企业或个人来获取利润。然而，WeWork 的扩张速度过快，导致高昂的前期投入和租赁成本，而收入增长却未能匹配这些成本。再加上管理不善和业务模式的局限性，WeWork 的财务状况迅速恶化，最终不得不大幅缩减业务规模，并推迟原定的首次公开募股。WeWork 的案例表明，财务风险管理不善会对商业模式的实施产生重大影响。

（四）运营风险

运营风险是指商业模式在实施的过程中，由于运营效率低下、管理不善、供应链中断或外部事件（如自然灾害、疫情等）等因素导致的风险。这些因素可能会直接影响产品或服务的交付、客户体验，以及企业的整体运营表现。

案例 11-10：波音 737 Max

波音 737 Max 是一款新型的商用飞机，波音公司对其寄予厚望，并制定了基于这一机型的商业模式。然而，波音 737 Max 先后发生了两起致命事故，导致该机型在全球范围内停飞。这一事件不仅给波音公司带来了巨大的财务损失，还严重影响了其品牌声誉，并使其商业模式面临巨大挑战。波音 737 Max 的案例表明，运营风险（包括质量控制和安全管理）如果处理不当，会对企业造成灾难性后果。

（五）法规和合规风险

法规和合规风险是指商业模式在不同国家或地区推广时，由于法律法规的差异或政策变化，企业可能面临法律诉讼、罚款或业务中断的风险。这类风险尤其在国际化扩展中显得尤为重要。

案例 11-11：优步的全球扩展

优步在全球范围内推广其共享出行模式时，面临着不同国家和地区的法律法规挑战。许多国家对优步的商业模式表示质疑，认为其存在涉及劳动法和出租车行业法规的违规行为。在一些市场，优步甚至被禁止运营或被迫改变其商业模式。优步的全球扩展遇到的法律障碍表明，法规和合规风险是企业在国际化过程中不可忽视的重要风险之一。

（六）文化和社会风险

文化和社会风险是指企业在设计和推广商业模式时，未能充分考虑当地的文化差异、社会价值观或消费者习惯，导致商业模式在某些市场中无法被接受或产生负面反应。

案例 11-12：麦当劳在印度的扩展

麦当劳是全球最大的快餐连锁店之一，其商业模式以标准化的产品和服务为核心。然而，在印度扩展时，麦当劳面临了巨大的文化挑战。印度有大量的素食主义者和宗教禁忌（如不吃牛肉），麦当劳不得不大幅调整其菜单和运营模式，以适应当地市场。尽管麦当劳最终成功在印度市场站稳脚跟，但这一过程表明，忽视文化和社会风险可能会导致商业模式的实施面临重大障碍。

（七）战略风险

战略风险是指企业在设计和实施商业模式时，因战略决策失误或缺乏长远规划，导致企业偏离其核心竞争力或在竞争中失去优势。战略风险往往是由过于激进的扩张、不合理的并购或产品线扩展等引发的。

案例 11-13：柯达的数码转型失败

柯达曾是全球领先的胶片公司，但随着数码摄影技术的兴起，传统胶片市场逐渐萎缩。尽管柯达最早发明了数码相机技术，但由于担心侵蚀其胶片业务的利润，柯达在数码转型中犹豫不决，错失了数码时代的发展机会。最终，柯达未能有效应对市场变化，失去了竞争优势，甚至在 2012 年申请破产保护。柯达的数码转型失败显示了战略风险在商业模式设计中的影响，一旦决策失误，企业就可能丧失市场地位。

（八）竞争风险

竞争风险是指企业在设计和实施商业模式时，因未能有效应对竞争对手的反应或市场进入壁垒，导致市场份额下降或商业模式失效。这类风险尤其在新兴市场和技术密集型行业中表现得尤为明显。

案例 11-14：黑莓的市场竞争

黑莓（BlackBerry）曾是智能手机市场的领导者，以其安全性和物理键盘闻名。然而，随着苹果公司的 iPhone 和安卓智能手机的崛起，黑莓未能迅速调整其商业模式以应对新的市场竞争环境。尽管黑莓曾尝试通过推出触屏手机和开源操作系统来挽回市场份额，但其市场份额仍逐步被苹果和安卓设备蚕食，最终被迫退出消费市场。黑莓的案例表明，在竞争激烈的市场中，未能及时应对竞争风险可能导致企业失去竞争优势。

（九）创新和执行风险

创新和执行风险是指企业在设计新的商业模式或实施创新项目时，因缺乏有效的执行力或创新能力，导致项目失败或商业模式无法落地。这类风险通常与企业的组织能力、创新文化及执行管理密切相关。

案例 11-15：三星 Galaxy Note 7 的失败

三星 Galaxy Note 7 是一款具有创新意义的智能手机，但在市场推出后，因电池缺陷导致多起爆炸事件，三星不得不全球召回并最终停产该型号手机。尽管三星 Galaxy Note 7 在设计上具有创新性，但由于执行环节的质量控制问题，导致了严重的品牌危机和财务损失。三星 Galaxy Note 7 的案例表明，创新和执行风险如果处理不当，可能会给企业带来巨大的打击。

二、风险管理策略

鉴于在商业模式设计和实施的过程中可能面临的多种风险，企业应制定和实施有效的风险管理策略，以确保商业模式的成功落地，以下是一些关键的风险管理策略。

（一）全面的市场调研和消费者需求分析

通过全面的市场调研和消费者需求分析，企业可以有效降低市场风险。通过定量和定性的市场调研，企业可以更准确地预测消费者需求，并设计出更符合市场环境的商业模式。

（二）技术可行性验证和创新管理

对于依赖新技术的商业模式，企业应在实施商业模式前进行充分的技术可行性验证，并建立完善的创新管理机制，以降低技术风险。企业可以通过原型测试、小规模试点和逐步推广来降低技术失败的风险。

（三）财务规划和成本控制

企业应制定详尽的财务规划，确保资金的有效使用和成本的可控性。通过预算管理和财务监控，企业可以及时发现和应对财务风险，避免资金链断裂。

（四）运营管理和质量控制

为了应对运营风险，企业应建立高效的运营管理体系和严格的质量控制标准。通过流程优化、供应链管理和应急预案，企业可以提高运营效率，并降低运营风险。

（五）法规和文化适应策略

在国际化扩展的过程中，企业应仔细研究目标市场的法律法规和文化背景，制定合规性计划和文化适应策略。通过与当地政府和社区的合作，企业可以降低法规和文化风险。

（六）战略规划和竞争分析

企业应制定长期的战略规划，明确核心竞争力和市场定位，并定期进行竞争分析，及时调整商业模式以应对市场变化。通过预见性战略决策，企业可以降低战略和竞争风险。

商业模式设计是企业创新和利润增长的关键驱动力，但也伴随着多种风险，这些风险涵盖了市场、技术、财务、运营、法规、文化、战略、竞争、创新等多个方面。企业在设计和实施商业模式时，必须充分认识并评估这些风险，并通过有效的风险管理策略加以应对。通过全面的市场调研、技术验证、财务规划、运营管理、法规适应、战略规划等措施，企业可以最大限度地降低商业模式设计和实施过程中的风险，从而提高商业模式的成功率和可持续性。总之，成功的商业模式不仅取决于设计的精妙程度，更取决于企业在面对复杂市场环境时的应对能力和风险管理水平。

案例十一：WeWork 的商业模式设计风险

WeWork 成立于 2010 年，起初是一家共享办公空间的初创公司。其商业模式基于将传统办公空间分割成小单元，然后以较高的租金价格转租给初创企业、自由职业者和小型公司。WeWork 通过营造一种社区氛围，吸引了大量年轻创业者和企业的加入，并迅速扩展到全球，成为共享办公领域的领导者。

然而，尽管 WeWork 在短时间内获得了巨大的关注和投资，但是其商业模式在实际操作中暴露出了一系列风险，最终导致了其首次公开募股的失败和公司估值的崩塌。WeWork 商业模式设计的风险分析如下。

第一，过度扩张的投资风险。WeWork 的扩张策略非常激进，短时间内在全球范围内扩展了大量的办公空间，这种大规模扩展需要巨额的资本投入。然而，共享办公行业的市场需求和盈利模式尚未完全得到验证。在实际操作中，WeWork 发现其扩张速度远超市场的吸收能力，导致了较高的空置率和较低的租金回报。投资人逐渐开始质疑这种高资本投入的可持续性，尤其是在无法实现盈利的情况下。

第二，商业模式的利润风险。WeWork 的商业模式依赖于将长期租赁的大型办公空间分割为短期租赁的小型空间，然后通过租金差额获利。然而，这一商业模式的盈利前提是高租金和低空置率。随着经济环境变化和市场竞争加剧，WeWork 的租金回报率下降，同时由于过度扩张导致了高空置率，其运营成本远超收入，形成了严重的亏损。WeWork 的商业模式未能如预期那样产生稳定的利润，导致了公司财务状况的恶化。

第三，管理和治理风险。WeWork 的创始人亚当·诺依曼（Adam·Neumann）在公司管理方面采取了高度集中的领导模式，但这一模式也引发了诸多问题，如亚当·诺依曼的领导风格和对公司资源的滥用引发了投资者和员工的强烈不满。此外，公司治理结构的缺陷，如缺乏透明度和有效的内部控制，也让 WeWork 在面对市场和投资者的质疑时难以自圆其说。管理和治理方面的失败进一步动摇了投资者对 WeWork 商业模式的信心，成为其首次公开募股失败的一个重要原因。

讨论以下问题：

(1) WeWork 的过度扩张策略暴露了哪些商业模式设计中的投资风险？企业应如何在快速扩张和风险控制之间找到平衡？

(2) 企业在制定扩张策略时，应如何平衡市场潜力与现实的运营能力，以及如何有效评估和管理大规模投资带来的风险？

（3）共享办公空间这种商业模式在利润结构上存在哪些风险？企业应如何设计更可持续的盈利模式？

（4）企业应如何在共享经济或服务模式下，设计更灵活和抗风险的盈利模式？是否有其他创新的收入来源可以补充传统的租金模式？

（5）WeWork 的管理和治理失败对其商业模式设计的执行带来了哪些挑战？如何建立更有效的管理和治理结构以支持创新商业模式的实施？

（6）在设计和实施创新商业模式时，企业应如何建立透明、有效的管理和治理结构，以确保商业模式能够得到正确的执行和持续的优化？如何平衡创新与管理之间的关系？

实训十一

选择一个你感兴趣的公司，分析其商业模式的设计风险。

第十二章　商业模式设计的未来

第一节　商业模式的发展趋势

随着全球化、数字化和相关技术的迅猛发展，商业环境正经历着前所未有的变化。这些变化推动了商业模式的不断演变和创新。企业需要敏锐地捕捉这些趋势，以保持竞争力，并在新的市场条件下获得成功。

一、数字化驱动的商业模式

（一）平台化经济的崛起

数字技术的进步使得平台化经济成为可能，平台模式正在成为商业世界的主流。通过构建一个开放的生态系统，平台型企业可以将供需双方连接起来，创造出新的价值。

平台模式的特点包括网络效应、多方参与和数据驱动的决策。企业通过平台吸引大量用户和合作伙伴，形成规模经济，并利用数据分析优化平台运营。典型案例包括亚马逊、阿里巴巴等电商平台，优步和 Lyft 等共享出行平台，以及爱彼迎等共享经济平台。

未来，随着更多企业认识到平台模式的优势，将有更多行业开始采用平台化运营，包括医疗、教育、金融等领域。平台型企业将通过技术创新和数据驱动的运营，不断扩展其服务范围，深化用户参与，提高市场占有率。

（二）订阅经济的增长

订阅模式正变得越来越普遍，尤其是在数字内容、软件服务和日常消费品等领域。订阅模式通过按月或按年收取费用，为企业提供了稳定的收入流，并提高了用户的留存率和终身价值。订阅模式的优势在于它能够与用户建立长期关系，通过持续提供价值，增强用户黏性。同时，企业可以通过数据分析了解用户行为，优化产品和服务，进一步提升用户体验。

随着消费者行为的变化和对灵活消费方式的偏好增加，订阅模式将在更多行业中得到推广。例如，汽车制造商可能会推出按月订阅的汽车服务，消费者可以根据需求随时更换车辆；健康领域也可能通过订阅模式提供个性化的健康管理服务。未来，企业将更加注重通过订阅模式实现产品和服务的多样化，从而满足用户的个性化需求。

二、可持续性与社会责任导向的商业模式

（一）绿色经济和循环经济模式

随着全球气候变化的加剧和人们环保意识的提高，企业越来越重视可持续发展，绿色经济和循环经济模式正在成为企业战略的重要组成部分。这些模式通过减少资源消耗、降低碳排放、实现资源循环利用等方式，促进经济与环境的协调发展。

绿色经济模式侧重于采用清洁能源、环保材料和可持续的生产工艺。例如，特斯拉通过生产电动汽车和推广清洁能源解决方案，成功践行了绿色经济模式。循环经济模式则强调资源的循环利用，减少废弃物的产生。例如，宜家推出了家具回购和再利用计划，鼓励消费者将旧家具返还给宜家进行再利用或回收。

未来，更多企业将采用绿色经济和循环经济模式，以应对气候变化和资源短缺的挑战。随着政府监管的加强和消费者环保意识的提高，企业将面临更大的可持续发展压力。这将推动企业加大对绿色经济和循环经济模式的投资，并在全球供应链中推行可持续实践。

（二）社会企业和共享价值模式

社会企业和共享价值模式正在成为解决社会问题的新方式。这些模式将商业目标与社会目标相结合，通过创新商业模式创造经济价值和社会价值。

社会企业通常是为了解决特定社会问题而设立的，其核心目标是在创造经

济收益的同时，产生积极的社会影响。例如，格莱珉银行（Grameen Bank）通过小额贷款帮助贫困人口实现自立，其商业模式不仅带来了经济回报，还显著改善了贫困社区的生活水平。

共享价值模式则是在传统企业中推广的一种理念，即企业通过解决社会问题来创造经济价值。例如，雀巢公司在其咖啡供应链中推广可持续农业实践，不仅提高了咖啡豆的品质和产量，还改善了农民的生活条件，确保了供应链的稳定性和企业的长期利益。

随着全球社会问题的日益复杂化，未来将有更多企业采用社会企业和共享价值模式。企业将在解决社会问题的过程中，寻求与利益相关者的合作，推动社会创新和包容性增长。这种趋势不仅会增强企业的社会责任感，还将提升企业的品牌价值和市场竞争力。

三、个性化与客户体验导向的商业模式

（一）数据驱动的个性化服务

随着大数据、人工智能和机器学习技术的快速发展，企业能够更加深入地了解客户需求，从而提供个性化的产品和服务。数据驱动的个性化服务模式通过分析用户行为、偏好和历史数据，提供量身定制的解决方案，提升客户体验。

个性化服务的典型应用包括电子商务平台的推荐系统、内容平台的个性化推送，以及金融科技公司的智能投资顾问。这些企业通过收集和分析大量用户数据，精确预测用户需求，并提供个性化的服务和产品推荐。

未来，个性化服务将更加广泛地应用于各个行业，包括医疗健康、教育培训、旅游等领域。企业将依靠先进的数据分析技术，深入挖掘用户需求，并通过个性化的产品和服务提升用户满意度和忠诚度。同时，数据隐私和安全也将成为企业在提供个性化服务时必须解决的重要问题。

（二）客户体验为中心的全渠道整合

客户体验已成为企业竞争的重要差异化因素。企业越来越关注如何通过整合多种渠道，为客户提供无缝衔接的全渠道体验。全渠道整合模式通过线上和线下渠道的联动，为客户提供一致且流畅的购物体验。

全渠道整合模式的典型案例包括耐克的"消费者直达市场"战略，耐克通过线上商店、移动应用、社交媒体和实体店的联动，提供个性化的产品推荐、无缝衔接的购物体验和便捷的售后服务。此外，零售企业如沃尔玛和 Target 也在通过全渠道整合策略，提升客户满意度并扩大市场份额。

随着消费者对无缝衔接购物体验的期望值不断提高，全渠道整合将成为更多企业的战略重点。未来，企业将更加注重线上、线下的协同，通过大数据分析和智能技术，实现销售、营销、物流、客户服务等多方面的全渠道整合，为客户提供一致且优质的体验。

四、技术驱动的商业模式创新

（一）人工智能与自动化的应用

人工智能和自动化技术正在改变着企业的运营方式和商业模式。通过人工智能，企业能够自动化复杂的决策过程，以优化运营效率，并提供更精准的客户服务。

人工智能在商业中的应用包括预测性分析、智能客服、供应链优化等。例如，亚马逊通过人工智能技术优化库存管理和配送网络，大幅提高了物流效率；银行业通过人工智能算法评估客户信用风险，提升了风险管理能力。

未来，人工智能和自动化技术将在更多的行业中得到应用，包括制造业、金融服务、医疗健康、零售等领域。企业将利用这些技术实现业务流程的自动化，提高运营效率，降低成本，并提供更具个性化和前瞻性的服务。

（二）区块链与去中心化商业模式

区块链技术的兴起为商业模式带来了新的可能性。区块链通过去中心化、不可篡改的分布式账本技术，增强了交易的透明度和安全性，减少了对中介的依赖。

区块链技术的应用包括加密货币、智能合约、供应链溯源、数字身份验证等。例如，比特币和以太坊是区块链技术在金融领域的应用，成功推动了去中心化金融的发展；沃尔玛和国际商业机器公司合作开发的区块链供应链解决方案，能够实时跟踪食品的来源和流通过程，确保食品安全。

随着区块链技术的日益成熟和应用范围的逐渐扩大，未来将出现更多基于区块链技术的去中心化商业模式。这些模式将颠覆传统的商业模式，减少中介费用，提高交易效率，增强数据安全和隐私保护。尤其是在金融、供应链管理、医疗健康等领域，区块链技术将带来深远的变革。

（三）跨界融合与生态系统建设

随着行业边界的模糊化，企业越来越倾向于通过跨界合作，打破行业壁垒，创造新的商业模式。跨界融合不仅能够带来新的收入来源，还可以提高企业的创新能力和市场竞争力。

跨界合作的案例包括：苹果公司与健康科技公司合作，推出 Apple Watch 健康监测功能；汽车制造商与科技公司合作，推动自动驾驶和智能汽车的发展。这些合作不仅打破了传统行业的界限，还创造了新的市场机会和商业模式。

未来，跨界合作将成为企业创新的重要途径。企业将通过与不同行业的合作伙伴共同开发新产品、进入新市场，甚至重塑整个行业的商业模式。这种跨界融合不仅能够带来协同效应，还可以加速创新进程，推动市场的变革。

（四）生态系统建设与平台化运营

生态系统建设是企业通过整合内部和外部资源，构建一个协同发展的平台，以实现共赢的商业模式。生态系统可以帮助企业扩大业务范围，增强市场竞争力，并创造新的利润增长点。

生态系统的建设常见于科技巨头，如谷歌、苹果、腾讯等，它们通过构建包含硬件、软件、内容、服务等在内的生态系统，形成了强大的平台效应。例如，苹果公司通过 iOS 生态系统，将应用开发者、硬件制造商、内容提供商等整合在一起，形成了一个闭环的生态系统，极大地增强了用户黏性和品牌价值。

未来，越来越多的企业将致力于生态系统建设，通过平台化运营实现业务的多元化和可持续发展。企业将更加注重合作伙伴关系的管理，通过开放平台吸引更多参与者，共同创造价值并分享收益。生态系统将成为企业获取竞争优势的重要手段，从而推动整个行业的发展。

商业模式正在随着技术进步、市场变化和社会需求的演变而不断发展，数字化转型、可持续发展、个性化服务、技术驱动的创新、跨界融合和生态系统建设等趋势，正在重塑企业的商业模式，推动企业在新的市场环境中获取竞争优势。企业在未来的发展中需要敏锐地捕捉这些趋势，并根据自身的战略目标和市场环境，选择合适的商业模式。通过不断创新和调整，企业可以在快速变化的市场中保持竞争力，实现长期可持续发展。

第二节　未来可能的商业模式

随着全球技术进步、社会需求变化和经济结构的转型，新的商业模式不断涌现。这些商业模式不仅推动了企业的发展，也在重新定义行业规则和市场格局。未来，随着技术的进一步发展和全球化进程的深化，我们可以预见一系列新的商业模式将会出现，并对各行各业产生深远影响。下面我们将探讨未来可能的商业模式，并分析其潜在的驱动因素、应用领域和对企业的影响。

一、基于区块链的去中心化商业模式

（一）自主经济体与去中心化自治组织

区块链技术的去中心化特性使得去中心化自治组织（Decentralized Autonomous Organization，DAO）成为可能。自主经济体与去中心化自治组织是一种基于智能合约运作的组织，所有规则和决策过程都写入区块链，并由参与者共同管理和执行，而无须中央机构或管理层。这种模式极大地减少了中介成本，并增强了透明度和信任度。

自主经济体与去中心化自治组织的未来发展趋势主要包括以下几个方面。

1. 自主经济体

未来，企业和个人可以通过自主经济体与去中心化自治组织组建自主经济体，共同投资、开发和运营项目。这些经济体将不依赖于传统的公司结构或法律框架，而是通过区块链技术实现自动化和透明化的治理，参与者通过持有代币（Token）享有决策权和收益分配权。

2. 自我维持的市场

自主经济体与去中心化自治组织可以支持完全去中心化的市场运作。例

如，去中心化金融平台可以通过自动化的智能合约提供借贷、交易和保险等服务，而无须传统金融机构的介入。

（二）去中心化金融

去中心化金融（DeFi）是区块链技术在金融领域的应用，它通过智能合约和去中心化应用实现了无须中介的金融服务。去中心化金融平台提供借贷、交易、保险、储蓄等传统金融服务，且用户直接通过区块链进行交易和管理资产。

去中心化金融的未来发展趋势主要包括以下几个方面。

1. 无摩擦金融服务

未来，去中心化金融将进一步扩展其服务范围，覆盖更广泛的金融产品和服务，并通过跨链技术实现不同区块链平台之间的互操作性，降低交易成本，提高效率。

2. 全球普惠金融

去中心化金融可以在全球范围内提供普惠金融服务，特别是在金融基础设施薄弱的发展中国家。通过智能手机和区块链技术，用户可以方便地获取金融服务，打破传统金融体系的限制。

二、人工智能驱动的自治商业模式

（一）自主运营企业

随着人工智能技术的发展，未来企业可能会转向自主运营，即企业的核心运营过程由人工智能驱动的系统自动管理。这些系统可以自主制定战略、优化资源配置、管理供应链、处理客户关系等，从而大幅提高运营效率和决策质量。

自主运营企业的未来发展趋势主要包括以下几个方面。

1. 全自动化企业

未来，一些企业可能会实现完全自动化运营，从生产到销售的所有环节都由人工智能系统自主完成。这些企业将能够实时分析市场动态、预测需求变化、优化生产计划，并自动调整运营策略，以适应市场变化。

2. 智能供应链管理

人工智能将被广泛应用于供应链管理，通过预测性分析和自动化调度，实时优化库存、物流和生产流程，降低成本并提高响应速度。

（二）个性化人工智能助手与服务

人工智能助手将变得更加智能和个性化，能够理解和预测用户的需求，并主动提供解决方案。这种模式将不仅限于个人助理，还将扩展到企业级服务，如智能客服、市场营销自动化、客户关系管理等。

个性化人工智能助手与服务的未来发展趋势主要包括以下几个方面。

1. 超个性化服务

未来，人工智能助手将能够整合个人数据（如健康记录、消费习惯、社交网络信息等），为用户提供高度个性化的建议和服务。例如，人工智能医生可以根据用户的健康数据和生活方式，提供个性化的健康管理计划和治疗建议。

2. 企业级人工智能服务

人工智能将成为企业内部决策和管理的重要工具，提供实时数据分析、市场预测、客户洞察等功能。企业可以通过人工智能服务自动化营销策略、销售流程和客户支持，从而提高运营效率和客户满意度。

三、基于体验的沉浸式商业模式

（一）元宇宙与虚拟现实商业模式

元宇宙（Metaverse）是一个融合了虚拟现实、增强现实和互联网的沉浸式数字世界，为用户提供了一个虚拟空间，在其中可以进行社交、娱乐、购物、教育等多种活动。元宇宙不仅仅是一个虚拟游戏环境，未来有可能成为数字经济的重要组成部分。

元宇宙与虚拟现实商业模式的未来发展趋势主要包括以下几个方面。

1. 虚拟经济

在元宇宙中，用户可以创建、购买、出售虚拟资产（如虚拟房产、服装、艺术品等），并通过参与虚拟世界的经济活动获取收入。未来，企业可以在元宇宙中建立虚拟商店、举办虚拟活动、提供虚拟服务，从而开辟新的市场和收入来源。

2. 沉浸式品牌体验

企业将通过元宇宙提供高度沉浸的品牌体验，如虚拟试穿、虚拟旅游、虚拟音乐会等，增强消费者的参与感和忠诚度。品牌可以通过虚拟世界的互动和体验，建立更深层次的客户关系。

（二）混合现实与增强现实商业模式

混合现实和增强现实技术将进一步融合物理世界和数字世界，为用户提供增强的现实体验，这些技术可以为零售、教育、医疗、制造等领域带来新的商业模式。

混合现实与增强现实商业模式的未来发展趋势主要包括以下几个方面。

1. 增强现实购物

未来的购物体验将结合虚拟现实技术，消费者可以通过智能眼镜或移动设备，在现实世界中看到商品的虚拟展示，甚至进行虚拟试穿、虚拟家居布置等，提升购物决策的便利性和准确性。

2. 增强现实教育和培训

虚拟现实技术将被广泛应用于教育和职业培训，提供更直观和互动的学习体验。人们可以通过虚拟现实设备，在现实环境中进行虚拟操作和实验，提高学习效果和技能掌握。

四、基于共享和协作的商业模式

（一）去所有权化与共享经济扩展

共享经济通过共享资源和服务，减少了对所有权的依赖。未来，这一模式将进一步扩展到更多领域，并与可持续发展目标结合。

去所有权化与共享经济扩展的未来发展趋势主要包括以下几个方面。

1. 全行业共享经济

未来，共享经济的理念将扩展到更多行业，如医疗设备共享、办公设备共享、家庭设施共享等。通过共享平台，用户可以以较低的成本获取所需资源，减少闲置资源浪费。

2. 去所有权化的生活方式

随着共享经济的发展，拥有资产的观念将逐渐弱化，特别是在年轻一代中。用户将更加重视使用权而非所有权，企业可以通过提供按需使用的服务来满足消费者的需求，如按小时租用的家电、家具等。

（二）分布式协作与创新

分布式协作模式将通过互联网平台，汇集全球的个体和团队，共同完成创新和开发项目。这种模式打破了传统组织结构的限制，实现了全球范围内的协同工作。

分布式协作与创新的未来发展趋势主要包括以下几个方面。

1. 全球协作创新平台

未来，企业可以通过分布式协作平台邀请全球的专家和创新者参与研发项目，加速产品创新和技术突破。这种协作模式不仅提高了研发效率，还降低了创新成本。

2. 开源创新的生态系统

分布式协作还将推动开源创新的生态系统的发展。企业可以通过开放平台，吸引外部开发者和社区成员参与，共同开发和改进产品，形成持续创新的良性循环。

五、可持续发展与伦理导向的商业模式

（一）环保型订阅服务

随着人们环保意识的增强，未来的订阅模式将更加注重可持续发展。企业将提供环保型订阅服务，通过循环利用、减少浪费和碳中和等方式，为消费者提供可持续的产品和服务。

环保型订阅服务的未来发展趋势主要包括以下几个方面。

1. 循环利用订阅服务

未来，企业可能会提供循环利用订阅服务。例如，时尚品牌提供可回收的服装订阅服务，消费者每月收到不同款式的服装，使用后归还品牌进行清洗和再次使用。

2. 碳中和订阅服务

一些企业将推出碳中和订阅服务，消费者可以订阅环保产品或服务。企业通过碳抵消项目抵消其生产和运输中的碳排放，满足消费者对可持续消费的

需求。

（二）社会责任型商业模式

社会责任将成为未来商业模式的重要组成部分，企业不仅要追求经济效益，还要积极承担社会责任，推动社会的可持续发展。

社会责任型商业模式的未来发展趋势主要包括以下几个方面。

1. 社会影响力投资

未来，企业将更多地关注其业务对社会的积极影响，推出旨在改善社会问题的产品和服务。例如，企业可能会推出确保低收入群体能够负担得起的健康保险计划，或在贫困地区投资可再生能源项目。

2. 伦理导向的消费模式

未来，消费者将更加关注企业的伦理行为和社会责任，企业必须通过透明的供应链管理、负责任的生产实践和公平的员工待遇来赢得消费者的信任。这将促使企业采用更加伦理导向的商业模式，从而推动可持续和包容性发展。

未来的商业模式将受到技术进步、社会需求变化和全球可持续发展目标的推动，呈现出多样化和复杂化的趋势。去中心化的自主经济体、人工智能驱动的自主运营、沉浸式体验、共享和协作、可持续发展与社会责任等新兴商业模式，将成为未来企业获取竞争优势的重要途径。企业在应对这些趋势时，需要具备灵活性和创新精神，善于利用新技术和新理念，积极探索新的商业模式。同时，企业还需要关注社会责任和可持续发展，在实现经济目标的同时，推动社会进步和环境保护。通过不断创新和调整，企业可以在未来的市场环境中保持竞争力，实现长期可持续发展。

案例十二：特斯拉的商业模式与电动汽车行业的未来

特斯拉作为电动汽车行业的领导者，通过创新的商业模式成功地颠覆了传统汽车行业。特斯拉不仅生产电动汽车，还构建了一个完整的生态系统，包括充电网络、能源存储解决方案，以及汽车软件和自动驾驶技术。特斯拉的商业模式具有以下几个关键特点。

第一，直销模式。特斯拉采用直接面向消费者的销售模式，通过官网和特斯拉直营店销售车辆，绕过传统汽车经销商。这种模式让特斯拉能够直接与客户互动，掌握大量的用户数据，并提供更好的售后服务。

第二，软件驱动。特斯拉将汽车视为“带轮子的计算机”，其商业模式依赖于持续的软件更新和功能扩展。例如，特斯拉的自动驾驶功能（FSD）和娱乐系统通过空中升级（OTA）不断改进，这不仅提升了用户体验，还为特斯拉带来了长期的订阅收入。

第三，垂直整合。特斯拉在电池生产、车辆制造、软件开发和充电网络等方面实现了高度的垂直整合。这种整合使特斯拉能够控制供应链，降低成本，并加快新技术的推出速度。

第四，能源生态系统。除了电动汽车，特斯拉还致力于建立一个综合的能源解决方案，包括家用太阳能板和 Powerwall 能源存储设备。这使得特斯拉经营的业务超越了汽车制造，延伸到了可再生能源和智能家居领域。

随着电动汽车市场的快速发展和全球各国对环境保护的重视，电动汽车行业的商业模式也在不断演变，以下是电动汽车行业未来商业模式的一些可能趋势。

第一，能源即服务（EaaS）模式。未来，汽车制造商可能不再仅仅是销售车辆，而是通过订阅或租赁模式提供“能源即服务”。例如，消费者可以按月支付订阅费，获得车辆使用权、充电服务，以及车内的软件更新。这种模式将车辆的使用权与拥有权分离，降低了消费者的购车门槛，并为制造商提供了稳定的现金流。

第二，自动驾驶与共享出行。随着自动驾驶技术的成熟，电动汽车行业可能会转向共享出行服务。未来，汽车制造商可能会推出自动驾驶车队，通过移动应用提供按需的出行服务。这种模式不仅能够提高车辆的利用率，还能减少城市交通压力和停车需求。

第三，循环经济与车电分离。电动汽车行业可能会探索循环经济模式，通过回收和再利用电池和其他汽车零部件，延长其使用寿命并减少环境影响。车电分离模式也将得到发展，消费者购买车辆，但租用电池，从而降低初始购车成本，并通过电池更换或升级保持车辆的长期使用价值。

讨论以下问题：

（1）在未来的电动汽车商业模式中，如何平衡直销与传统经销渠道的优势？

（2）随着电动汽车市场的扩大，企业应如何在直销和传统经销渠道之间找到平衡，以便既能保持与消费者的直接联系，又能扩大市场覆盖范围？

（3）自动驾驶技术的发展如何影响电动汽车行业的盈利模式？

（4）企业应如何调整其盈利模式，以应对自动驾驶车队和按需出行服务的崛起？这些新模式对传统的车辆销售和售后服务将产生什么样的影响？

（5）电动汽车行业如何在应对循环经济挑战的同时，保持技术创新的步伐？

（6）如何在推广循环经济的同时，继续推动技术创新和产品升级？企业在车电分离和电池回收等方面应采取哪些策略，以实现经济和环境效益的双赢？

实训十二

选择一个你感兴趣的公司或行业，谈谈其未来的商业模式有哪些可能。

主要参考文献

[1] 朱武祥，朱婧雯. 交易：商业模式设计的底层逻辑 [M]. 北京：人民邮电出版社，2024.

[2] 魏炜，李飞，朱武祥 . 商业模式学原理 [M]. 北京：北京大学出版社，2020.

[3] 戴天宇 . 商业模式基因工程 [M]. 北京：北京大学出版社，2022.

[4] 魏炜，张振广，朱武祥 . 超越战略：商业模式视角下的竞争优势构建 [M] . 北京：机械工业出版社，2017.

[5] 拉斐尔·阿密特，克里斯托夫·佐特 . 商业模式创新指南 [M]. 陈劲，译 . 北京：电子工业出版社，2022.

[6] 亚当·J. 博克，杰拉德·乔治 . 商业模式工具书 [M]. 王重鸣，译 . 北京：人民邮电出版社，2020.

[7] 魏炜，朱武祥 . 发现商业模式 [M]. 北京：机械工业出版社，2009.

[8] 帕特里克·范德皮尔，贾斯汀·洛凯茨，丽莎·凯·所罗门 . 商业模式设计新生代 [M]. 丁晓松，宋冰玉，李凤清，译 . 北京：中国人民大学出版社，2018.

[9] 迈克尔·勒威克 . 商业增长设计思维 [M]. 黄巍锋，李志刚，译 . 北京：电子工业出版社，2023.

[10] 魏炜，朱武祥 . 重构商业模式 [M]. 北京：机械工业出版社，2010.

[11] 约翰·马林斯 . 如何测试商业模式：创业者与管理者在启动精益创业前应该做什么 [M] . 郭武文，叶颖，译 . 北京：机械工业出版社，2017.